不退轉法輪經講義

——第七輯

平實導師　述著

ISBN:978-626-7517-09-3

佛法是具體可證的，三乘菩提也都是可以親證的義學，並非不可證的思想、玄學或哲學。而三乘菩提的實證，都要依第八識如來藏的實存及常住不壞性，才能成立；否則二乘無學聖者所證的無餘涅槃即不免成爲斷滅空，而大乘菩薩所證的佛菩提道即成爲不可實證之戲論。如來藏心常住於一切有情五蘊之中，光明顯耀而不曾有絲毫遮隱；但因無明遮障的緣故，所以無法證得；只要親隨眞善知識建立正知正見，並且習得參禪功夫以及努力修集福德以後，親證如來藏而發起實相般若勝妙智慧，是指日可待的事。古來中國禪宗祖師的勝妙智慧，全都藉由參禪證得第八識如來藏而發起；佛世迴心大乘的阿羅漢們能成爲實義菩薩，也都是緣於實證如來藏才能發起實相般若勝妙智慧。如今這種勝妙智慧的實證法門，已經重現於臺灣寶地，有大心的學佛人，當思自身是否願意空來人間一世而學無所成？或應奮起求證而成爲實義菩薩，頓超二乘無學及大乘凡夫之位？然後行所當爲，亦不行於所不當爲，則不唐生一世也。

——平實導師

如聖教所言，成佛之道以親證阿賴耶識心體（如來藏）為因，《華嚴經》亦說**證得阿賴耶識者獲得本覺智**，則可證實：證得阿賴耶識者方是大乘宗門之開悟者，方是大乘佛菩提之眞見道者。經中、論中又說：證得阿賴耶識而轉依**識上所顯真實性、如如性**，能安忍而不退失者即是**證真如**，即是大乘賢聖，在二乘法解脱道中至少為初果聖人。由此聖教，當知親證阿賴耶識而確認不疑時即是開悟眞見道也；除此以外，別無大乘宗門之眞見道。若別以他法作為大乘見道者，或堅執**離念靈知**亦是實相心者（堅持意識覺知心離念時亦可作為明心見道者），則成為實相般若之見道內涵有多種，則成為實相有多種，則違**實相絕待**之聖教也！故知宗門之悟唯有一種：親證第八識如來藏而轉依如來藏所顯眞如性，除此別無悟處。此理正眞，放諸往世、後世亦皆準，無人能否定之，則堅持離念靈知意識心是眞心者，其言誠屬妄語也。

——平實導師

目次

自序

正覺同修會諸同修們證悟的事實，藉由《我的菩提路》第一輯披露以後，在臺灣與大陸某些自稱證悟者跟著仿效，也開始舉辦四天三夜的禪三，並且也要求學員同樣撰寫見道報告，模仿本會同修們寫的報告；然而都只是徒具表相似是而非的假佛法報告，與三乘菩提中的見道全然無關，因為所證的所謂第八識如來藏，全都仍墮五陰之中，未曾脫離，只能說是末法時代佛門外史的又一章罷了，並無實質。

此乃因於大乘佛法之見道極為甚難，何況能以相似的表相佛法而撰寫見道報告。衡之以第八識如來藏的妙法深妙難解，乃至聞者亦難信受，雖有實證者出現於世；觀乎釋印順等一派學人，主動承嗣於天竺部派佛教諸聲聞僧的六識論邪見，與密宗應成派中觀古今所有諸師的六識論常見同一步伐，所說並無絲毫差異，然而至死不肯認錯；反而以其見取見而發起鬥爭之業，對所有評論其法之人大力撻伐，不遺餘力，唯獨放過平實一人，對於平實十餘年來於書中多方面公開評論其謬等事，似如一無所知、一無所見，默然以對。由是可知大乘佛法實證之義極難可知、可思、可議、可證、可傳。

而此一法即是第八識如來藏，亦名眞如、阿賴耶識、異熟識、無垢識，教外別傳的禪宗名之爲本地風光、莫邪劍、花藥欄、綠瓦、父母未生前的本來面目……等無數名，於《佛藏經》中 世尊說之爲「無名相法、無分別法」，以如來藏運行之一切時中皆不墮於名相及分別之中故。若人滅其無明，則此識隨時可證，證已即時發起般若正觀，佛菩提中名之爲「諦現觀」，即入第七住位而無退失；若人往昔無量阿僧祇劫前曾謗此第八識妙法，則是已墮無間地獄而次第輪轉三惡道中，其數無量阿僧祇劫受諸苦惱，終於業盡受生人間，歷經九十九億佛所奉事、供養、勤心修學，來到 釋迦世尊座下重新受學已，而仍然不得順忍；每聞第八識如來藏妙法心便不喜，連聲聞果的實證都不可能，遑論大乘菩提，由是故說此第八識妙法難聞、難信、難解、難證、難持、難忍。今於此《不退轉法輪經》中重說此法，令一切學人聞「此經」及「釋迦牟尼佛」聖名已，盡未來際不復退轉於此第八識妙法，未來當得不退轉於大乘法輪；以是緣故，特爲學人講授之。今以講授圓滿而整理完畢，用饗佛門四眾，普願皆得早立信心，殷重受學，有日必得證悟，得階菩薩僧數之中，是所至盼。

佛子　平實　謹序

公元二〇二二年小暑　誌於松柏山居

《不退轉法輪經》卷第三

〈除想品〉第六（承續第六輯未完內容）

經文：【「我今於無餘涅槃而般涅槃，得佛相好，以是教化無量百千萬億眾生，滅諸結使如佛所證，何以故？令諸眾生皆發阿耨多羅三藐三菩提心，得無生忍已令得菩提，亦不捨煩惱、不近佛法，從意生煩惱盡滅無餘。以是因緣，諸大德皆言『我今得到菩提』。阿難！是故今者名爲無生，何以故？如是善男子、善女人，發阿耨多羅三藐三菩提心照明諸法，發菩提心已亦無所得，離菩提相及一切法相，於無餘涅槃入般涅槃。」】

語譯：【文殊師利菩薩又向阿難說：「我如今於無餘涅槃而般涅槃，得到了佛地該有的相好，我就以這樣的法來教導、來化度無量百千萬億的眾生，讓他們滅除各種的結以及煩惱猶如佛的所證，爲什麼這樣說呢？能促令諸眾生全部都發起無上正等正覺之心，得到無生忍以後令他們得到菩提，得菩提以後也不捨棄煩惱、也不親近佛法，從意識、意根所生的煩惱也全部滅除無餘。由於這樣的因緣，諸位大德都說『我們如今得到了菩提』。阿難！由於這樣的緣故，如今這個境界就稱之為無生，為何這麼說呢？像這樣的善男子與善女人，發起無上正等正覺之心而照明了一切諸法，發起這種覺悟之心以後其實也沒有所得，遠離了覺悟之相以及一切法相，於無餘涅槃就進入般涅槃了。」】

講義：這段經文，諸位有沒有覺得怪怪的？有沒有覺得怪怪的？文殊師利菩薩明明就在眼前，他卻說他已經在無餘涅槃而般涅槃了；可是他明明還在眼前，這到底是什麼緣故？這裡面的法義得要講究，不能囫圇吞棗讀過或者聽過就算了，這個我們留到最後一句再來講，所以第一句先不解釋。

文殊菩薩又說「得佛相好」，從事相來講，文殊菩薩本來就已經成佛了，他也是七佛之師，是倒駕慈航來當菩薩護持 釋迦如來的。那麼他要示現佛身難道不行嗎？他的福德與智慧都夠啊！他本來就已經成佛了，是為了襄助 釋迦古佛，所以回來當菩薩。這很可能是過去無數劫前，也曾經得過 釋迦古佛的利益；所以成佛了，然後現在 釋迦古佛爲了一千個兄弟以前的約定又重新來示現成佛，他就來襄助。這種事情，將來我也會幹，所以我將來成佛以後，抽個空也會看看 釋迦古佛現在是於什麼地方示現成佛，因爲一切如來都會不斷的示現成佛，十無盡願所持的緣故。

話說回來，他當然可以示現諸佛的三十二相、八十種隨形好，所以示現相好沒有問題，然而他沒有示現成佛身，就以這樣的模式來教導、來化度無量百千萬億的眾生。可是他這個教導化度不是像末法時代那一些所謂的大師們那樣的教導化度，因爲他是「**滅諸結使如佛所證**」。「**滅諸結使**」的「結」就是三縛結，「使」就叫作五利使，這個今天不講它。又說「**如佛所證**」，請問佛是證什麼？證如來藏！不要答得這麼心虛，佛當然是證如來藏，只是佛地不叫作如來藏，叫作無垢識。度眾生斷了三縛結、斷了五利使，同樣的如佛所證，當然也是證悟如來藏，爲什麼這樣說呢？因爲「**令諸眾生皆發阿耨多羅三藐三菩提心**」。

這裡講的發無上正等正覺心，不是三歸依那個發心。一般說的發無上正等正覺心，那是三歸依的發心，就是四宏誓願；但這裡講的不是，而是證眞如以後發起無上正等正覺之心，因爲如來所證也是這個心，而你現在因地所證也是這個心。所以《楞嚴經》告訴我們，因地發心與果地覺到底是同還是異，這件事情很重要，必須要弄清楚，絕不能含混、不能籠統。所以，你現在證悟的心是不是第八識眞如？一定要弄清楚。

即使剛從禪三下來，還沒有完全弄清楚也沒關係，因爲我們講經或者增上班的課程裡面都會不斷地告訴大家；而這八識心王的心所是什麼，你也可以驗證；這八識心王各自的自性是什麼，你也可以現觀來驗證。依於經教、依於菩薩所造的論（當然僞論不算），你可以自己現觀，去比對看看對不對。所以，當有人退轉或者有外道否定說：「你們證的那個不是眞如。」你可以現觀自己是不是證眞如，可以現觀自己證得的是不是第八識如來藏？如果是，心中可以現前決定不疑，那就可以大踏步往前走了。

也就是說，這時候發起的無上正等正覺之心，是要「得無生忍」的。得無生忍跟「令得菩提」是兩回事，這有前後次第。先要證得第八識，然後現觀而發覺祂從來無生，而你也沒有辦法找到一個方法把祂壞滅，永遠找不到一個方法能壞滅祂；所以你證實，果然這個心從來無生、永遠不壞，一定是眞實心；而這個心的自性，你去體驗的結果，發覺祂眞實，祂也如如，這樣叫作證眞如。然而證眞如之後能不能得無生忍，這才是重要的事，而不只是證得。證得不重要，因爲到末法最後二百年、一百年的時候，手機拿來一點上去搜尋「證眞如」，結果全部答案都出來了，那這樣知道眞如可以叫作開悟嗎？不能！就好像有的經中、有的論中也明講了，所以《成唯識論》裡面也有明講，經中也有明講，但是讀了終究不是開悟。

那麼釋印順等諸多學術界人士也都讀過了，爲什麼他們沒有悟？因爲他們不信受，心中不能生忍，所以他們的實相智慧就起不來。他們對第八識就沒有無生忍，所以對於如來藏的本來無生、本來寂靜自性涅槃，心中不能得忍，也就是不能接受。所以他們用六識論的想法去想像什麼是三自性、什麼叫作三無性，說他們這樣就是證得三無性、自稱成佛了。結果呢？結果死後的現在當然生在三惡道中。這不是我毀謗他，因爲釋印順那樣作了之後是必然的結果，因果就是這樣。所以得無生忍才重要，而不是知道密意；知道密意不重要，因爲經上、論上都有明講，很多人都讀過了，可是他們同樣都不得無生忍。

所以知道密意以後，還要能現觀祂是怎麼樣的一個心，只有能從各個方面都能現觀祂的自性，親證唯識性以後，才能對這個心生起無生忍；能安忍於這個心的本來無生，這才叫作「得無生忍」。「得無生忍」以後，下一個階段叫作「令得菩提」，他就知道：喔！原來佛菩提是這樣。當他知道佛菩提是如此的時候，他讀了《阿含經》，就得知二乘菩提原來是這樣，是依大乘菩提而方便施設的。

所以你們看，我這一世有誰教我《阿含經》？沒有啊！我回復證量以前，《阿含經》也讀過，可是讀不懂，因爲很多斷句都斷錯了！是悟後重讀時說：「喔！斷句錯得這麼離譜。」就重新把它斷句。因爲重新斷句的緣故，所以有些重要的地方，我就用鉛筆不斷地圈起來。然後我寫《阿含正義》就很快了，我只要把《大藏經》拿出來，把我要寫的綱要先列好，然後這一段應該找什麼經文來佐證，我記得是在左邊這一頁的中間一段，我就專看那一段就好，不看右邊這一頁，也不看上下段。我就這樣找，找起來很快，所以我《阿含正義》很快就寫完，原因就在這裡。如果沒有證得大乘菩提，想要懂二乘菩提時，是要很辛苦努力奮鬥才能達成的；可是末法時代沒有機會，除非善知識有出來弘法。

現在張志成說：「蕭老師那《阿含正義》也是亂寫的。」好，那你就把所謂亂寫的地方提出來論一論吧。因爲如果弄錯了，評論越多、寫得越多，毛病就越多，這是事實！沒有自知之明時，寫得越多，那個狐狸尾巴就越多條，到最後不但屁股長了狐狸尾巴，背上也長滿了一堆的狐狸尾巴，因爲人家到處都可以找你的毛病。那我就要說，我還是想要淘汰一些人，因爲禪三錄取不了那麼多人，所以人少一點還是比較好，淘汰掉一些人以後，留下來的人就是好品質。

你看《法華經》，如來打算要宣講的時候，五千個聲聞離開了。那些聲聞裡面，我剛開始講那部經的時候，還不敢說這五千聲聞之中也包括一些阿羅漢在內；當時我還不敢講，因爲怕大家起煩惱。講到後面，大家都聽到差不多了，我就講那五千聲聞之中也有阿羅漢，至少那五百結集中的四十位阿羅漢一定在內。可是 如來有沒有阻止他們？沒有，如來默然看著他們離席而去。五千聲聞離席，那是很壯觀的場面。我們臺北現在六個講堂，我看有沒有坐滿？差不多坐滿了，五樓還有幾個空位，十樓也有六個空位，這樣也才不過一千多人。那五千個聲聞離席很壯觀的，可是 如來默然，沒有遮止，爲什麼呢？因爲他們沒有資格聽聞《法華經》，他們聽了一定會生起煩惱。

其實《法華經》中的某一些小部分，平常大家請示 如來時，如來一定曾經講解過；可是他們聲聞人不信，所以一聽到要講《法華經》，知道 如來一定說到那些法與事相時，他們就走了。所以那些人就淘汰掉，他們於佛菩提道中沒有因緣，要等未來世。可是來世他們就有因緣嗎？不一定欸！聲聞初果可能有因緣再聽到，阿羅漢就沒有因緣，因爲那四十個阿羅漢一定會入無餘涅槃；那五千聲聞中的凡夫卻是大有因緣，因爲他們要繼續輪迴生死，總有一世會遇到某一尊如來作了同樣的開示，就會生起信心，也就有因緣再聽到《法華經》了。

所以，到底證阿羅漢果好，還是當凡夫好？不一定，要看前提。所以佛法中不是那麼簡單的事。你們證得如來藏在增上班的人還有很多要學的，將來重講《成唯識論》時，不要跟我抱怨說：「老師！我這個爲什麼聽不懂？」告訴你，聽不懂是正常的；但是我會漸漸講到讓你聽懂；如果你還聽不懂，沒關係，講完一部分，我就印出一輯，你們慢慢去比對論文，前後比對再去思惟，因爲我也有註釋而不是只有語譯；那麼去閱讀、再思惟，現觀跟比量都去作，慢慢就會懂。所以佛法不是那麼單純，因此有些人才不過吃到一粒米就說他吃完兩碗飯了，那會讓人家笑話的。

那現在 文殊菩薩說：「得無生忍以後使他們得佛菩提。」表示什麼？是無生忍在先，得佛菩提在後，因爲如果沒有證得如來藏，他不得無生忍。證如來藏的人，也可能有人不得無生忍，因爲他心中不得決定，他心裡面懷疑：「這個就是如來藏嗎？可是這個那麼平凡，也沒有什麼奇特啊！證得這個第八識心又不能使我飛來飛去，又不能使我知道別人心裡面在想什麼。」他會這樣覺得，所以他就不能生忍，就是未得無生忍；忍就是接受，而他對這個如來藏的本來無生不能接受，心裡想的是證得第八識以後就會有神通了，結果並沒有。如果他能接受以後，實相般若的智慧漸漸生起來，就知道：喔！原來佛法的般若是這樣，原來佛法的種智是這樣，然而那已經是悟後修學很久以後的事了。

到了「令得菩提」的時候，「亦不捨煩惱、不近佛法」，這樣的佛法，若是從世間法解釋時怎麼講得通？眞的講不通！可是如果從佛菩提來講絕對通，爲什麼

「不捨煩惱」呢？因爲你還沒有成佛，所以還要繼續修學佛法，那你就得要保持最後一分的思惑繼續受生，一直到七地滿心才能把它滅除，因此你不能捨煩惱；可是這個「不捨煩惱」，不是講貪瞋癡那種煩惱，要記得喔！

再從另一方面來講「不捨煩惱」，比如說你想要成佛，是不是要世世受生？要的！一定要一世又一世繼續受生才能學佛，才能邁向佛地。那麼請問，你受生本身是不是個煩惱？是啊！有時候因緣所限，在中陰階段看見未來世的父母時說：「嗄！來世要他們當我的父母，我要當他們的兒子女兒喔！」可是因緣就是這樣，也只能接受。

也許有的人想得更荒唐，說：「他們都是凡夫，哪有資格當我的父母。」那我告訴你：這個人就是凡夫。因爲菩薩本來就是要找凡夫當父母，這個很正常的事。他如果把父母當作凡夫想，顯然他心中就是有凡夫想，他不就是凡夫嗎？因爲菩薩都作如來藏想、作眞如想，哪有「人想」？何況是凡夫想。

這個受生就是個煩惱，還要處胎十個月。處胎十個月也是個煩惱，然後出胎也是個煩惱，長大也是個煩惱，長大的過程中還要學很多世間法，所學的全都是世間法也是煩惱，因爲跟心性不相應。所以我小時候最大的煩惱，就是那些教科書我不想讀，就是不想讀；但還是得讀啊！總要混到學校畢業，這都是煩惱，得要這樣子；然後一世又一世不斷的輪迴生死，全都是煩惱。所以你不能捨棄這些煩惱，否則你無法成佛，因此說「**亦不捨煩惱**」，這是從現象界來說，你每一世的五蘊都「**不捨煩惱**」。

可是每一世五蘊存在的當下，那個實相法界根本就「**不近佛法**」。你的第八識眞如從來不親近佛法，爲什麼呢？因爲祂自己就是佛法，那祂還要親近什麼佛法？祂的境界中無一法可得。所以，本來想，來正覺就是可以親證佛法，多棒！沒想到悟了以後一法也無，竟然「**不近佛法**」欸！可是就要依這個「**亦不捨煩惱、不近佛法**」，繼續熏習修學，你才能成佛。

以前有人勸我說：「**你還是要多多親近學術界，因爲佛法還是得靠學術研究才能成功，你這個說法只是教徒觀點。**」嘲笑我是教徒觀點，總共有兩位，一個是比丘尼，一個在學術界，什麼人我們就不談。那個比丘尼，我就跟她回了三封信，結果她就去法院這麼告我。而那一位學者，我就交代：「**每一本書只要出版時都寄**

給他。」結果後來他改變了觀點，爲什麼呢？因爲佛法是實證的內涵，它不是思惟想像來的看法，不是研究的所得，而是要親證的，那學術界所研究的佛法經典，那些經典之所從來，也是 如來依實證的內容講出來的。

所以教徒觀點到底對不對？要看他有沒有實證。如果是有實證的，教徒觀點才正確；如果沒有實證的，不管他是教徒觀點或學術觀點，全部都錯。所以學術界，我從來不親近，甚至於有的學術界人士，我還寫書破他。有沒有讀過《鈍鳥與靈龜》啊？對啊！我就是破他，可是他不敢回我一句話。學術界很愛面子的，我把他破了，他不敢回我一句，爲什麼呢？因爲這是眞正的佛法，這是實證的，不是靠研究思惟得來的。

那麼有誰敢破我？就是完全不懂佛法的人才敢破我，就像慧廣法師那一類的人。現在也有退轉的人學他來破我，那就是不懂佛法的人；而我們藉這個機會，汰除一些法緣不成熟的人，這是好的。如果有人不想被汰除，就要堅定心志，好好讀我的書，每週來聽我講經，看看有沒有道理，然後自己要生起決擇分。至於你有沒有決擇分，那就看你閱讀人家毀謗的文章、閱讀我的書之後，能作什麼樣的抉擇；如果抉擇錯了就是沒有決擇分，很簡單！那就被汰除了。所以汰除不是壞事，因爲打從 佛陀弘法以來，每一個世代都在汰除，這是正常的。

那麼這裡就說「亦不捨煩惱、不近佛法」，從意根、意識所出生的「煩惱盡滅無餘」。請問諸位了，才剛剛得無生忍、才剛剛「得菩提」而已，還在眞見道位，爲什麼就說從意識、意根所生的「煩惱盡滅無餘」？文殊菩薩這個說法到底對不對？嗄？到底對不對？（有人答話，聽不清楚）對就答大聲一點！爲什麼對呢？因爲他是從眞如的立場、從眞如的境界、從如來藏的境界中來看煩惱，此時根本沒有煩惱可得。

學佛是爲求解脫，可是也沒有誰綁著你，你要求什麼解脫？所以四祖道信往參三祖僧璨，如何得解脫時，三祖禪師問他說：「你來見我作什麼？」他說：「我來求解脫。」三祖問他說：「誰縛汝？」說誰綁著你了？因爲從如來藏來看時並沒有繫縛，自覺有繫縛時就是落在五陰裡面。可是如來藏的境界中沒有繫縛，那沒有誰綁著你，你要求什麼解脫？說得也是喔！可是他這樣講，就要人家開悟，眞的很難，得是個很利根的人才能悟入。也就是說，從眞如的境界來看的時候，無一法可得，何況有煩惱，所以不管從意識生起的或從意根生起的煩惱，一切都「盡滅無餘」，這就是從理上來講。

那麼接著說，由於這樣的因緣，所以諸大德們都說：「我們如今得到覺悟了。」菩提就是覺悟，那覺悟到底是覺悟個什麼？是覺悟一大堆的佛法嗎？不是的，是覺悟如來藏的眞如性，覺悟到如來藏的不生不滅，覺悟祂的不來不去、不垢不淨、不增不減，覺悟到祂與五陰非一非異，這樣才叫作大乘般若的覺悟。

那麼 文殊菩薩就作個結論說：「阿難！由於這樣的緣故，如今我就把祂叫作無生，爲什麼這樣呢？就像是這樣的善男子、善女人，他們發起無上正等正覺之心而照明一切法。」然而一切法生生滅滅，何須要你「照明」？既然說到有照明，顯然一般人都不曾照明佛法，也不曾照明一切法，因爲一般人認爲：「一切法是眞實的，所以我眞實。」有的人認爲：「我是上帝創造的，所以上帝眞實；我是大梵天創造的，所以大梵天眞實；我是四大極微創造的，所以四大極微眞實。」有一大堆的虛妄想等，這一些人對一切法都不曾照明。「照」就是眼光銳利的看到，而且一切都明明白白而沒有遮隱，這樣才叫作照明。

可是照明一切法者只有菩薩，二乘聖人仍然沒有照明，因爲他們不知道一切法之所從來。那麼菩薩眞正的照明諸法是什麼時候？是通達位，也就是眞見道完成之後，接著相見道有兩個階段：非安立諦三品心，以及安立諦的十六品心、九品心都完成，這時候才叫作「照明」一切法，因爲這時候百法明門已經修學完成了，知道說整個佛法系統當中，這個法在哪個位置，那個法在哪個位置，每一個法所住的位置都清楚了。這時他瞭解了什麼叫作「法住法位、法爾如是」，爲什麼這個法住在這裡，是因爲什麼緣故他也知道，這才叫作照明一切法。

所以不是眞見道位證悟時就算數，還要進入相見道位繼續修學一直到通達，懂得「法住法位、法爾如是」了，然後就可以說他「照明諸法」。照明一切法的時候，就可以判斷普天下之一切大小善知識，哪個是野狐狸，哪個是眞善知識，哪個善知識已經到某一個階段，哪個善知識才到某一個階段，他都知道；他不會把凡夫當聖人，也不會把聖人當凡夫，也不會把賢位當作入地，也不會把地上菩薩當作賢位，這樣才能夠說他已經「照明諸法」。今天只能講到這裡。

《不退轉法輪經》開講之前，先談一段法義，在成佛之道，三大無數阿僧祇劫之間，有一個很重要的法，這個法若沒有修好，不但不可能成佛，也不可能進步，還會退步；因爲沒有學這個法的人，一定會造惡業，而且是在正法菩薩僧道場中造惡業。這個是什麼法呢？這個法叫作意根。因爲網路上有人說他懂《成論》，他又寫文章說：「**蕭平實對意根的解釋都是錯誤的。**」這個文章貼出來也很久了，我就挑比較重要的部分跟大家聊一聊，或者正確地說：開示一下。那麼他的文章貼出來，貼在琅琊閣的部落格，是不是表示琅琊閣的閣主認爲他講的對，所以讓他貼出來。是不是？是啊！那麼這樣的話，等於閣主的看法跟這個寫手的看法是一樣的，否則就應該更正；可是並沒有更正，就這樣貼出來。而我看那篇文章，他寫的意思是說意根什麼都不能幹、沒什麼用，顯然閣主是認同的，所以閣主的知見跟這個寫手是一樣的。

現在問題來了，如果意根沒有什麼作用，那《成唯識論》裡面最重要的主題就是：三種能變識能變生諸法。這三種能變中，第一個、第八阿賴耶識，第二個、叫作第七識意根，第三個、叫作前六識；這八識心王變生一切法。可是這位寫手張志成的文章說：「**意根沒什麼作用，蕭老師講那麼多都是騙人的。**」那閣主也認同就貼出來了。意根是不是如同他所講的那樣，什麼都沒辦法作，沒有什麼作用？可是我告訴諸位：「在成佛之道的三大阿僧祇劫過程中，最重要的是意根。」他卻不知道。他所知道的意根就是睡覺時那個意根，可是意根不是只有睡覺的時候存在，意根存在的時候多到讓你數不清，因爲祂從無始劫以來到現在不曾一剎那中斷過，表示意識等六個識於五位間斷的時候，祂仍然沒有間斷。可是意識等六識存在的時候，祂當然也存在，因爲「恆、審、思量」表示祂從來沒有一剎那中斷過，而且能詳細審知第八識與前六識的一切所爲，又能「思量」作最後的決定，表示祂能作的事情多著哩！怎麼是沒什麼作用的識？

但是在《阿含經》比較少談到意根，通常是把意識與意根合併稱爲意，但在大乘經中談得非常多。我這裡倒是要問問諸位：「有讀完我講的《楞嚴經講記》的人，請舉手！」喔！還不少，可是不到一半，你們其他的人爲什麼不讀？嗄？還沒讀完喔？那麼已經有在讀的跟讀過的，請舉手！喔！這超過一半了。這部講記很重要，雖然很深。所以，我們有一位校對的老師，有一天私底下跟我說到《楞嚴經講記》時說：「名義上都說是我們幫老師在校對，其實它裡面講什麼，我們還不一定看得懂。」但這是實話，因爲那經文講的眞正法義，你沒有六地、七地的證量，有許多法義一定看不懂，這樣講比較白啦！

可是《楞嚴經》講的跟《阿含經》都不一樣，《阿含經》都告訴大眾：「五陰、十八界、六入、十二處全部都虛妄。」但是到《楞嚴經》的時候告訴你：「什麼叫眞如，什麼叫如來藏，什麼叫佛性。」還記得裡面有講到第二月嗎？所以，從卷一到卷五把很多關於明心和見性的事情講得很詳細，還跟大家分析說爲什麼五陰不是生滅法？因爲你不可以把色陰歸給四大，把受陰歸給什麼等，全都不行，每一陰其實都是如來藏的妙眞如性，跟大家說明這個道理。云何五陰本如來藏妙眞如性？就從眼根開始說，說到意根；云何十二處、十八界本如來藏妙眞如性？因爲這一些法，你都沒有辦法歸給外法，你要把它的自性歸還到一個主體時，最後只能把它歸還給第八識如來藏，所以說一切法都是如來藏。但是這樣講的時候，有不少人會生起疑心不能信受，不信就謗法，謗法的結果兼謗佛菩薩。

那麼《成唯識論》的三種能變識當中，第二能變識叫作意根；別的經典講的，我就不舉，我單舉《楞嚴經》這一段，是很短的一段經文，這是《大佛頂如來密因修證了義諸菩薩萬行首楞嚴經》卷四，佛這麼說：「**如意默容十方三世一切世間出世間法，惟聖與凡，無不包容，盡其涯際，當知意根圓滿一千二百功德。**」如來要諸大菩薩們去評比：六根到底哪一根具足一千二百功德，哪一根只有八百功德？結果意根具足一千二百功德。我也常常說「**意根默容一切諸法**」，也許有人聽了以後，就進去電腦 CBETA 打開，搜尋「**意根默容一切諸法**」，結果搜尋不到。搜尋不到時，就好像二十年前，我說：「**相分，這六塵有內相分也有外相分。**」臺南有一個很大的出家道場，他們的法師就上 CBETA 搜尋「**內相分**」，搜尋不到，又搜尋「**外相分**」結果也搜尋不到，然後就寫文章出來：「**蕭老師亂編派，自己創造佛法，實際上沒有內相分。**」

但我沒有創造佛法，我是依現量觀察來說的，而這個現量觀察也可以在聖教中找到證據，只是依現量觀察而說時的名詞與聖教中譯爲中文的文字不同而已，所以《阿含經》講六入的時候說：「**這個叫作外六入，這個叫作內六入。**」請問外六入是不是攝入外六塵？內六入是不是攝入內六塵？那不就是外相分與內相分了嗎？爲什麼一定要「**內相分**」這三個字才算數呢？那我說「**意根默容一切諸法**」，經文中也沒有這樣的文字啊！但這是我現觀所得的現量。意根眞的默容一切諸法，我這樣講還算保守，你看經文的語意是怎麼講的：「猶如意根默容十方三世一切世間出世間法。」所以我說的「一切諸法」是函蓋世間法與出世間法的，證明我說的還客氣，我說的是「默容一切諸法」，如來說的是「默容十方三世一切世間出世間法」，不是只有這一世、這一處的法。

那麼現在琅琊閣張志成跟他的寫手是不是認爲 佛講錯了，所以提出反對意見？對喔！因爲 佛講的意根很厲害，厲害到什麼話都不說就容納了十方而且是三世的一切世間與出世間等諸法，你說意根厲害不厲害？厲害啊！只是沒有那個現量的人不能瞭解罷了，然後看到我講意根講得那麼詳細，就說：「這蕭老師亂編派，自己創造佛法。」但我從來不創造佛法，因爲所有佛法，佛都講過了；我所講的都不出於 佛所講的範圍，我也從來不容許佛法中有創見，所以我不會創造佛法。

我舉個例說明這個意根好了，爲什麼祂「默容十方三世一切世間出世間法」，不作全部解釋，只是舉一、二個例子來說明。意爲什麼說是「默容」？因爲意根從來不跟語言文字相應，祂不會跟語言相應而出之於口，說：「應該如何、不該如何。」所以祂是「默容」，從來都是默默的容納一切法。容納一切法時，爲什麼還要講十方三世？爲什麼還要講世間出世間法？我舉個例，我自己身上的例子。我早年並沒有想要復興中國佛教，我想的是：「**把這個明心見性的法傳給了法師回歸寺院，我就歸隱田園修行了。**」我也告訴過諸位，爲了歸隱田園，我在故鄉的重劃區的住宅區，我買了一塊地一百多坪，等於三百多平方米，打算退隱田園；後來發覺不能住，鄰居養雞晚上太吵了；我又去我同修的故鄉明航寺旁邊，又買了一大塊農地，將近九百坪可以蓋農舍的，但現在也不能蓋了。所以我當年是隨時準備要歸隱田園的，我並沒有想要復興中國佛教當法主，當初覺得那個任務太大了，幹不了！因此我當時念佛，求生極樂世界。

但是有一天打坐入定，我看見什麼？極樂世界的七寶池中，我有一朵蓮苞，那個蓮苞有一點類似菱形、直立的模樣，散發出金光和寶藍色的光明；那個寶藍色的光明太棒了，世間沒見過。我並不是故意要見，可是就看見了，這蓮苞是誰之所緣？對，是我的意根之所緣。那麼請問：那一朵蓮苞應該是來世的事情，而且它遠在極樂世界，那是多少佛土以外的世界，眞的可以叫作十方；既然能緣極樂世界，當然也能緣其他的佛世界，你說這個意根厲害不厲害？厲害啊！但是你也得要有那個證量，才知道祂的厲害；如果沒那個證量，你根本不知道。由此可見琅琊閣閣主及寫手都沒這個證量，他們對意根連最基本的現觀都沒有。

那麼諸位每週二晚上來到這裡聽經，是意識下的決定嗎？不是意識下的，意識的思心所只是決定說應該去、不應該去，但意識心裡想我要去聽經，卻不一定能去得成，結果最後是意根下的決定。下這個決定是屬於世間法的層面，來聽聞的決定是要坐在這裡繼續聽聞下去，這聽聞的是出世間法。所以意根所含攝的法太多了，遍及十方、遍及三世。譬如說你們有時候作夢，夢見過去很多世以前，那個老母親原來是我今天隔壁坐的這位師姊，那也是緣於過去世的事；所以意根的能緣是很厲害的，不是你意識想緣就緣。

再不然說你們背誦〈大悲咒〉好了，你有沒有先想一下，我下一句應該是什麼，然後再背出來？沒有啊，你就一直背下去，那也是意根的功能，單有意識作不到。其實意根的功能很多，說之不盡，因爲祂「包容十方三世一切佛法」，而且從來不聲張，你都不知道祂是怎麼包容的，祂也不來跟你表現說：「意識啊！你看我這麼厲害。」祂也不來跟你表現，祂永遠都沉默無語。我講到這裡就夠了，因爲要再講下去就太長了，這個意根的現量有很多內容可以談，但是我不想再談。

佛說意根是：「**惟聖與凡，無不包容，盡其涯際。**」也就是說，對於一切賢聖以及對於一切凡夫所有的一切諸法，祂無不包容，就好像花苞一樣把花的所有內容全部包在裡面無不包容，但這還不夠，還得「**盡其涯際**」，也就是說一切諸法有多少，祂就包容多少。你看，意根是什麼都沒用嗎？很多人每天在意根之中用來用去，結果不知道意根的自己是哪個。我這時候就想起來，這位寫手對意識倒是懂不少，對如來藏是朦朦朧朧，意根則是全然不知道。《八識規矩頌》有一句說得好：「**什麼人難分識與根？**」大聲一點！是愚人哪：「**愚者難分識與根**」，還記得嗎？玄奘菩薩早就罵過了，說分不清楚意識與意根的人就是愚者、愚癡的人。

那麼請問諸位要當愚者還是智者呢？（眾答：智者。）對了，來到正覺講堂還要當愚者，那不如一棒把他打出去算了！當然要當**智者**，所以意根和意識要分清楚。那意根如果什麼都沒辦法作，請問：意根在《成唯識論》裡面說祂跟四個煩惱相應，就是我慢、我愛、我見、我癡。爲什麼跟這四個煩惱相應？因爲祂有遍計執性，雖然遍計執性不單單意根有，意識也有，但以意根爲主，因爲意根才是動力。既然跟這四個煩惱相應，你想祂須不須要比意識伶俐？須要啊！所以分分秒秒、刹那刹那，祂都在作決定，這當然得要時時刻刻都「審」才行。

阿賴耶識「恆而不審」，意根「恆審思量」。意根下了決定，業、道才能成就；如果意根什麼都不能幹，爲什麼三界中會有業道？爲什麼三惡道的有情、人間的有情、欲界天的有情以及上二界的有情都存在？這已經分明顯示業道了，而這一些業道的成就都是意根之所造作出來的；所以不能只把睡眠位的意根當作是意根，因爲意根在清醒位一直都存在，所以你看意根多厲害。我如果繼續講下去就沒完沒了，不講了，就講到這裡就好，因爲這個意根有很多的現量，是可以現觀、可以現前體驗的，但是深的部分，那得要你的證量夠。

我在想，佛教界有人看過自己在極樂世界的蓮苞是什麼模樣的，大概也找不到幾個人，把淨土宗的禪師們例如雲棲袾宏一類的人，諸位拿手指上來數數看，有幾個看過？你五個手指都數不滿的！所以有很多是可以驗證的，佛從來不騙人，不要輕易就把　佛否定了，說　佛不懂這個；佛明明已經講了，意根是多麼厲害，結果他們的文章還寫出來說：「蕭老師亂編派，意根沒有什麼多大的功能。」你身爲閣主，同意他這篇文章登出來，表示你的見解跟他一樣，那你的見地哪裡去了？我禪三幫你開悟，那些見地你都哪裡去了？你要拿出來用啊！不要被人家牽著鼻子走。是聰明的話就回歸正道，離開琅琊閣張志成與諸寫手，不要再謗法，不要再謗佛；無根謗我，我無所謂，但是不要謗法跟謗佛。

可是不曉得我講了會不會有用？但我要說「良藥苦口」，有用的藥不會像糖果那樣好吃，所以老人家總是說「忠言逆耳」，雖然是逆耳之言但要聽得進去。所以在會裡主持會議的時候，常常有某師這麼講、某師那麼講，聽起來不是順心境，但是我都接受，爲什麼？因爲他的建議對，那個部分我不如了，我就要改。所以忠言逆耳還得聽，良藥苦口還得喝，這才是聰明人。一世的名聞利養，最多再給你一百年好了，一樣帶不到來世去。所以有人笑我傻，說：「你把法傳給人家，還拿那麼多錢出來捐，你幹嘛呀！有錢不會用喔？」我說：「我在賺錢啊！」他說：「你這樣還賺錢？你都賠了幾百萬出去了。」我說：「我在賺法財，賺七聖財，不嫌多，只怕賺得太少。」

所以每週二我來這裡作法布施很快樂，因爲我在賺法財。週末連講三個鐘頭不休息，你們來講三個鐘頭看看，如果中氣不夠，肚子都講到沒力了；但我不嫌累，因爲我在賺錢，這個錢叫作法財。所以必要的時候，我家裡拿錢再出來捐，出版社的不算，因爲那是正智出版社捐的，福德與功德都跟大家綁在一起，不是我個人捐的。所以說，我還是奉勸：有智慧的人不急，慢慢聽、慢慢看，不要隨便被人家一兩句話所轉就退轉了，結果成爲被淘汰中的一分子。唉！入寶山空手而歸，多冤枉。就像二〇〇三年那一次一樣，我說：「你們都可以兩邊跑，慢慢觀察看看誰對誰錯。」因爲我的肚量夠，不會拒絕說：「你既然跑這邊，爲什麼又要跑那邊？」我說：「沒關係！算是修學菩薩道的過程吧！」

那麼自稱懂《成唯識論》而說我不懂的人，寫出來那麼荒唐的東西，你如果要信，那你就跟著去吧！他們也主張說：「不用修福德，只要努力修法就好。」那我也歡迎有人去啊！不想修福德的人跟著去吧，那些人都歸他，願意修福德的人才到我這裡來。因爲成佛要「福慧兩足尊」，不修福的人沒有那個福德配合，他就不會有那個相對應的位階可以走上去。菩薩道五十二個階位，每一個階位都要有相對應的福德。（什麼味道？什麼東西燒焦了？我有聞到，好像什麼東西燒焦了？請義工菩薩檢查一下。）

所以爲什麼修加行之前，眞見道之前要設資糧位，因爲這六個位階都是在修資糧；這六個位階沒有修足夠，見道的資糧就不夠，縱使能入了眞見道位，那是善知識濫慈悲，結果還是會退轉。所以不願意修福德只想修慧的人，不想待在正覺同修會，我無所謂，就給他們、就去追隨他們；去了不用修福德就可以實證，多好。但是正覺同修會要修福也要修慧，福慧要均等，這仍然是我的主張，也是諸佛的主張；包括該閣主將來成佛以後教導弟子們，也會如是主張，雖然他現在不這樣主張。也就是說，成佛沒有不修福的，也沒有不修加行的，修福、修加行是每一個位階都有的事；但這個加行不是專指加行位的加行，這個道理等八個月後或七個月後，咱們講《成唯識論》時再慢慢的一一說分明，預計六年說完。（編案：可能要八年以上才會講完。）

所以佛法不是那麼容易懂的，自稱懂《成唯識論》的人，你可以給他下個註腳說他不懂。眞懂《成唯識論》的人，他會客氣的說：「嗯！我應該是懂。」那不懂的人就會說他都懂，懂一半的人說還有很多不懂；如果只有懂百分之一，等於懂萬分之一還是千分之一？千分之一喔？他會說我全部都懂。而現在他們寫出來挑戰我的東西，二〇〇三年法難時我們都寫過、都解釋過了，我們書中也都講過了，顯然他們都讀不懂，現在我們得要重複再答覆一遍，只是這樣而已。你看，二〇〇三年到現在幾年了？十八年了吧？還是十七年？十七年前答覆的內容，現在他們繼續提出來質疑，顯然他們都不讀我的書，也不讀會裡的結緣書，或者是有文字障而讀不懂。唉！怎麼說呢？

不談了，回來《不退轉法輪經》，有法喜還是比較重要。上週我們這一段沒講完，剩下最後三句，上週講的最後一句說：「像這樣的善男子、善女人，發起無上正等正覺心、照明了諸法，因爲他已經照明了諸法，所以他發起這種無上正等正覺心的時候就進入無所得的階段。」以前昭慧法師回我信的時候說：「你蕭平實主張有如來藏，那你就是自性見。」表示她對如來藏完全不懂。當你證得如來藏、轉依如來藏的時候，是一切法皆無，這時候還會有自性見喔？自性見講的是六識的自性，把六識的自性當作眞實有的人就叫作自性見，那就是外道們跟密宗那一些所謂的法王們，以及他們所有的活佛與信徒，加上釋印順及其門徒們，全都落入六識自性中，全都叫作自性見外道。

可是你發起這種實證的無上正等正覺心以後「墮」在眞如，也就是進入了眞如的境界中轉依了眞如，而眞如的境界中無一法可得，所以成爲「無所得」的境界。住在「無所得」境界中的人，半個自性也沒有，何況是一萬個自性，因爲證眞如的人就是佛法中的眞正賢聖。但他們不懂，就毀謗說這個是自性見。這個是過去發生的事情，不再談它。可是證眞如的人，是否眞的就是賢聖？諸位搖頭是什麼意思？嗄？對！因爲轉依成功與否才是關鍵。

有時候善知識濫慈悲，幫某人證悟了以後，叫他觀察這個心是不是眞實、是不是如如，觀察以後說果然是眞如；可是他心中有疑，勉強壓伏著，等到後來事相上有所求而不順遂的時候，「管你什麼證眞如不證眞如，我就把你否定了」。否定眞如這回事，或者說否定第八識這個事情時，他就是謗法；如果證得第八識能現觀眞如的人，他們認爲不是開悟、不是見道，那他們可就很好、很好了，好在哪裡？好在來世要住在地獄裡受苦，因爲他們等於把 釋迦牟尼佛否定了，把三轉法輪諸經也否定了，然後禪宗初祖大迦葉、二祖阿難，一直到中國初祖到六祖，乃至把中國禪宗所有的證悟祖師全部否定了。那你否定了那麼多的賢聖，這個罪業可眞不小呢！

所以有的人膽子大，敢落筆隨便寫；我可不敢，我說法都是斟酌再三，整理完以後要出版了，也是斟酌再三，怕有時候有語病，結果把事情講岔了，那就麻煩。你們不知道，我們的校對團隊是多厲害，所以往往已經付印了以後，忽然覺得暫時還不要印，某個地方還要改一下，我就改；因爲佛法不當兒戲，要很愼重，所以遣詞用字很小心的。但有的人膽子大，可是眼高手低，眼睛很高，比天還高，可是手裡寫出來的東西不如一般世俗人，那結果就把 如來以下所有全部賢聖都否定了。什麼事不好幹，要幹這種事？學佛本是善因，結果學到後來變成幹惡業，而且是天下最大的惡業，多冤枉！眞是冤啊！可是將來見了閻王（假使地獄中眞的有閻王），他一個冤字也喊不得，因爲全都是自己幹的，他自己的如來藏都記在那裡，能向誰喊冤？善知識該講的也講了，也不能怪善知識，那有什麼冤？所以學佛眞的要小心。

因此，「無所得」的法既然證了，轉依「無所得」了，爲什麼要出來爭執那麼多的事物，而且編派許多莫須有的事相來毀謗正覺。毀謗我個人也就罷了，還毀謗無辜的親教師們，學佛需要搞到這樣嗎？琅琊閣和他的寫手全都在作人身攻擊，而他們所謂的法義辨正都不值得一辨，因爲我們在二〇〇三年發行的諸書中都已經寫過而公開回覆了，現在還逼我們要再重新答覆一遍。唉！那既然歸於「無所得」，計較這些作什麼？我拿錢出來，而且我把法送給大家，我也沒有從會裡收過一毛錢，這樣還要被計較。

老實說，我把這個法傳出來，創立了正覺同修會，就算同修會買個房子供養我、給我住，買個車子給我開，也是本分上應該的，因爲我沒在賺錢，我又是善知識，傳的是了義的、究竟的正法。結果我還拿錢出來，我也沒有在同修會領過薪水，沒在同修會拿過錢，還要被這樣計較，你說天下有這種事嗎？對喔！有沒有記得 如來說的，對善知識應該怎麼樣？結果他們反過來假造事實來誣賴我。我又不受他們供養，卻反過來跟我計較，編派一些莫須有的罪名套到我頭上來，這個沒有必要吧！

所以說，以前那大概幾年了？禪三道場剛建立時，有個同修在會員大會建議說：「**同修會應該買一輛好車給老師開。**」我說：「**免了！免了！**」我怕死了。如果我當年接受了，現在要被攻擊到什麼地步？那琅琊閣個人包了紅包給我，說是他寫的懺悔信；我回家晚餐後看時才知道是錢，就立刻找人通知他不受供養，然後還給他。後來也有人私下弄個信封說有事情跟我報告，叫我回家再看。我當時覺得不妥當，當場把它拆開一看，裡面是一張金融卡連同密碼，我要領多少，自己去領，但我都不接受。

我把法送給大家，是眞正的法、了義的法、究竟的法，而且不是只有眞見道。我還捐錢出來，但是要被學生這樣計較，捏造假事實講到那麼難聽。如果是一般的善知識大概就說：「**算了！回家，吃老米去，這些人不可度。**」對吧？一般善知識會這樣，但我沒有，我既然確定要復興中國佛教，雖然現在大陸去不了，我還是要想辦法復興佛教，不是只有復興臺灣的佛教，所以我們有許多工作在作。

但是「**善知識者，出興世難，至其所難，得值遇難，得見知難，得親近難，得共住難，得其意難，得隨順難**」，乃至後來終於得以跟善知識共住了，最後結果是「得其意難」，眞正是「得其意難」！如來有一天當眾抓起一把沙子灑在指甲上，這是《阿含經》記載的，告訴諸比丘說：「我所已知法如大地上之土，我所已說法如爪上土。」同樣的道理，我也要告訴諸位：「我說出來的法，不可能把我所知道的全部說完。」何況有的人只有讀到我的書，可能讀過三頁、五頁，一本都沒讀完就開始寫文章出來評論。

他們沒那個資格，但是我有資格像這樣評論別人，我教諸位怎麼取得這個資格，譬如說某善知識的書拿來略翻一翻，看到其中有一段說：「其實眞正的眞如就是離念靈知。」好了，其他就不用讀，這樣你就取得資格了，懂嗎？因爲他落在意識或識陰裡面，薩迦耶見沒斷，證據很明確；或者其他跟實證三乘菩提有關的字句是違背正法現量的，只要那一段文字就夠了，因爲他不會那一段違背了，其他都講對；絕對不會這樣，因爲這一段講錯，表示他的所見錯誤，其他所說一定也跟著錯，他是在識陰的立場講的。

你看，那琅琊閣張志成等人的文章說：「宗喀巴講的才是對，蕭老師講錯了；印順講的才對，蕭老師講錯了。」那表示他們的境界跟宗喀巴、釋印順一樣落在識陰中，對吧？對啊！跟他們的見解一樣時，才會說他們講的對。那宗喀巴說五陰都是眞實的，所以這五陰所修的雙身法樂觸叫作俱生樂，說那也是眞實法，說那叫作空性。則琅琊閣等人的見解就是跟宗喀巴一樣，宗喀巴所謂的斷我見是什麼？說你施設一個名詞叫作我見，那個我見並不是佛法中說的我見，而是密宗另外施設一個說法叫作我見，然後你把施設出來的我見斷除時叫作斷我見。這等於說拿一根繩子來說這個叫作蛇，然後我把這繩子砍了，便叫作砍掉蛇了。而張志成他們認同宗喀巴、認同釋印順，就表示他們的知見跟宗喀巴、釋印順一樣，就只是個博地凡夫罷了。

張志成等人入了寶山空手而出，唉！可惜啊！沒辦法。但是說了這一些法、這一些話，能救多少人就救多少人，救不回來就淘汰掉，這就是我的話，很簡單。因爲這個境界是「無所得」的境界，爲什麼要去計較那一些不必計較的東西？如果你有機會遇到個善知識，他把法傳給你，然後他又拿錢出來護持，又不從道場取錢回去，沒領過車馬費也沒領過薪水，都沒領過什麼，從來不曾領過，也不受供養，那這樣你還要跟他計較的話，我說：「**你不用學了，回家吃老米還比較好，**

對你自己好。」如果有機會遇到這樣的善知識，我一定恭恭敬敬奉事供養，我眞的作到。所以剛弘法時有人跟我介紹一個假的八地菩薩，我都還跪在地上跟他通電話，可是越問法義越不對，後來我確認他是個凡夫，只是籠罩人罷了。

學法應該要有這樣的風骨，面對眞正的善知識，就是要奉事供養；可是我沒有要求諸位奉事供養，因爲我自己的世間財夠。我如果笨到去從會裡挖錢，那是要虧損福德，來世要當窮光蛋，我有那麼笨嗎？也就是說，這個法是實證的，實證以後祂是無所得的境界，你歸依於「無所得」，然後你來護持這個正法的道場。所以我在會裡當義工，當了將近三十年，現在繼續要當下去，我要再當二十年的義工，我跟諸位一樣不領車馬費、不領薪水，因爲就像勝鬘夫人講的，應當「捨身命財護持正法」，所以我當然也是這樣護持正法。

前些天有一位老師跟我說：「您的子女不比我們幸福。」他跟我女兒說：「感謝你們把父親奉獻出來給我們。」因爲我的子女要見我不容易，總是要跟我再三確認哪一天有空才有辦法見，你們何其有幸每週見到我，這樣還要嫌東嫌西嗎？而且我把諸位將來的佛道都規劃好了，九千年內就是證阿羅漢，這是九千年內要作的事情；五億七千六百萬年後，在 彌勒尊佛座下都要入地了，不可以還在三賢位，這樣才能襄助 彌勒尊佛接引龍華三會的那麼多人證阿羅漢。你們在會外曾經聽過誰講這個話？可是我現前所見就是這樣。我這樣看見，我這樣規劃，釋迦老爸也這樣去布局。所以，不要當作等閒事像釋印順講的：「**釋迦牟尼佛已經過去了，灰飛煙滅了。**」他對 佛從無恭敬心，算什麼佛弟子！

所以，既然所證的眞如是「**無所得**」的境界，沒什麼可計較的，你來正覺同修會學法，就是要修學安忍。我常常穿著一件白色的運動衣，後面寫著兩個字很大的「安忍」，是張老師寫的，張老師教導諸位說：「**來了，就是要安忍。**」結果不能安忍，也就退轉了，學法最重要的是安忍。如果一個人在世間法中相處不融洽，安忍不了，學法也一樣安忍不了，幫他悟了，他還是會退轉的；所以證悟時能安忍不退，才叫作無生之忍。所以親教師們都教諸位，來到正覺同修會就是修學六度萬行。第一度是什麼？布施！要趕快把口袋按住嗎？有時候有的人會問我：「**老師！我看見週二講經完以後，大樓門前排著一排出家人，那我到底要不要布施？**」我說：「**布施啊！爲什麼你不布施？**」只要他眞是比丘、比丘尼，你就布施；只有一種人不應該布施，他是學密的，否則你就種了毒田，不是種福田。

那我再問諸位：「我有沒有禁止過哪一個人不許供養會裡的出家法師？」沒有啊！我都認同、都贊成，結果這個帳爲什麼要算到我頭上來？我也覺得奇怪。還有一件事我也要聲明：你家裡開什麼店，你把產品賣給會員，這沒關係，因爲你本來就是作那個生意。所以譬如說，你家裡本來有賣香，你本來有賣什麼醫療用品，本來有賣佛像、賣什麼都好；有同修去跟你買，沒問題，你不是直銷，不是違規。但要記得賣給同修時應該比較便宜吧？是不是？因爲同修之誼啊！賣給別人如果是一萬塊錢，賣給同修時竟然賣一萬二，這就不對了。那你如果說「我賣你八千」，我就讚歎！這個要讚歎。作生意本來就應該這樣，因爲有同修之間的道情在，而且跟你買的同修也許他已經證悟了，你便宜二千塊錢給他就是種福田；這種福田還難種，有幸遇到了，當然得種。這就是我的原則，肥水不落外人田，有錢給自己的同修賺多好，但是不能賣貴，這就是我的原則。所以我也不反對同修們去跟同修們買什麼，我從來不反對，因爲本來就應該這樣互相照顧，這是我的原則，順便談一下。

雖然說賺錢也是人生大夢中賺的，修行也是人生大夢中修的，因為有如夢觀的人就是這樣看的。我看見無數劫前怎麼修行、怎麼墮落成為老鼠、曾經怎麼樣作了什麼事情，跟什麼人過去有什麼因緣，有時候我會點一下。但是把那一些事情看了，再從這一世來看，全都已經過去了、都像夢中；而這一世所作的事情何嘗不是一樣如夢，這叫作如夢觀。你必須要有能力看見過去無數劫以來的許多事，你有如夢觀的人會去貪求名聞利養、眷屬等事相嗎？不可能的！因為都是夢中的事。這就是說，從所證的現量來看的時候，一切都是夢中的事，就是一場夢又一場夢的修行，延續一直到成佛。那這樣夢中所作的佛事，夢中賺的錢、夢中花的錢、夢中接引人、夢中幫人證悟等，畢竟都還是夢；因為人生只是一場大夢，而整個成佛之道就是一場又一場無止境的人生大夢，這一些夢都在事相上存在。

你進了正覺同修會以後還沒有如夢觀，至少也要懂這個道理，懂這個道理以後就可以安忍了。假使哪一位幹部對你說話大小聲，你就安忍。你如果不想安忍，也可以去告發，因為我們也有檢舉信箱，會裡也會處理。但是遇見我，不需要安忍，因為我不罵人也不瞪人，你有什麼好安忍的？（大眾笑…）你能安忍的只有一件事，就是法上要安忍。如果聽到我說了什麼法，而你聽不懂或者你不能信受，你也得安忍，因爲我是憑自心現量而說；我不像大多數的大法師，他們是一個字一個字先寫好，然後一個字一個字這樣唸出來。我今天講了多少法？（此時導師將經文高舉給大家看）你們看我這經文上面有沒有註記？有啦！這個是七月十四號二〇二〇年，我只有這個註記，沒有別的文字註記。

講經得是這樣講，從自心現量的現觀講出來；如果需要一個字一個字寫好，然後上來照唸的話，如果祕書沒有保管好講稿，突然丟了就沒辦法講了。我知道大部分的大法師是這樣，那怎麼辦？所以我想講什麼經，就取來講，就是這樣。那麼有幸遇到這樣的善知識，應該滿心歡喜才對，還起瞋、在那邊計較不存在的事，是要幹嘛？那不是搬磚塊砸自己的腳嗎？世間利益無足可惜，因爲帶不去未來世；既是帶不去未來世的物品或利益，就不需要太計較，過得去就好了。

還有，我要吩咐琅琊閣們的就是心性要好，別堅持己見；如果自己提出來的主張，對方不認同，就跟對方爭吵，就罵對方；人家看你是個法師，不好頂嘴，但是以後不再供養了，這是一定的。你一天到晚跟人家吵架，誰還供養你？到最後供養都跑光了。但是這事情不要怪到我頭上來，我沒有阻止過任何人供養你。這是我說的坦白話，我在佛前這樣講，沒有妄語。所以出家後自己的心性要去改變、要隨和，而且會裡有制度，不是你們琅琊閣想怎麼樣就能怎麼樣的。

會裡這個制度，我努力在維持，我也不去干預會裡的制度。如果我一天到晚要參與會裡的制度的話，我還能寫作《成唯識論釋》嗎？今天寫到一百一十三萬字了。也就是說，你在一個僧團中，你要依照僧團的制度去作，不是會裡什麼都得聽你的。我們正覺教團也不是什麼都聽我的，甚至於作決策的時候還是經過親教師會議大家來討論，然後有共識再付諸於實行，因爲這個正覺教團不是歸我個人所有，而是大家的。所以每一個人進得正覺來要學安忍，如果安忍沒有學好，遲早要離開的。

那麼這樣講起來，出了這麼多的事情都是教團裡面的事情，而這些事情在講什麼？講修行菩提所應該注意的事相，這些事相就叫作「菩提相」。如果沒有這一些規定，沒有這一些戒律上或者不成文的約定的話，這個教團就不能成立；就像　如來在世有許多不成文的規定，還有一些教條的約束、戒律的約束。所以，你在　如來的僧團中，你也得遵守那個僧團的約束，不可以說你想要怎樣就怎樣；如果不聽你的話，你就把他反了，不能這樣。所以「菩提相」一定要有，這個是事相上的「菩提相」，可是還有實證上的「菩提相」。也就是說，你實證以後，得要有實證者的風範；不可以實證以後，結果你主張了什麼，人家不聽你的，你就使性子。你使了性子，好啊！下個月人家不供養你了，就這麼簡單。有誰願意自討沒趣的？沒有啊！這是一定的道理。

所以證悟之後，要有「菩提相」。但是反過來說，假使有人要求你，所證第七住位的眞見道位的證量要等於初地，要求你得要有初地的行相，說：「你不是已經見道了嗎？見道就是初地，你要有初地的模樣。」那行嗎？不行！因爲他們主張說：「一見道、一開悟就是初地。」那好極了！成佛之道縮減了一大阿僧祇劫。對啊！一開悟就是初地，所以都不用修前五度等福德，六度也不用修，直接就可以開悟，悟了就是初地，那麼 如來說的第一大阿僧祇劫就不用施設了，這樣好不好？（有人答：不好。）爲什麼不好？這是大家的福利，這是大福利欸！

諸位想想，經中說證悟了不退轉才只是第七住，從第七住要到初地時，第一大阿僧祇劫有三十心，現在到了第七心，後面還有二十三心，琅琊閣幫你省了一大段時劫，你還說不好，忘恩負義啊？可是我說諸位有智慧，爲什麼呢？因爲你從第七住位般若正觀現前，般若正觀現前就是開悟、就是證般若，再從這第七住位要到初地時還有二十三心，等於二十三個樓梯，你要一階一階踩上去，不能想要飛上去；因爲佛菩提道沒有辦法坐飛機、坐直升機的，眞的叫作一步一腳印。所以不能要求人家說：「一悟就是初地，你既然悟了，就要有初地的樣子拿給我看，否則就不是證悟。」可是我跟你說：你假使拿五地、七地的樣子給他看，他也不信你是五地、七地，也不信你證悟。當你把五地、七地的模樣顯示給他看，他還是認爲你還沒有初地，因爲他看不懂。所以他們的所求不當，要求人家要有初地的模樣，那就是要等人家修到初地，不能在剛見道的眞見道時就要求要有初地的智慧與功德。那他們說：「證悟了就是初地，所以你們正覺那個開悟不對。」問題是，他們又謗佛了，因爲　佛說般若正觀現前是第七住位，而且這個第七住位能不能住得了，還要有佛菩薩善知識攝受，否則還住不了；哪有那麼簡單的事，所以要求過分也不對。

那麼自己事相上的「菩提相」夠不夠，實證上的「菩提相」夠不夠，自己要能夠確認；也就是說，我現在是不是第七住位常住不退，也許我退了呢？是眞的常住不退時，我再進求第八住、第九住、第十住，我再次第前進，這是正當的。而所謂的證眞如，到底是什麼？我要重複加以檢驗到底對不對？依聖教量、依現量、依比量去加以檢驗，如果對了，我管他是誰、來講什麼話。即使哪一天宗喀巴化現爲佛的樣子來，我也不信他，因爲我檢驗過了。所以這個「菩提相」的內涵還得要小心去求證，不可以人云亦云。

接下來說，我「菩提相」已經證實了，可是我第七住位證得七住眞如，我第十住位證得十住眞如，有沒有符合證眞如的標準？證眞如就是說，在眞如的境界中沒有眞如可證、沒有菩提可證，這些智慧雖然還存在，可是這些智慧跟眞如平等平等；唯有智與眞如平等平等，也就是「無智亦無得」，才是眞的證眞如。也就是說，你要向內遣除對這些智慧的執著而歸於眞如的無所得，令這些智慧跟眞如平等，所以你要再深觀眞如的境界中無有一切法相，一法也無。連一法都沒有的時候，就不要說十法百法、千法萬法了，這叫作「離菩提相及一切法相」。

可是，假使有人今天第一次來聽我講經說，證眞如以後連眞如也無，心想：「那你到底在說什麼瞎話？」是嗎？其實不是這個意思，而是說你證眞如以後，知道眞如確實可證的，但是你要轉依眞如，而眞如的境界中無一法可得，連證眞如的智慧也不存在了。無一法可得時而且轉依了，那我就不要再跟我老爸老媽生氣了，因爲每一次去正覺講堂聽經，老爸老媽都不高興，回家就罵我，心裡面想：「一法也無，老爸老媽罵我也是一法也無。」所以不忍而忍，不用再忍了，反正聽了就說：「好，我知道了；好，我知道了。」下個禮拜二到了繼續去聽。等到你悟了，出語不凡，這老爸老媽有一天突然覺得：「我這女兒、我這兒子爲什麼現在講話不一樣？有智慧欸！」弄清楚了，他們倆老也來學法了。

也就是說，很多人誤會般若，因爲般若裡面說這個也沒有、那個也沒有、什麼都沒有，然而爲什麼要什麼都沒有？因爲你要歸於眞如；明明你知道那些智慧，那些你都懂，可是你要向內遣除，把這些智慧歸於眞如，而眞如的境界中什麼境界都沒有，這樣才是眞解脫，不被任何法所繫縛。這時候你的智慧還在，可是你的智慧來自於所證的眞如，所以你的智慧跟眞如平等平等，這樣叫作證眞如，包括證初地到十地的眞如也都是一樣；也就是說，這時候你已經「離菩提相」、「離一切法相」。

接下來這一句就妙了：「於無餘涅槃入般涅槃。」問題是，明明 佛陀現正在世，諸大菩薩比如 觀世音菩薩、彌勒菩薩，以及阿難、舍利弗菩薩他們都在現前，文殊菩薩竟然說是已經「於無餘涅槃入般涅槃」。「入般涅槃」不就沒有五蘊了嗎？爲什麼說現在已經「入無餘涅槃」了？這是什麼道理？這得要證眞如以後再爲你講解，你才會眞的聽懂。我們也講過很多次，二乘阿羅漢、辟支佛證得有餘、無餘涅槃，他們捨壽後入了無餘涅槃，五蘊全部滅盡，不受後有，那樣叫作無餘涅槃。可是從菩薩所證的現量來觀察，他們入了無餘涅槃以後，那個無餘涅槃的無境界的境界，其實不必入無餘涅槃就已經在了，那就是如來藏獨住的境界；這個如來藏現下就已經是無餘涅槃了，只是爲了行菩薩道，所以繼續受生不斷自度度他，但是這個無餘涅槃的境界就在眼前的如來藏法身上現前。

所以證眞如之後，觀察到阿羅漢所入的無餘涅槃，依舊是如來藏的本來自性清淨涅槃，只是爲二乘人方便施設，把不再生起五陰的如來藏境界叫作無餘涅槃罷了。既然是這樣，我當下就在無餘涅槃裡面了。所以要請問諸位了：「**我蕭平實可不可以說：我住在無餘涅槃裡面為諸位說法？**」（有人答：可以。）可以了，因為諸位聽懂了。可是這話如果去講給釋印順聽，他要罵起來了；講給宗喀巴，他一定聽不懂：「**嗄？你在講什麼？你是自創佛法。**」不，沒有自創，只是 佛沒有講那麼白而已；其實在《百論》或者《廣百論》已經講過了，可是其他的諸大菩薩、大阿羅漢們沒講過。

為什麼我現在又重新來講一遍？因為我可以引用他們講的，大家就信了。所以愚癡的人信古人而不信今人，知道這個意思嗎？所以我今生要多寫一些，來世現在的蕭平實就變成古人，然後來世的我再引用今生蕭平實講的法，大家就信了。所以有機會、有時間就多寫一點，不然我寫《成唯識論釋》幹嘛？所以佛法不是那麼容易瞭解的，不要學得一知半解像個三腳貓，然後就覺得自己很厲害。這種人我見多了，佛世就有了，不是現在才有，所以不稀奇。啊！不再講了，下一段：

經文：【「阿難！如是族姓男女乘菩薩乘，不以見日而生晝想；凡夫愚人若見日

時便作日想，則非智者，何以故？阿難！若日有體非虛妄者，則可積聚；以虛妄故，亦無過去、未來；夜亦如是。若日作日想，夜作夜想，則是凡愚妄想所見。阿難！是菩薩乘，修行阿耨多羅三藐三菩提有善知識，不應晝生晝想、夜生夜想，何以故？離一切想，能住菩提如來之道。」

語譯：【這一段，文殊菩薩繼續開示說：「阿難！〔這一句唸的時候應該這樣唸：如是族姓男女乘（成）菩薩乘（勝）；要這樣唸〕就像是這樣子有名望的大宗族中的男男女女，乘著菩薩道這一乘的時候，不是由於看見太陽而生起白天之想；凡夫以及愚癡的人如果看見太陽的時候便認作是太陽之想，那他們就不是有智慧的人，為何這樣說呢？阿難！如果太陽有眞實體而不是虛妄的話，那麼太陽就應該可以積聚起來；由於虛妄的緣故，所以沒有過去、未來；黑夜也是像這樣子。如果看見太陽當作太陽之想，黑夜當作黑夜之想，那就是凡夫的愚癡妄想所見。阿難！這個菩薩乘，修行無上正等正覺的時候有善知識，依於善知識的時候不應該白天生起白天之想、晚上生起晚上之想，為何這麼說呢？遠離一切想，才能安住於覺悟的如來之道。」】

講義：我們常常說「修菩薩道」，菩薩這一個道就表示它是一條路，讓你可以走到成佛的地步去；雖然這一條路有很多的岔路，但是畢竟它有一個道，你要仔細去觀察，千萬不要被這一條路的旁支、旁岔的道所誘惑；因爲這一條菩薩道上沒有什麼有趣的事，可是外道所開闢的岔道裡面，花花綠綠、形形色色什麼都有，一不小心就被引誘，心裡面想說：「**那我去看一看吧！眞不行，我再回來。**」可是去看了一看，就會想要再看一看，然後三看十看，越看越多就越深入去了，再也回不來了。有一句俗話說「**再回頭已百年身**」，這要改一個字說「**再回頭已百劫身**」，不要以爲墮落三惡道以後很快可以回來人間，除非你福德夠大、業夠輕，否則這一下去，如果下去是地獄，未來並不是直接回來人間，而是要先去餓鬼道，可是從地獄道要去餓鬼道很困難；然後從餓鬼道要回到畜生道，也一樣的困難，沒有那麼容易的；如果終於回到人間，有的經上說前五百世盲聾瘖啞、不遇佛法。

可是我告訴你，這還算好的，五百世還算好的，還記得《佛藏經》講的嗎？無量無數阿僧祇劫以前的苦岸比丘等人，那四個比丘誹謗賢聖比丘，結果下墮三惡道很久之後終於回來人間，他們已經供養了九十九億諸佛，還不能得順忍；想要供養到一尊佛都不容易，他們歷經了九十九億尊佛以後，遇到 釋迦牟尼佛時，依舊連個順忍都不可得，不要說證初果。佛說那個叫作業障，他們未來還要再歷事多少佛才能斷我見呢？佛沒講，我也不知道。所以菩薩十重戒，千萬別犯；毀謗三寶，不管是有根毀謗或無根毀謗，全都是地獄業，不好玩！如果無根毀謗賢聖，有的人喜歡在背後講親教師們的閒話，結果那都是假的，也是犯十重戒。

我跟諸位講一個經典裡的事，有一天，舍利弗尊者跟目連吧，行道途中突然下雨，他們跑著跑著看見一個山洞躲進去避雨；終於雨停了，他們就離開了。他們離開以後，後面還有一個女人從山洞出來，然後有人看見了去向 佛舉報：「舍利弗尊者、目連尊者，他們跟那個女人在山洞裡邪淫。」佛找他們兩位來問，他們說：「我們不知道，我們也沒看見什麼女人。」那個人卻說：「我明明就看見那個女人面有淫相，從那裡面走出來，跟著他們後面走出來的，眼見爲憑。」現在的話叫作眼見爲憑，對吧？

這樣看來應該是眞的吧！原來不是。那個女人因爲下雨先跑進去，後來她看見有兩位比丘進來，就往更裡面躲進去；結果躲雨的時候兩位比丘並不知道裡面有個女人，可是那個女人看見舍利弗長得莊嚴而起了欲心，於是她自己作了非梵行；後來雨停了，她離開的時候那個人看見她的臉像，知道這個女人有非梵行，認爲一定是跟舍利弗他們兩個人幹的好事。你說，這不就是眼見爲憑嗎？可是這件事情眼見不足以爲憑，更何況別人是在公開的場合讓琅琊閣看見的，那有什麼可以眼見爲憑？對吧？人家爲了接引某個人來學法，這個人還有個兒子在上學，要等他放學回來，然後一起到講堂來，於是約好在咖啡館或什麼地方等候她兒子，這都是公開的行程；值得他們毀謗嗎？不值得吧！所以眼見不足以爲憑，很多事情奇奇怪怪的，你沒想到的還多，不能隨便下定論，更何況人家有道共戒還有受上品菩薩戒。

所以說菩薩這一條道，其實本來是筆直的一條道，你只要直接行去就可以；但是外道施設的岔路很多，喜歡定境的人會被定境吸引，喜歡神通的人被神通吸引，喜歡世間道的人被世間道吸引，誘惑非常多；而這一條菩薩道裡面看起來就沒什麼世間有趣的事，因爲都是要捨煩惱、捨世間法。可是這條菩薩道兩旁非常多的世間道、世間法，一不小心或者因爲好奇就走進去了，走進去再回頭時已百劫身，不好玩！可是有的人沒經歷過這些過程，他們得要自己去經歷經歷；大部分的人都經歷過，才能夠入地永不退轉；如果是才剛進入第七住位的人，心旌動搖就被吸引走上岔道，很難回頭，所以千萬不要對世間法好奇。

譬如說網路上，因爲我每天會看 Google 新聞，看大陸局勢發展；我很關心這個，因爲我有一個期待，什麼期待就不講。可是你點出新聞來看的時候，有一些廣告奇奇怪怪，有沒有？有一個我比較印象深刻是，幾乎每一個新聞它都有；有一個框框中有一個女人的像，然後寫著說「本地媽媽需要你」。一看就知道那是什麼，可是沒有看見說「本地爸爸需要你」，沒有看見過這個。可是你如果好奇點了進去，或者有一些新聞它會要你登錄成爲它的會員，然後你才可以繼續看，有沒有？但是它不讓我看，我就不看；你給我看多少，我就看多少，我絕對不要成爲什麼單位的會員，因爲那些都是世間法。

可是有的人如果好奇點進去看看吧！那這一進去可能就回不來了。很多事情都是這樣，諸位要學著。尤其將來你如果有一世正式當法主了，類似的機會非常非常多，你一定要在發現的當下立刻就砍了，沒有第二句話，沒有第二個想法說：

「我要不要砍？」沒有！一定得當下就砍。我如果不是這樣，二十幾年前就完了，沒有現在的正覺同修會了。我都是當下就砍，因爲你每一世都有眷屬，那往世的眷屬是往世的，未來世還有未來世的眷屬，但那是未來世的，不能與此世混同。懂嗎？應該這樣看待，所以不要半路上看見一個老男人說：「**這是我往世的爸爸，迎回家供養。**」那你要跟人家搶父親了，這就是愚癡。

也就是說，菩薩道是一條路、筆直的一條路，根本就沒有彎彎曲曲，可是岔路很多，旁邊的岔路五光十色非常吸引人，你得要小心，不要因爲好奇就走進去。有一句話說得很好，「**好奇害死一隻貓**」，貓有九命不是嗎？可是因爲好奇，牠就會被害死。你既然走上菩薩道，就不要再好奇，專心針對煩惱的斷除、法義的修學、智慧的取證、性障的修伏、福德的培植，專心在這上面好好去作，然後你修道就快。你已經出家就出家，不要還俗；你如果是在家身，覺得在家比較好修行，你就保持在家身，都可以、無所謂，因爲證沙門果是以實質來講，不是以你的色身來講。

意思就是說，你行菩薩道，就是坐著菩薩乘；乘就是搭坐的意思，搭上去坐在那上面，乘什麼呢？「乘菩薩乘」，菩薩乘就像是一條大船給你搭乘上去，你不要動不動就跳海（大眾笑…）。對啊，我弘法以來已經三批人跳海了，那陸陸續續有救回一些人，可是有的人現在正在跳，快要到海面了，能不能拉回來，我不知道。所以這個菩薩乘，你搭上去這條大法船，就要安安穩穩坐下去，在船上你該幹啥就幹啥，不該你作的事情你就別去管，各有執事。可不要說在船上你當了船長，結果船員幹的事你也要去作；那個領航員該作什麼，輪機長該作的事情，你全都要去作，那你幹什麼船長？如果你是輪機長，就專門管好輪機的事情，把那些動力照顧好，其他你就不要管，不可以說我這個也要、那個也要。就這樣子大家和合共事一起前進，乘著這個菩薩乘往前走。

只是「乘菩薩乘」往前走的時候，不要看見太陽就說那叫作太陽；其實你有生以來不曾看過太陽，不要懷疑我這句話，因為你一向都生活在如來藏變生給你的內相分的六塵中，你內相分中的六塵中哪有太陽，所見的太陽只是個影像；而你這個內相分的影像跟外相分的六塵影像相連結，連結在一起，所以你以為你有接觸到外六塵相，其實沒有，你六識心有生以來都活在內相分的六塵影像，而太陽是外法，哪裡是內法？

所以你看見了太陽不該生起太陽之想，你也不應該想說：「喔！太陽出來了，所以現在是白天。」沒有所謂白天黑夜可說，因爲白天黑夜都是如來藏變生給你的內相分的影像。所以凡夫和愚癡的人，如果看見太陽的時候就說這個是太陽、現在是白天，那就不是智者，那叫作愚癡人，叫作凡夫。太陽也不眞實，如果你看見了太陽是眞實的，那應該把昨天看見的太陽留起來，今天再看見一個太陽又再留起來，後天再看見一個太陽再留起來，就可以積聚起來了；可是不能積聚，它不眞實，由於虛妄的緣故；所以同理也就沒有過去、沒有未來，而現在呢？現在也正念念在過去，不斷的持續過去。那三世如此，晚上之想同樣也是如此，這一切所見都不眞實。好，今天講到這裡。

《不退轉法輪經》今天要從六十七頁第二段第三行的中間開始講：「若日作日想，夜作夜想，則是凡愚妄想所見。」在白天看見了太陽，你說那叫作太陽；到了夜晚一片黑暗，你說現在是晚上黑夜；這個正常，要不然爲什麼晚上咱們講堂開講時得要開燈，但是 文殊菩薩竟然說這樣叫作「凡愚妄想所見」，那到底我們應該怎麼見？所以你要想解釋這個道理，你必須得懂般若，但不是那一些學術界所認爲的：「**般若就是一切法空，般若就是性空唯名。**」不是他們講的那樣，因爲佛法是實相法，不是虛相法。

如果有人教你修行，說：「**你要好好體會一切法都空，所以三自性也不存在、也是空，一切法都空了就成佛了。**」要不然說：「**一切法都空了就是見道，那就是初地了。**」到底對不對？爲什麼諸位搖頭呢？搖頭要有搖頭的道理，在我們正覺講堂搖頭不能隨便搖，說個對也不能隨便講對，要有理由。所以凡夫以及愚人，這是兩種人，愚人叫作阿羅漢，雖聖亦愚；凡夫就是連初果都沒有證得，這兩類人「**日作日想，夜作夜想**」；然而菩薩們跟著 文殊師利修學不這樣想，那到底他們的所見是作什麼想？嗄？作什麼想？作如來藏想。因爲你看見白天並沒有眞的看見白天，看見黑夜也沒有眞的看見黑夜，你所看見的、以爲的白天、以爲的黑夜，其實都是如來藏變現給你看見的內相分，讓你認爲現在是白天、現在是黑夜，所以一切所見無非如來藏，這才是正理，因此不應該「**日作日想，夜作夜想**」，否則不是凡夫所見就是愚癡的阿羅漢所見。

往年佛教界私下裡都會罵：「這蕭平實好狂，竟然敢罵阿羅漢。」我說：我哪有狂？我說的是實話。那麼現在有人更狂，以凡夫知見竟然敢罵地上菩薩，你說誰比較狂？（大眾笑…）對不對？你說到底誰比較狂啊？所以不能夠只從現象界去看，還要從實相法界來看現象界，這時候你的自心現量，說一切所見莫非如來藏相，沒有晝相，沒有夜相，當然你心中就除掉了晝想夜想，道理就是這樣。

那麼接著說：「**阿難！是菩薩乘，修行阿耨多羅三藐三菩提有善知識，不應晝生晝想、夜生夜想，**」所以在佛法中，眞正的善知識他能夠教導你，去確認所見的白晝不是白晝，所見的黑夜不是黑夜，白晝與黑夜都是如來藏變現的六塵相分，來讓你覺知心所看見。善知識要有這樣的功德以及方便善巧能幫助你證實這一點，否則不能稱爲善知識。

所以你看，佛法對善知識的定義是這麼嚴格，像這樣的善知識，會外就算有人破參了也還不夠格，因爲他還是弄不清楚這個道理。爲什麼晝想夜想都不對？他弄不清這個道理，因爲他的自心現量並無法現觀一切所見都是如來藏變生的內相分。所以，文殊菩薩特別定義出來：在這個菩薩道的修行法門之中，你要修學、要實修，要能證得無上正等正覺，得要有善知識；若沒有善知識，你不可能證得無上正等正覺。假使有善知識教導，你當然不會「晝生晝想、夜生夜想」。

接著 文殊菩薩就解釋那個道理：「何以故？離一切想，能住菩提如來之道。」換句話說，一切諸法都是如來藏所生所顯，外於如來藏即無一法可得，何況是眞實法。現在有人把第八識如來藏否定了，說證如來藏不叫開悟，說要證得三無性才叫開悟；那三無性就是一切法空，把依他起性諸法都空掉了，遍計執性諸法也空掉了，圓成實性也不存在了，那就是一切法空了。可是這樣的一切法空，它是虛相法，這樣的認知並非實證，而且如此認知也是跟著意識生，跟著意識滅，它沒有一個眞實不壞的常住法；他也無法理解爲什麼白晝不能作晝想，爲什麼黑夜不能作夜想，因爲他無法現觀一切法皆是如來藏。

當你證得如來藏的時候，轉依如來藏的眞如性，此時迴無一法可得，凡有所見乃至凡有所聞、所嚐、所嗅、所覺、所知，所有六塵莫非是如來藏之所生所顯，所以只有如來藏離一切想。離一切想的人才能夠住於覺悟「如來之道」。諸位想想看，正覺弘法之前，誰能教你這個佛法的正道呢？全都沒有。所以凡有所證不能是意識思惟或想像、研究之所得，而是必須有一個如實法的親證。這個如實法，性如金剛永不可壞，但是無形無色、無我無人，卻能生一切我人、能生一切心與色，而整部《成唯識論》就在講這個道理，只有這樣實證而能現觀的人才能「離一切想」，只有「離一切想」的人能住於這個覺悟「如來之道」。

那麼請問諸位：覺悟如來，到底如來是什麼？你得要弄清楚才能叫作覺悟如來，否則如來到底是什麼，你不知道。爲什麼說見如來時不可以色見佛、不可以音聲求於如來？你如果從音聲裡面要求到如來，求不到；以色法想要見如來，也見不到；因爲如來是第八識眞如。所以說，每一個人五蘊山中都有一尊如來安坐，每天爲大家說法。而這一尊如來每天爲你說法的時候，從來無言無語，不曾爲你說過一句法，能如是現觀才能說你已經住於覺悟「如來之道」。菩提就是覺悟，「能住菩提如來之道」，這是難事，因爲六住位修學未滿足的人，其實你幫他證悟了第八識如來，他也無法安住，不能生忍。

所以在增上班上課的時候，有時候看見有的人上課時上得很痛苦，爲什麼呢？因爲他聽不懂，聽了將近十年還聽不懂。那我最近在檢討，爲什麼他聽不懂？有的男眾聽不懂，是在十年前我幫他證悟（因爲他沒有因緣可以證悟，可是我看在他同修的面子上幫他悟了），然而他對我的開示與幫助，並沒有生起勝解。有的女眾她聽不懂，可是以前我看在她同修的面子，所以幫她悟了，但現在她仍然聽不懂；這樣坐在增上班裡上課，你說苦不苦啊？聽不懂還要坐在那裡三個鐘頭，眞的很苦啊！

所以從今以後，不管他同修悟了沒，我都不管，就看他個人因緣到了沒，不要再作人情了。這就是說，自心如來之道要證悟很難，可是有時候他有福德，他是什麼福德呢？因爲他同修的福德或者她先生的福德，所以我幫他證悟了；可是他心裡信不過，老覺得：「我應該沒有因緣可以證悟，我怎麼會遇到證悟這個法還證悟了，這個開悟應該是假的。」諸位別以爲說這種事情是我虛構的；我不虛構，從我開始弘法來到現在，一直都有這種人。

所以想要證悟如來藏而現觀眞如，眞的不簡單。如果不是善知識放水，現在增上班應該只有不到十分之一的人，哪能有今天這麼多人？所以退轉的人還會寫文章網上罵：「反正你只要上禪三去過三次，老師就會把你叫到陽臺上去，就會幫你悟了。」竟然公開這麼講。沒奈何，都被攻擊了，我就要改變一下：上山三次，我也不跟你指導，不會找你去陽臺指導了。因爲有好的品質比較好，我幫他們悟出一些人來，結果還來咬我，現在是一天到晚在咬我，那我弄那麼多人出來幹嘛？所以說，以前打三的人只要有七分熟、六分熟，甚至也有五分熟的，我就幫他悟出來；現在起，一律要九分熟才行。其實佛法本來就是這樣，自古以來就是這樣，只是我急著要復興佛教，所以手頭比較奢侈；如果要像古時候的禪師那樣，門前草深一丈。所以有時候有的人會來跟我講，也有一位法師跟別人講，傳到我這裡來，他說：「像我媽媽那樣的程度竟然也可以悟，這算什麼？」我說：「那是看他的面子幫她悟的，其實他的媽媽再過五劫也悟不了。」這是事實啊！

所以有時候心裡面想：五濁惡世，人總是身在福中不知福。有福氣，善知識幫他悟了，他還說自己沒有這個福氣不應該悟，那我到底是驢肝肺還是什麼？我就不知道了！也就是說，無上甚深微妙法，甚深難解、難知、難信、難入，悟入後也難忍、難住，確實是這樣，因爲這是個「無所得法」。那麼佛法中的實證其實都要靠善知識，自佛世以來一直都如此。諸位也可以從禪宗的那一些公案紀錄中，去看禪師如何爲人，往往你來問了：「如何是佛？」他告訴你：「花藥欄。」明天又來問：「如何是佛？」他說：「乾屎橛。」後天又來問：「如何是佛？」他說：「銀山鐵壁。」反正就是一堆的言語答你，但是一堆言語答覆你的時候，每天每天不同，你要從何悟去？很難的！但這個還算客氣，有時候進得門來：「如何是佛？」一棒就打出去了，連一句話都沒。

所以你們看那個睦州和尚，睦州禪師姓陳，大家稱他爲陳老師。雲門禪師悟前，第一次去扣方丈室的門，睦州禪師問：「是誰啊？」他就答了：「某甲。」禪師門才一開，才剛剛看見人，馬上閉門不見。明天又來，還是一樣；第三天，雲門心想：「我不能再這樣，這樣下去，我到何年何月才能悟。」所以第三天又來問，敲了門，裡面問：「是誰？」他說：「我某甲。」然後禪師就來開門，才開了一個縫，正要關起來，他一腳就踹進去了，禪師照樣關門把他夾住，這樣雲門才算悟了，可是這一悟，他一生永遠都瘸著一隻腳，那就是雲門禪師。

你說古時候要悟哪有那麼容易悟的，但我告訴你，他這樣悟，還算是幸福的，只是賠上一隻腳而已，都還能走。哪有像我這樣，打也捨不得打，然後苦口婆心一直講、一直講、一直講，講到你通，可是我這樣慈悲還是要被咬。但是諸位，將來你如果是在五濁惡世度眾生，一定都是這樣，因為這是五濁惡世度眾時的正常事，別抱怨，所以該教導的還是教導。因此，諸位如果將來打算在五濁惡世人壽不滿百歲時度眾生，而不是人壽幾萬歲、幾千歲的時候度眾生，你就要有這個心理準備，我先跟諸位教好。

也就是說，這個法不是人人可以信受的，所以有的人進入寶山得了紫磨眞金，還不是一般的黃金，而是紫磨眞金，但他心裡想：「**我哪有那麼大的福報？我這麼一進山就得到紫磨眞金，想來這一定是假的。**」所以他就把它丟了。這種事情，我弘法以來屢見不鮮。所以，為什麼菩薩道規定你一定要修六度？布施行沒修好，別來受戒；戒法沒持好，你就不能修忍辱；忍辱修好了，你懂得精進了，再來修靜慮，要有層次與順序；這靜慮修好了，終於有禪定基礎了，至少要有未到地定；然後再教你般若，否則連學習般若的機會都沒有。

然而那些在網上一天到晚炫耀自己多厲害的人，他們是連未到地定都沒有的，有未到地定的人不會上網去炫耀。像那樣的人，我們有的老師、有的同修想要救他們，救了很多年也救不成功，因爲他們的布施沒修好、持戒沒修好，後面的四度就不用提。意思就是說，「能住菩提如來之道」，這是很困難的事，尤其是現在已經末法時代了。所以五濁惡世加上末法時代，當知「能住菩提如來之道」，甚難、甚難！好，接下來，看 文殊師利又怎麼說：

經文：【爾時文殊師利而說偈言：「

無明以爲母，從行之所生；若斷其根本，是名爲除害。
喜愛諸倒想，是說名爲父；若能如實知，究竟無所有；
知彼悉虛妄，則斷諸根本；無緣亦無住，是說名除害。
若說諸羅漢，凡夫不思議；如實不壞相，是識名究竟。
我本著僧想，如實知是已；諸法皆無壞，亦令一切聞。
先取於如來，是名爲虛妄；知彼無異想，平等同一空。
拔斷其根本，是名無生智；若能如是說，顯現禪定力。
若說具諸欲，如是五名字；能離如是想，猶如於幻夢；

不增亦不減，是名具五欲；在於救世前，彼作如是說；
知欲本性空，猶如夢化相；畢竟無有生，具足如實智。
知諸邪見過，虛妄生分別；以此究竟智，一切皆具足。
虛妄無取著，離於和合相；如是善知已，無相無所有；
同和一切過，邪見正見等；逮得眞實法，邪正相俱滅。
眾生生死想，愚癡妄分別；若不得眾生，則無有生死。
眾生多方便，捨離於命想；遠離是想已，知命想最惡。
若離眾生想、分別壽命等，斷多眾生命，是彼之所說。
捨離於死想、愚癡所分別，究竟得無生，是名爲實法。
滅除諸結使，得證於無相；菩提無有色，無滅亦無果；
魔怨不能障，自覺於菩提；諸法無諍論，無生性寂滅。」

語譯：【這時候文殊師利菩薩又說了偈，偈是這麼說的：「

把無明當作是母親，而這個無明是從各種的行裡面所出生的；如果斷了這個無明的根本——行，這樣就稱之爲害死了無明母。

喜愛諸法而生起了顛倒想，這樣就說貪叫作父親；如果能夠如實了知一切諸想，從究竟地來看時根本都無所有；

知道那一些想全部都是虛妄，就斷了想的根本；這時候無所緣也無所住，這樣就說叫作害死了無明母和顛倒想的父親。

如果說有諸阿羅漢，而這一些凡夫是不可思議的；如實而常住不壞的法相，這樣的一個識就稱爲究竟法。

我本來執著於有僧眾之想，如實了知僧眾本來空之後；於諸法之中都不用把它滅除，也使令一切人都能聽聞這樣的正理。

先前執取於如來的法相，這樣就叫作虛妄；了知到如來其實就是空性而沒有別的想法，空性與如來平等同一所以祂就是空性。

拔斷了這一些想的根本，這樣便叫作無生之智慧；如果能夠像這樣子爲大眾說明，就顯現了他的靜慮和制心一處的定力。

如果說是具足了五欲，像這樣的五欲的五種名稱；假使有人能遠離五欲這樣的想法，了知五欲猶如幻化或者夢境；

如是了知五欲不增也不減，這樣就稱爲具足五欲；在於救護世間的世尊之前，他作出了這樣的說法：

了知了五欲的本性其實就是空性，猶如作夢之相以及幻化之相；所以五欲畢竟不曾有生，這樣便能具足如實的智慧。

了知各種邪見的過失，知道邪見是因爲虛妄之想而出生了分別；由於這樣的究竟智慧，使得一切法全都具足了。

虛妄而沒有任何的取著，就能離開各種和合而有之法相；像這樣善於了知以後，住於無相和無所有的境界中；

然後把一切諸法加以混同和合一切的過失，使得邪見與正見平等平等；如是抓住了、得到了眞實法以後，邪相與正相同時就滅除了。

眾生都有生想與死想，那是因爲愚癡而作了虛妄的分別；如果所見都沒有眾生的時候，那麼就沒有生與死了。

眾生施設了很多種的方便善巧，才能捨離命想；他們遠離了這個想，就了知及認爲有命根眞實存在的想法其實是最惡劣的想法。

如果離開了眾生想，也離開了分別想、壽命想等，那他就斷除了很多眾生的命根，這就是他這個有智慧的人所說的。

捨離了死想，因爲那是愚癡人之所分別，而究竟證得了無生，這樣就稱之爲眞實法。

滅除了種種的結或者五利使，他終於可以證得無相法；而菩提覺悟之中沒有色法，菩提沒有滅也沒有果實；

這種菩提智慧天魔雖然有怨也不能遮障它，這就是自己覺悟於菩提；這種境界之中對於諸法是沒有諍論的，所以說諸法沒有生的自性，是寂滅的。」】

講義：「無明以爲母，從行之所生；若斷其根本，是名爲除害。」因爲五逆罪是害父母死亡，或者破和合僧、出佛身血、殺阿羅漢等五種大罪，是人間最大的五種下輩違逆上輩之罪，所以叫作五逆罪。那麼「無明以爲母」，是說把無明當作母親，那你學佛要斷除無明，也就是要把母親殺死。無明爲什麼是眾生的母親呢？因爲無明是一切有情眾生繼續輪迴生死的根本，眾生固然由如來藏所生，然而如果沒有無明，如來藏就不會再出生這個蘊處界，所以無明就是母親。

然而無明為什麼會一直存在？因為無始以來不斷的串習各種的行，所以說無明「從行之所生」。可是斷行很困難，諸位看看，這次疫情，大家禁止出國旅遊、禁止外出遊玩，只不過五個月，結果現在開放以後，現在國內旅行產生了報復性旅遊，我說應該叫作補償性旅遊吧！但為什麼叫作報復性？因為人們心有不滿，老是被關著，一切娛樂都不許進行，前後五個月就悶壞了，怎麼樣也要出去走一走，所以叫作報復性旅遊。

以前臺灣人出國到處去玩，現在都不能出國了，那就到外島去玩，算是假出國。那麼臺灣島內的旅遊也跟著多了，所以聽說現在那個洗衣廠洗枕頭套、洗床單都洗不及，因為工人不夠啊！我看到今天新聞報導說，去監獄借人來幫忙洗；服刑人也願意來作，雖然熱，但是一天可以賺九百塊錢，還可以離開監獄出來活動，這個最重要。離開牢房活動又叫作放風，放出來讓風吹一吹叫作放風，表示受刑人若不能每天有各種行，就會覺得自己好像死人一樣受不了，所以「行」在有情之中非常重要。

因此不斷的造作各種的行，善行、惡行、無記之行，串習之後它就成為無明，不管怎麼樣都要出去走一走，所以行的斷除確實很難。一個人修行好不好，你就看他的行。行還有三種：身行、口行、意行。如果他每天都要出去走一走，人家是爲了健康不得不出去活動活動，他是健健康康的人，每天都要出去玩，就是身行；身行最粗，表示他修行不太好。有的人好一點，他不會每天想要出門去玩，可是電話抓起來一直打，某甲講過了換某乙，某乙講過換某丙，從早上講到晚上，都是口行。有的人既不出門也不跟人家講電話，可是他的心不能安住，他幹嘛呢？每天上網跟人家聊，要不然就寫很多的文章上網去貼，心沒有停止過。

修行好的人一坐下來便無妄想，他的心是不動的，不會去想東想西；除了爲正法該作什麼事以外，他都不動心，就只是憶佛，要不然就是制心一處不動其心而沒有心行；也就是說，他的無明很淡薄，凡有所作都是爲眾生，我們正覺會裡面可以看見很多這種人。所以說無明是眾生之母，因爲眾生都藉著無明去出生的，否則如來藏不會幫他出生一世又一世的五陰。

但是無明之所由來，它卻是「從行之所生」；這個無明到底是什麼？叫作一念無明。一念無明有四種住地，我們《勝鬘經》講過了，總之就是三界愛住地加上一個見一處住地，這叫作四住地煩惱；這是跟眾生心相應的無明，一定要把它害死。可是身爲菩薩還有另一個無明，也要把它害死，可是它很難害死，你要花上三大阿僧祇劫，它才會死盡，它叫作無始無明住地；然而一般修行人跟眾生，都與這個無始無明住地的無明不相應，所以《勝鬘經》告訴你說「**心不相應無始無明住地**」；也就是說，其實這個無始無明是無始以來就存在著，不是經由串習所得。

所以這裡講的「**無明以爲母**」，是講一念無明；因爲是從串習而生，串習就是行；如果把行斷了，這一念無明就會跟著斷。斷行的方法，正常的斷除方法是要先修定，你把四禪八定都具足了，然後只要幫你斷我見，你這個無明就全部斷了。可是末法時代很難這樣要求，因爲打從我弘法以來，宣稱證得第四禪的人很多，可是最後證明他們連深未到地定都沒有，是把淺的未到地定一念不生當作是第四禪。過去我們所遇到的證四禪的人是如此，現在還會如此，未來也是如此。

所以害無明不是那麼容易的，我們現在是經由智慧來害死無明，因此每次禪三我都要先殺我見；可是有的人上山，聽完我解說殺我見了，以爲他斷了我見，然後我又幫他證悟，結果後來竟然退轉了，現在的境界又落回在我見之中。所以他們寫出來的文章不必我來破斥，連我們還沒有破參的學員都看懂；他們的文章寫出來就點出落處了，大家都看得出來。也就是說，當初自以爲斷我見，其實並沒有，他們只是道理上聽懂，但沒有眞的斷。他們要等到未來世遇見 彌勒尊佛或哪一尊佛說完某一部經以後，終於心得決定，那時候才叫作眞的斷我見。所以連斷我見都不容易，因爲繼續住於蘊處界中，這比較容易安住；要住於斷我見的境界裡面很難，因爲要把自我全面否定，所以很困難。因此，「無明以爲母」，這個要先把它滅除或害死，這個擺在最前頭。

接下來說：「喜愛諸倒想，是說名爲父；若能如實知，究竟無所有；」有的人貪愛的不是五欲，他貪愛各種顚倒想。正確的想法、正確的知見，他都不喜歡，他喜歡的是顚倒想；所以你跟他說正經八百的法，他不要聽；聽到扭曲的、雜七雜八的法，說那個叫作佛法，他就喜歡；所以說他喜歡顚倒想。這樣，這個貪愛就叫作他的父親；而這種貪愛也要把它害死，害死的方法就是對於諸法的實相要「如實知」。諸法的實相到底是什麼呢？是生滅嗎？是一切法空嗎？都不是。喔！那就是上帝、大梵天吧？也不是！諸法的實相就是第八識如來藏，又名如來。可是當你能夠這樣親證之後「如實知」了，再從這個自心如來的境界來看待時，那時連一法都不存在了，所以「究竟無所有」。

「知彼悉虛妄，則斷諸根本；無緣亦無住，是說名除害。」如果知道無明爲母，知道顛倒想的貪愛是父親，那麼知道這兩個其實都是虛妄的，知道它們不眞實，就能把它們的根本滅除。也就是說，他滅了虛妄想，他知道無明母、貪愛父，背後仍然是一無所有的如來藏，因爲如來藏的自住境界中迴無一法可得，這樣就是斷除其根本。依於這樣的智慧境界而安住的時候，沒有所緣也沒有所住；能住於這個境界的人，就說他是「除害」者；因爲他把一切境界、一切想都滅除了，表示貪愛之父、無明之母，他已經從根本斷除了。

「若說諸羅漢，凡夫不思議；如實不壞相，是識名究竟。」接著說殺阿羅漢，在正法的時代一不小心就遇見阿羅漢，因爲 佛陀在世就這樣，一千二百五十位阿羅漢都是大阿羅漢，可是大阿羅漢座下各個都有阿羅漢弟子，所以你在路上走著，一不小心撞到了個人就是阿羅漢，這是事實。大阿羅漢比較難撞著，一般的阿羅漢是很容易遇到的。但是，阿羅漢仍然看似凡夫，沒什麼兩樣。爲什麼這樣講？

「喔！你蕭平實又毀謗阿羅漢了。」那我請問你：「阿羅漢是不是跟你一樣，有五色根、有意根、有六塵、有六識？是不是跟你一樣也要吃飯、一樣要穿衣？吃喝拉撒都跟你一樣，那他不就像是個凡夫嗎？」那他為什麼叫作阿羅漢？因為他有解脫的智慧。這個解脫的智慧，雖然比起實相來講算是很淺了，但也是難信；在我們《阿含正義》出版之前，也是難解。

所以，阿羅漢之所以成為阿羅漢，除了他有基本的禪定以外，就是有解脫的智慧。在我們弘法以前，佛教界講阿羅漢講得很荒唐，他們說：「初果人耕田，蟲離四寸。」說初果人耕田的時候，那個犁即將要到哪裡時，蟲都會趕快走開，不會被初果人耕死；又說：「阿羅漢走路時，離地一尺。」大家還很信欸！沒有人敢反駁，就我一個蕭平實在反駁。問題來了，假使眞如他們所說，那麼 佛陀為什麼要結夏安居？因為阿羅漢雨季出去托缽的時候，那螞蟻從洞裡跑到地上來避水，常常會被阿羅漢踩死，所以才被外道毀謗說：「你們這一些佛弟子們，為了一頓午餐害死那麼多螞蟻。」所以 佛陀規定：「雨季三個月結夏安居，大家精進辦道，日中一食就由居士們供應。」顯然阿羅漢會踩死螞蟻，這是明文具載的事實；所以那些人眞的叫作亂說，而佛教徒們就亂信。

所以，阿羅漢得解脫是由智慧得解脫，乃至於俱解脫的阿羅漢得解脫也是因智慧得解脫，禪定只是個輔助；否則的話，那外道凡夫修得四禪八定的人，豈不是都要叫作三果或者向阿羅漢嗎？卻不行，依舊是凡夫。所以，慧解脫阿羅漢看起來跟凡夫是一樣的，他臉上也沒有刺青說是阿羅漢，也沒有戴個帽子叫作阿羅漢，都沒有。他也不會裝個電池弄個燈泡在身上亮出來說：「**我發出亮光叫作阿羅漢**。」他們有光明，但你看不見，得要有天眼才看得見。所以說，如果要講那些阿羅漢們的話，講起來，大乘法中的阿羅漢們眞的不可思議；他們示現得跟凡夫一模一樣，只是因爲有大乘解脫的智慧，所以成爲阿羅漢。

那麼在《不退轉法輪經》裡面所說的阿羅漢、辟支佛、信行、法行等，這一些都是證得「**如實不壞相**」的人。佛法中沒有告訴你說：「**你要證得如虛能壞相。**」可是印順法師就這麼告訴你說：「**你要證得一切法空，才能成爲阿羅漢。**」一切法空不就是斷滅空嗎？如果他回過頭來說：「**我講的不是斷滅空，我講的一切法空，是還有一個意識的細分，叫作細意識，祂常住不壞不是斷滅空。**」那我說：「**你這樣就是有，不是空；你落在三界有之中，因爲意識不論粗細、不論三世遠近，全部都是三界有。」所以，當他講一切法空的時候，那叫作如虛而且是毀壞相，它不能說是「如實不壞相」。

但佛法講的是常住法實相，所以你的所證要如實，祂是眞實存在的，可是祂無形無色，因此只能叫作「如實」；而祂性如金剛永不可壞，所以祂有「不壞相」。十方三世的三界上下一切法中，只有證得這個金剛心時才有智相，因爲祂常住不壞，證得祂的人就會生起智慧的行相來；除此而外，再也沒有任何一個法具有智相。而祂的智相叫作什麼相？眞如相，因爲祂在蘊處界之中運行的時候，顯示出來的智相就是眞實而如如。「眞如亦是識之行相」，眞如就是阿賴耶識運行過程中顯示出來的法性，那個行相就叫作眞如。所以，佛法中的實證得要是「如實」、得要是「不壞相」，而這個「如實不壞相」，祂究竟是什麼？叫作阿賴耶識，又叫作異熟識、無垢識，而這一個識才是一切法中的究竟法。

還記得因緣法中的十因緣嗎？從生老病死往上追究，推求到名色，名色再往上是什麼？叫作識，如來說追溯到這個出生名色的識以後，「齊識而還，不能過彼」，你只能追到這個識；再過去就沒有法了，你最多追到這個識，追究到這個識就得退回來了，因爲再過去就沒有究竟法了，所以「齊識而還，不能過彼」。既然一切法都不能超過那個識，所以那個識才是究竟法。現在有人告訴你說：「證得這個阿賴耶識不叫開悟。」那要證什麼叫作開悟？他說要證得一切法空，因爲他說的三無性就是一切法空。但他連圓成實性都否定了，也就沒有法了；連阿賴耶識也沒有了，就是一切法空，那不是叫作如虛嗎？說如虛還有一點語病，那叫作虛妄、非法。也不能叫作虛妄法，所以說它叫虛妄、非法。

佛法的實證標的是實相，所以你要證得一個究竟法；爲何究竟呢？因爲祂常住不壞，因爲祂是一切法的根源，超過祂就沒有任何一法可得。現在有人否定這個法而自稱證得佛法，他們是外於這個第八識心而想要求得佛法，這要叫作什麼？四個字，心什麼？對了，叫作「心外求法」。因爲從阿含到般若期、到唯識期，都在講這一個識，爲什麼要講這個識？因爲眾生輪轉生死也是由這個識，得解脫也是由這個識，大乘的見道也是證這個識，通達也是這個識，到了諸地修習位繼續修學也是這個識，一直到究竟成佛還是這個識；只改其名，不改其體。

如果有人告訴你說：「證第八識的人叫作自性見。」你聽了就知道這個是佛門外道。如果有人告訴你說：「證得這個識不叫見道，要一切法空才是見道，要證得三無性才是見道。」那你就說：「原來你是心外求法。」對啊！因爲三乘菩提都不外於究竟法，窮究三界中的一切法，其中的究竟法就是第八阿賴耶識，佛地改名無垢識。這個識是究竟法，因爲無有一法而不從之生，任何一法都從這個阿賴耶識出生，差別只是直接生、間接生、輾轉生，沒有一法不從阿賴耶識生。

所以說有阿羅漢時，阿羅漢也是這個五蘊身去當，只是這個看似凡夫的阿羅漢令人不可思議，因爲他有「如實不壞相」，就是證得這一個異熟識如來藏；而這個異熟識如來藏，名爲究竟法。當你這樣實證的時候，就是破和合僧，因爲聖僧是由五陰加上解脫的智慧和合而成的。你從這一個識來看一切僧時，不管他是證得四沙門果的僧，或者是表相的僧，全都一樣，你再怎麼看也就是這個識，他就是第八識如來藏，沒有什麼僧可言，這樣僧被拆解開來了，便叫作破和合僧。所以僧，其實是五陰諸法和合起來，由於有解脫的智慧就稱之爲阿羅漢聖僧。那你現在用所見的如來藏，把僧的本質弄清楚，全部拆解完畢了，就說阿羅漢不存在、僧不存在，那你就是破和合僧；這樣破和合僧不但沒罪，而且有大功德。

「我本著僧想，如實知是已；諸法皆無壞，亦令一切聞。」「我」是指眾生我，眾生學佛或者學解脫道之後本來都執著有僧，到末法時代還是如此，所以你們常常會看到一般的佛弟子，他們看見了僧人就供養，這是正確的。有的人更虔誠，看見了僧人，納頭便拜，他不管那個人是什麼僧；因爲現在也有僧人穿著喇嘛服，他也是照樣禮拜不誤。這就是善根好的學佛人，可是他的知見還不夠，所以看見僧就供養而且納頭便拜，他也分不清楚什麼叫作正見僧、什麼叫邪見僧，什麼叫作附佛法外道假名爲僧，他都不懂，看見了出家人就恭敬禮拜，又趕快就掏錢供養，表示他有善心，可是這個善心可能種下毒田，也有可能他種下福田。

那麼眾生本來執著於有僧想，他認爲這就是僧；可是有一天，他如實知道僧非僧、人非人、日非日、月非月，原來一切就是如來藏、就是這個第八阿賴耶識，再無所有。他如實知道這個道理以後，需不需要趕快自殺入無餘涅槃？不需要啊！本來吃一碗飯的照樣吃一碗飯，本來吃三碗飯的照樣吃三碗飯，都不用改變，一切諸法都不用滅壞，所以說「**諸法皆無壞**」。因此每天該上班賺錢的照樣上班賺錢，每天該開店、開公司賺錢的照樣開店、開公司賺錢，家裡漂亮的老婆不用離婚，英俊的先生不用離婚，「**諸法皆無壞**」。也不用躲到深山裡面去出家，心都出家了，身體出不出家有什麼關係，所以「**諸法皆無壞**」，不會改變他的狀態。

所以，他成爲阿羅漢或者說他證悟之後，回到家以後不會見了父母說：「**老菩薩！你今天開始要供養我。**」反而恭恭敬敬跪下來頂禮堂上二尊活佛說：「**要不是您二老生了我、把我養大，我今天還不可能證悟。**」應當如是啊！可是我親眼所見的就是，有的人出家以後，三壇大戒回來立刻變了個人，從此見了父母時不再叫父母，改叫老菩薩。有的道場也是這樣規定，有的寺院眞是這樣規定，叫老菩薩，不叫父母了；然後依照習俗，逢年過節見了父母，過年的時候是要禮拜的也不禮拜了，也不供養父母了，開口閉口就叫作老菩薩，那叫作毀壞諸法。

可是實證的人「**諸法皆無壞**」，他也不去炫耀，所以我講自己的故事給諸位聽。我老爸是個很虔誠的三寶弟子，以前不管再怎麼忙，我至少每年要回鄉兩三次、要去看看他，回去那兩三次就不用寄錢了，就直接給他。我老爸每次我回去時，都叫我要載他去買米、買油，然後送到寺院去。他見了出家人，有時候會禮拜，有時候不會禮拜，他對出家人都蠻恭敬的。可是我想：「我得到這個法要怎麼回報他？」難題啊！說國語他也聽不懂，如果我要跟他說法，他又不聽，因為他想「這是我兒子」。所以想來想去，也沒什麼辦法，我當年初學佛時就在佛教書局買了一本姓黃的人寫的書，什麼名字我就忘了，書中講的是念佛法門，我就自己用臺語唸出來錄音，錄好了，回鄉去看他的時候讓他去聽，我說：「您佛法也沒有辦法怎麼學，那您就聽這個。」他每天就聽。然而後來有一天聽出來了，說：「啊！這我兒子講的。」（大眾笑…）再也不聽了。有一次，我看他這樣也不是辦法，我就跟他說：「老爸您知道嗎？有好多出家人跟我學佛法呢！」我想要讓他因此對我生信，可是他就是一臉猶疑，也不太信，那我心想：「唉！他跟這個法無緣，沒辦法，就這樣了。」

所以你看，有的人有善根，可是他得法的因緣還不到，我如果幫他證悟了，他會想：「我悟這個第八識到底要幹什麼？」他會這樣想欸！他也不懂這是什麼。眞悟的人不會去炫耀，所以我老爸不知道我悟了，他也不知道我在弘法。我是看他一天到晚讚歎出家人，我想這樣很好，所以我就跟他講說：「也有許多出家人跟我學佛法。」結果他是一臉猶疑。

可是假使有人是半瓶醋，他會怎麼樣？會搖得嘩啦嘩啦響，對不對？如果他整瓶裝滿了，裡面都沒空氣時，你再怎麼搖也沒聲音。可是半瓶醋搖得嘩啦嘩啦響，那是像法時期；末法時期則是瓶裡裝了五分之一，就搖得嘩啦嘩啦響，懂嗎？到了最後八十年，每一個人都說他開悟了，世間沒有不悟的人，而真正證悟的人都要入山去了，那就是末法最後八十年。諸位要有心理準備，這時候一定有人猶豫起來：「喔！末法最後八十年那麼難過，最後五十二年一定更難過，那我到底要不要留下來？」可是我告訴你：「留下來九千年勝過別的時候你去修上好幾個大劫。」我跟諸位說老實話，所以留下來是對的。

但留下來時不用求表現，你有那個實力，你的心性也值得出來弘法，自然就是龍天推出，到那個時節你要退下來還退不下來。就像我本來預定二〇〇一年要退隱的，我也買了故鄉的地想要隱居而退下來，結果退不下來，後來乾脆就越講越深了。本來我是可以歸隱田園，把以前失掉的那一些更高層的禪定跟五通修回來，但現在沒時間了。不過這叫作一得一失，所以結果還是無得無失。對啊！就是無得無失，因爲換得諸位大大的進步，我這個成佛之道就可以走得更快，所以也沒有所失。但是一般人自以爲證悟以後總是一天到晚喧嚷；但我不曾喧嚷；所以我回故鄉，左鄰右舍也不知道我悟了，親戚朋友也不知道我悟了，在臺北我的左鄰右舍也不知道我悟了，一切都不必改變，這就叫作「諸法皆無壞」。

那麼在這樣的情況下，卻要把「如實法」給演說出來，所以「亦令一切聞」；因此不用說悟了以後，就想要滅掉意識，就要滅掉前六識，還說：「我要滅掉色身，因爲我要轉依如來藏；而如來藏無一法可得，所以我一切都要滅掉。」都不用滅掉！所以我常常說腳踏兩條船，你一腳踩在實相法界，另一腳踩在現象法界，你可以雙觀實相與現象法界，混合融通而無牴觸，這才是眞正的佛法，因此才說「諸法皆無壞，亦令一切聞」。

如果你不是如實的證悟，你說不壞諸法而且還要令一切聞，那這兩句話不是自相矛盾嗎？像達賴他們就說 如來說法前後矛盾，說三轉法輪前後矛盾，那個眾生開的出版社就幫他出版這樣的書；可是我看來都沒有矛盾，只是深淺廣狹的差別而已。接著再來說，眾生學佛之後，首先就是要歸依三寶，那歸依三寶是不是有佛？不然你歸依個什麼？所以都是要先有佛，我歸依於佛、歸依法與僧，當然信有佛，不信有佛的人叫作佛門外道。

「先取於如來，是名爲虛妄；知彼無異想，平等同一空。」那你們注意去看看那一些佛門外道，他們要開會時，就把平常供的佛像直接搬走了。我參加過那一種會議，他們當場就搬走，也沒有上香稟告，什麼都沒有作，直接就搬走；會議結束了，他們又搬回來放上去，也沒有重新安座。你如果告訴他們說：「我有時候對於某一件事情，眞的自己沒有辦法去作決定時，我就擲筊杯請示如來。」他們就會罵你迷信。因爲他們不信佛仍然在世間，認爲佛已經過去了，佛已經入涅槃而不存在了。遇見這樣的人，你就可以斷定他們是佛門外道。

有時候某些事情，你必須請示 如來，比如說人家送了舍利來，說這是某菩薩的舍利，你信不信？不信哪！因爲送來的舍利有眞有假。這時候你要請示 如來，當然你不是隨便一尊佛像就請示，是要已經安座過，你有每天奉事供養、每天有上香，表示 如來有住持在這裡，你再來請示。這時候你就可以確定：「這是哪尊大菩薩的舍利，或者這是假的舍利。」這就是一般佛弟子應該有的心態，因爲 佛並不是入無餘涅槃消失了，佛是證無住處涅槃。這就是歸依三寶的人應該有的正確心態，不能夠認爲說：「佛過去了，入無餘涅槃了，所以消失了。」那是六識論的聲聞僧不懂佛法而妄說的邪見。

那麼從實證佛法的立場來看，卻反過來說，他這樣是「先取於如來，是名爲虛妄」，因爲他所知道的那個如來並不是如來；即使你今天請示 如來，如來有報身、有化身，即使是那個報身如來也不是眞實如來，眞實如來是第八識無垢識，這才是眞正的佛法。但是也不能因爲你證得這樣眞正的佛法之後，就把報身如來、化身如來否定，因爲這樣就不是佛弟子。就等於是說，師父教導你什麼是實際，然後你證得實際以後，你就說：「那你不是我的師父。」然後就不認他，等於這樣！這樣的人連作人的資格都沒有，連人的格都失去了，何況能成爲佛弟子呢？這個道理要懂。

不但佛法如此，世間法也如此。世間法有一句話很有名叫作欺師滅祖，不管一貫道或者世間的宗教，或者在世間法拜師學藝都一樣，所以當他學了某一門技藝之後，他將來要獨立門戶，不許在師父的店周遭多遠的距離之內開店，他要跑得遠遠的去開，然後言必稱師父。這是自古以來爲人弟子的規矩，當學生的規矩就是這樣，那叫作人的格、弟子的格。如果他違背了這個道理，他緊跟著在他師父的店不遠的地方又開了一家，人家就說他欺師滅祖，就是這個道理。

現在學了佛、證得佛法，知道眞實的如來不是應身如來、報身如來，然後他就不認應身如來或報身如來，說：「**我已經證得眞實理地了，所以你不是眞實如來，我不再歸依你。**」這樣就是失掉了佛弟子的格，而且還同時失去了當人的格。所以「**先取於如來**」是正確的，但是從實證的立場來講，這個要叫作虛妄，因爲眞實如來是第八識。可是當他知道取相於如來的時候，那個就是虛妄法，因爲那會消滅，而眞實如來是第八識，不會消滅。這時知道諸佛如來同樣是第八識，所以「**無異想**」；他知道眞實如來是第八識，可是這個應身如來、這個報身如來跟第八識不一不異，既然不一不異，當然依舊是你所歸依。

所以看見那一些佛門外道，我眞的是看不下去。爲什麼我們各地講堂，不管哪一個地方都一樣，如果看到佛像有一點出油漬或者有損壞需要去送修，我們都先上香稟告，請 如來退駕，然後再送修，回來之後一定要擇日供養、要安座。這是身爲佛弟子本分，跟迷不迷信無關，因爲你實證了就沒有迷信這回事了。所以你實證之後，知道應身如來、報身如來、化身如來跟眞實如來不一不異，固然不是同一，但也不能說祂是不同，所以非一亦非異。這時候看見應身如來的時候跟所見的第八識是平等平等的，既然平等平等，法歸依、事歸依，你同樣都要歸依如來，因爲你今天能證得法上的如來，也是事相上的如來教導流傳下來，才能證，所以你所見的法歸依、事歸依是平等的，因爲應身如來跟自性如來是平等的、是同一的，同樣都屬於空性，所以說「**平等同一空**」。

「**拔斷其根本，是名無生智；若能如是說，顯現禪定力。**」這樣確認萬法的根源，你就是已經把無明母害死了、貪愛父也害死了，又把阿羅漢也殺死了，現在連如來，你都害死了，如來不存在了；這樣如實了知如來不存在的人，才能知道什麼叫作報身如來、應身如來，這就是「**拔斷其根本**」；因爲不管無明母、貪愛父、阿羅漢、如來，其實同樣都是這個自性如來所生而附屬於自性如來，都叫作第八識如來藏，這樣就是拔斷了它們的根本，這個就叫作「**無生智**」。

換句話說，你已經證得第八識如來藏的時候，知道第八識如來藏本來無生，這時你就有了大乘法中的「**無生智**」。如果是一般的人，你幫他證得這個無生，他只知道無生而沒有智慧，因爲他不信；你就算幫他體驗到了，他還是不信，所以他知道無生而沒有智慧，因爲他心中無忍，對於這個第八識的本來無生不能接受，智慧就生不起來；所以你告訴他說你這樣叫作證悟，他也不信，他會跟你唱反調。

那麼你「**拔斷其根本，是名無生智**」，是不是證得「**無生智**」以後就隱居山林？不能隱居山林，你得要傳承下去；有人接棒了，你才可以去隱居。甚至於我二〇〇一年想要退下來隱居，但親教師們不讓我走，退隱不下來；所以我在故鄉買了兩塊地，現在都還閒置、都還放著。因爲菩薩這個法實證之後必須傳承下去，親教師們當年要求我繼續講經、繼續說法，把更好的法繼續講出來；沒奈何，我只好在臺北長住了，因爲要繼續爲人宣說這個法。

因此說「**若能如是說，顯現禪定力**」，禪叫作靜慮，定叫作心得決定、制心一處。禪與定是兩回事，先要有靜慮，靜慮之後得到那個境界時就制心一處不動其心，名爲智慧三昧。法上的三昧如是，四禪四空定的三昧也是如是。所以你想要證入未到地定，你得要先作靜慮，要先了知什麼叫作未到地定，才能實修；你想要證入初禪也要先作靜慮，知道初禪實證的原理是什麼，它的境界又是怎麼樣；你要轉入二禪同樣都要靜慮，靜慮之後知道怎麼去證那個境界了。然後終於實證，實證之後要制心一處，把這個覺知心安住在那個地方不動搖，這樣才能成就定力。如果能如是說，就顯現了他有靜慮的功夫，也有制心一處的功夫，這就是「**顯現禪定力**」。

接下來這一段蠻長的，這十二句我先唸四句來講：「**若說具諸欲，如是五名字；能離如是想，猶如於幻夢；**」如果要說到具足五欲，並且講出了財色名食睡這五個名字來，可是講出來的時候財色名食睡等名字並不是財色名食睡，而財色名食睡依舊是第八識如來藏，不管現量的財色名食睡或者是你講出來的財色名食睡，它們都是如來藏，所以根本沒有財色名食睡的存在；從證悟者的現量來看就是這樣，所以現量的境界中沒有財色名食睡，因爲一切都是如來藏。

那麼如果懂得離開五欲之想，就會知道欲的本質其實猶如幻化、猶如夢境一般。如果夢中，中了大獎三十一億，醒來要不要高興？醒來不必高興，會失望：「**原來只是一場夢。**」那麼如果你有如夢觀，你看這一世已經過的一切事，跟過去世、過去劫你所經歷的那些事，把它們放在一起看，一模一樣沒有差別。所以你有如夢觀的時候，這一切都無所謂，只要能救護眾生就夠了。這就是有如夢觀的人的想法，只要救護眾生、利益眾生就好，其他都無所謂。他根本不會計較有什麼利益或者世俗所得，都不計較那個，因爲悉皆如夢，現世也是如夢，這就是他的所見。今天講到這裡。

《不退轉法輪經》今天要從六十八頁第四行說起：「不增亦不減，是名具五欲；在於救世前，彼作如是說；知欲本性空，猶如夢化相；畢竟無有生，具足如實智。」這是說，對於前面這一些大阿羅漢們所說的那一些五逆、五欲等法，全都依「不增亦不減」去加以如實現觀，這樣才叫作具足五欲。他們在救護世間的 如來面前，作出了這樣的說法；猶如前面所說殺父、殺母、殺阿羅漢、破和合僧、出佛身血，這五逆以及各種欲界中的五欲都具足了，全都「不增不減」，因爲這一些全都來自於空性如來藏，不曾一絲一毫外於空性如來藏。那麼因爲如是具足的緣故，他們現觀之後，在救護世間的 如來面前才敢這麼說。

像這樣的佛法不是容易理解的，一般人讀了不懂，就把如實說當作世間說，所以說起佛法來頭頭是道，但是一切所說所行都跟世間人一樣。不但是密宗如此，釋印順如此，甚至於從正法中退轉以後也會如此，所以他們說的大多是在事相上；他們對法義當然也講，因爲既然要否定正覺，法義上當然得要加以否定。但是寫得越多、否定越多就有一個現象出現，他們總得提出自己的法義見解來，但提出來以後，大眾一看，呵呵一笑就說：「**原來他們的境界是這樣。**」因爲他們落在有所得法中。那麼有所得法，是世間法或者出世間法呢？對！都是世間法；所以口中說的認爲是佛法，但他們心中想的都是世間法。然後就把自己所墮的世間境界，當作善知識也是同樣所墮，所以也說了許多事相上的法。那些事相上的法要捏造，也總得有根據吧！可是捏造得實在不像話。所以，他們的著眼點在哪裡呢？在事相上而不在法義。那些法義說了出來，人家一看一讀就知道：「**喔！原來你都在講意識心的境界。**」那就是跟釋印順一樣。

釋印順怎麼樣判第三轉法輪的諸經？他判作虛妄唯識。可是在唯識增上慧學中說，萬法唯識有兩個層面，一個層面是眞實唯識，另一個層面才是虛妄唯識。虛妄唯識說的只是七轉識的境界，可是印順連虛妄唯識講的都不具足，他完全不懂意根，所以他把意根的境界也漏了，所講的虛妄唯識只有六個識。可是唯識增上慧學還有一門叫作眞實唯識門，這就是唯識學爲什麼會有唯識性與唯識相的差別，而釋印順是完全不懂的。現在看琅琊閣張志成寫出來的東西，顯然他們只落在虛妄唯識的局部裡面，還沒有函蓋全部的虛妄唯識，眞實唯識就別說了。

所以，佛法不是那麼容易理解的，單單是一個眞見道，菩提達摩早就說了：「豈以小德小智、輕心慢心欲冀眞乘。」他早就明白講了：「如來傳的這個法是無數曠劫精勤，難行能行、非忍而忍才修成的；現在一般人怎麼可以用小小的德行、小小的智慧就想要見道呢？」意思就是說，你想要學這個法，必須把六度修學滿足，所以初住位修布施乃至到六住位修般若，這一些都修學滿足了，才有資格修學加行位的法。加行位四加行修的是一切法莫非是如來藏，所以叫你學四加行時，學的是能取是空性，所取也是空性，這四加行完成了才有機會證悟如來藏。佛法不容易，所以要像這一些大阿羅漢們一樣的現觀，很難哪！

打從正覺出來弘法以後，確立一個宗旨，就是明確闡釋開悟之標的。以前全球佛教界講禪宗的開悟時，一個人說一個樣，莫衷一是；可是我們把它定義：「佛法的證悟就是證眞如，眞如就是第八識如來藏的眞實而如如的法性。」好了！現在有人說：「大乘佛法眞見道不是證第八識。」那如果不是證第八識，你哪裡去證眞如？因爲眞如是第八識的眞實法性，是由第八識的行相所顯。外於第八識，何處有眞如法性可以實證及現觀呢？

我再提示大家，成佛不是有四智圓明嗎？從大圓鏡智到成所作智，這四個智慧圓滿而光明，總合起來只有四個字，叫一切什麼智？（有人答：一切種智。）一切種智。把它翻譯出來叫作一切種子的智慧，那一切種子是指什麼的種子？八識心王的種子。每一個人都有八識心王，除非他是生而殘障，這五根缺了一根，否則都是八識心王具足。而八識心王各個有功能差別，因爲種子又名功能差別，又名爲界。那這些種子都收藏在哪裡？在第八識如來藏心中，諸位都講對了。前七識的種子，不論是祂自身功能的種子、或者祂相應的煩惱的種子、或者祂相應的心所法的種子，全都含藏在如來藏中；第八識祂自己也有自己的種子，證悟後就漸漸可以現觀了。但這得要悟後一直進修到成佛，才能具足了知，具足了知的時候四智圓明，合起來叫作一切種智。

這八識心王的一切種子都含藏在如來藏裡面，那你想要去瞭解八識心王的所有種子，想要修到佛地四智圓明，需不需要證悟第八識如來藏？對啊！可是答得太小聲了吧！所以你必須要證悟第八識，才能夠去觀行八識心王有哪些功能差別，成佛就憑藉這八識心王識性的現觀，所以眞見道當然是證第八識。在《成唯識論》還有很多、很多的地方說明，眞見道就是證第八識。但他們號召某些同修去追隨他們，說：「不用作義工、不用修福德，你只要來跟我就可以實證了。」問題是要證什麼？既然把第八識否定，說不用證第八識眞如，那到底要證什麼？這眞是大哉問！因爲這一世好不容易遇見了正法，不能空入寶山啊！可是有少數人在事相上覺得不如意，於是追隨過去；但是追隨過去以後，要學什麼法？這就是大哉問！

所以這次的退轉只是一個汰除的過程，有人願意成爲被汰除的對象，我們也隨喜，因爲我一向的原則就是：「來者不拒，去者不追。」隨緣，但是道理要講清楚。那麼那些事相上的事就不用說它，因爲三次法難以來都是這樣，過程都一樣；除了編造事相以外就是法，先從法上來推翻，推翻不了就捏造假事實來否定你，希望大家信以爲說：「那你這個人這麼沒人格，你的法怎麼會正確？」三次法難都一樣，但這一次還沒有構成法難，因爲連一位親教師都沒跟過去（編案：這是二〇二〇年講的，後來二〇二一年有一位親教師張晉榮跟過去）。

但是這類退轉的過程會持續存在，而且一代比一代多，不會終止，這是正常的事，所以諸位要見怪之後怎麼樣呢？（有人答：不怪。）對，就是要不怪，把定心頭——我就是要證如來藏、證眞如，我就是要眼見佛性。這個如來藏的親證有經典、有論典，也有禪宗的公案可以讓你一一現觀印證；不但如此，佛性亦復如是，也有經典可以讓你印證。所以，這一些人不斷的來檢驗我們的結果，打個比方，譬如一塊很大的黃金，如果都沒有被試金石劃過，你心中可能想：「這到底是眞金還是鍍金？」這個難免啦！可是如果很多的試金石劃過，劃得亂七八糟而且劃得很深，你看了結果說：「喔！原來這個是眞的。」應作如是觀。

所以，這種事情隔個幾年來一次也很正常！那麼汰除了一些人，留下的就是貞實。所以佛法不是那麼容易理解的，眞見道以後要到通達位，你得要修行第一大阿僧祇劫的三十分之二十三，那到底是幾劫？我能幫助諸位的就是化長劫入短劫，目前我為諸位規劃的就是這樣。如果有人想要更快的，那就是吃速食麵不是滿漢全席了。

那就是說，四加行的時候就是讓你去觀行，去說服自己，不論能取的七轉識或者所取的五色根以及六塵，乃至於能取的八個識所有的行相，那個行相全都叫作空性，因為它們都是空性中的一部分，這就是四加行要諸位觀行的目的。既然能取與所取都是空性，所取的法之中有世間法也有出世間法，證悟了以後同時能取出世間法，一般人沒證悟之前所取就是世間法，世間法不外於這個五色根、六塵境界以及六轉識的行相，即使是這樣的世間法也不離空性。

證悟之後所取的出世間法，簡而言之就是三乘菩提，仍然來自於空性；既然如此，那麼五欲當然也來自空性；所以說，證悟者觀行到後來很清楚了知五欲的本性是空性，包括這些大阿羅漢們說的五欲，本性也同樣是空性。既然這些世間法、出世間法都是空性中的一部分，是從空性之中變化出來的，那就猶如作夢的夢境一樣，又猶如魔術師在變化一樣。那請問魔術師是哪一位？對！正是第八識如來藏。

那有人也許想：「您說的不一定有道理吧？您說一切都是空性變化出來的，我怎麼感覺不到？」那麼先不說你所接觸到的六塵境，就先說還沒有出生你以前，你上輩子在中陰身階段入了母胎，誰幫你變生出那個嬰兒胎身出來？（有人答：如來藏。）對啊！是如來藏啊！因爲意根沒有持種的功能，沒有辦法變現；而且意根如果沒有意識同俱，祂什麼都不會分別，只能了別法塵的大變動而已，那祂如何能變生你這個色身。

所以，意根獨處就如同我們生而爲人、每天晚上睡覺無夢的狀況一樣，可是你的色身卻在一分一分逐漸增長中，那是誰幫你增長變生出來？對啊！就是如來藏。等你呱呱墮地以後，每天幫你變生六塵，因爲六塵是你自己的六塵，不是別人的六塵。如果你所領受的六塵跟別人領受的六塵是共通的，問題就來了，當你的內觸餓的時候應當一切人都餓，當你熱的時候應當一切人都熱，當你痛的時候應當一切人都痛，可是並沒有啊！所以你領受的六塵是你自己的六塵，不是別人的六塵共通，當然不是外六塵。那麼這樣瞭解以後，能取的自己、所取的那一些有色無色諸法都是來自空性，本來就匯歸於空性如來藏，而七識心只是在自己的如來藏裡面生活。

那麼七識自己以及所取的六塵境界，就是如夢如幻，就好像魔術師變幻出來的，不是眞實有。所以我記得《華嚴經》有講過，說：「這個阿賴耶識猶如工畫師，能畫諸世間。」這第八識如來藏好像一個工筆畫的畫師，畫出來彩色的如同現前所領受的境界一樣，是說如來藏畫出了各種不同層次的世間，因爲祂能變生有情的五陰世間與器世間。那麼這樣看清楚一切都是本性空、空性如來藏，那麼所變化出來的都是猶如夢境一樣、如幻化的境界一樣，可是背後的本識如來藏祂是畢竟法，因爲一切法到祂爲止，不能夠超越這個識，一切法全都是祂所出生，而祂從來沒有出生過，所以「畢竟無有生」。

這樣現觀的人才是具足如實的智慧，這可不是具足如虛的智慧。印順所說的叫作如虛的智慧，現在退轉的琅琊閣、張志成跟他一樣，說的也是如虛的智慧。可是佛法講的是如實，那爲什麼是如實呢？爲什麼不說是實？因爲你這個智慧也是從空性如來藏而來，你講出來的時候是你的智慧，那個智慧畢竟不是空性如來藏自身，所以叫作「如實智」；否則的話，當你講「如來藏」一出口就有如來藏跑出來了，可是你講的畢竟是你的智慧、不是如來藏自體。你講的固然是眞實法如來藏，但所說不等於如來藏，所以這個智慧叫作「如實智」。

「知諸邪見過，虛妄生分別；以此究竟智，一切皆具足。」殺父、殺母、破和合僧、殺阿羅漢、出佛身血都是邪見，從如來藏來看時都沒有這些事情，可是當你實證以後就得顚倒過來看，不是勸誡眾生尊重三寶時所說的五逆罪。即使是這樣反過來成就菩提而說之爲正知正見，從空性如來藏的自住境界來看，亦復是邪見，因爲空性如來藏無有見。所有人的一切見解，都是因爲虛妄想而產生的分別，才會有那一些見解出現。而那一些見解出現時，如果跟見取見相應，問題就來了；因爲見取見以鬥爭爲業，所以他講出來的，你就得認同他；他說你錯了，你就得聽他的，你要趕快改；你若不改，他就要把你鬥到倒。就是這樣啊！

現在他們寫一堆文章貼網以後，說是因爲他們講的我不接受，我不聽他們的，所以他們就要鬥倒正覺。那問題是，我到底要不要聽他們的？我如果聽他們的，那三乘菩提、三轉法輪經典全部都要全面修改，才能符合他們講的那個法。可是他們認爲他們對，又因爲有見取見在，所以要把正覺鬥倒；正覺不倒，他們就一直鬥下去。但是能鬥幾年呢？不會超過兩、三年，因為兩、三年後沒有人要追隨了，會追隨的就只剩下那十幾個人；因為他們所講的東西不符合聖教，人家漸漸會看出來：「啊！你這裡又錯了。」然後看到有一天發覺那裡又錯了，而後累積起來，兩年就是一大堆的錯誤。兩年後看看追隨的人越來越少，心裡更氣，於是繼續寫出來罵，想要出惡氣，卻沒什麼作用了。

但是，正法允許檢驗，不怕檢驗；而且永遠都會有凡夫們繼續出來檢驗，直到正法滅盡時為止。也就是說，經由虛妄想才會產生分別，不經由虛妄想而經由實證的話，所證如實，說出來的法就如實，就沒有虛妄分別。所以你看，他們要寫文章出來、要說法，得要先準備好，寫上一堆東西，然後照本宣科。但我這個經本，這是沒有裝訂的就不算經本，我這經本上通常沒有註記什麼文字，就是經文而已；若有註記，就是我每次講完了，寫上個時間。也就是說，這是自心現量，因為我的所見是這樣，說出來的就是現量；不然請問諸位：「如來講經時，有拿著一本經來講嗎？」沒有啊！如來是憑著自心現量這樣講出來，講出來時就叫作經典，不需要引經據典。但他們竟然要求我要依照古時凡夫論師寫的謬論謬理來講，這有道理嗎？

增上班也是一樣，現在的增上班就是這樣，現在增上班講的是《瑜伽師地論》，叫作根本大論。一千多年來，誰講過了《瑜伽師地論》？如今我們快講完了，那麼再過半年接著講《成唯識論》也是一樣。大家讀不懂，我就把它註解出來，現在預計大概要一百三十五萬字，預計的，因爲判教還沒有作；現在整理到大約百分之二十五，加上潤飾的部分已經有一百十五萬多字，所以修飾好大概在一百二十五萬字，然後再作判教；判教應該不多，所以希望一百三十萬字把它圓滿（編案：最後完成時超過二百萬字）。當然印書時字的級數要縮小，所以諸位眼鏡準備好，我要用十二級字來印。以前大家怕我把字體改小，所以我們就用十三級字。現在因爲十三級字，那篇幅太大不好讀也不好拿，所以改用十二級字。這意思就是說，到時候我註解了《成唯識論》，我把它宣講出來，也是我的自心現量。

這就是說，這時你把正智、把邪智合同爲一，現觀全部都是從如來藏來的。假使不是因爲有如來藏，而他們生起虛妄分別，他們就不會是外道邪見。假使不是如來藏，而我們沒有滅除虛妄分別，我們所說的法就不會是佛法中的正見。所以說邪見的過失一向都來自虛妄想，明明 如來在三乘菩提經中說得很分明，可是人們讀不懂，所以像達賴那個外道就說：「釋迦牟尼佛三轉法輪前後所說互相矛盾。」眾生出版社陳履安認同他的虛妄說，就幫他出版了。但我們不論怎麼看都沒有矛盾，是他不懂，就是虛妄想的緣故，所以就產生了不如實的分別。

如果你已經有了自心現量，如實現觀，以「如實智」來為眾生說法，而你這個「如實智」所歸依的法，就是第八識如來藏。這第八識如來藏是究竟法，因為一切諸法無過於此識，不能超過此識而仍然有法，意謂一切法來自於此第八識。所以你證得此識而有現觀，這時候的智慧就是「究竟智」，不是二乘菩提的方便智。這時候「一切皆具足」，因為你能夠現觀世間法與出世間法，不會像二乘聖人一樣所說所修、所斷所觀全部都在世間法中，因為你有所證，證的是世出世間法，所以說「一切皆具足」。

「虛妄無取著，離於和合相；如是善知已，無相無所有；同和一切過，邪見正見等；逮得眞實法，邪正相俱滅。」對於一切虛妄法無取也無著，因為你已經轉依自心如來藏了，所以不取也不執著，這時候凡有所見都是空性如來藏，再也看不見和合相了。還記得我們講《金剛經》的時候嗎?說「一合相」,什麼人看見「一合相」?是世間人,菩薩們不會看見「一合相」。也就是說,一切人看起來是一個人,可是一個人是很多法和合起來,最簡單的說明叫作五陰,講詳細一點說六入、十二處、十八界,更詳細的話就講百法明門,可是從這一些法中所見的人都是「一合相」。現在我們說這「一合相」是眾法和合所成,看起來就像是一個人或事的法相,所以有情是和合所成,有情不是眞實的存在,和合所成就叫作「一合相」。

那你現在放眼所見都是如來藏,這就是「離於和合相」,不會看見一合相了。如是善知的人還會看見和合相嗎?還會說這是張三、這是李四、這是王五、這是趙六嗎?不會,很清楚知道這都是如來藏,只是爲了修道度化眾生,所以方便施設張三、李四、王五、趙六,所以說,這時候的所見其實「無相無所有」,因爲所見的如來藏沒有相,祂是空性。這個「無相無所有」的境界,如是安住以後就「同和一切過」,就把一切的過失跟如來藏視同爲一而和合起來,這就是「同和一切過」。所以別人有過失,你爲他說了以後,他不接受,你就放棄了,將來有機會再爲他講，不必一心很急切的說：「我偏要講到讓他信受我。」如果是這樣，你也是見取見。

所以你儘管去爲眾生說明，但是心中沒有罣礙，因爲又不是要拿他當你的眷屬，你只是度眾生、救眾生，這時候就可以「同和一切過」。此時，你來看邪見，邪見看完了，再來看正見，這邪見與正見不都是同樣來自如來藏嗎？既然同樣都來自如來藏，出之於空性，這邪見與正見就平等平等。所以這時候外道們儘管說他的外道法，只要他們不自稱那是佛法，你也不急切，也不爲他們緊張。

所以你看到那些活佛們說的外道法──騙人家說這個是佛法──那就是謗佛、謗法，也是謗勝義僧，你想到了就說：「喔！慘了，他們捨壽以後要下地獄。」心裡急切起來，那就是你不對（大眾笑⋯）。別笑！眞的是你不對。你要作的就是告訴他們說：「那樣不對，怎麼樣才是眞正的佛法。」但是你不急切，因爲邪見與正見平等平等，同樣來自空性如來藏；他們要下墮是他們的業，不要以爲說：「他們會投入附佛外道法裡面，只是單純被誤導。」不是這樣的，他們還有過去世的因緣。還記得 如來在《楞嚴經》講過的話嗎？說他們修學那一些外道法，都是魔力所持而「婬婬相傳」，會流轉十世、百世：「令眞修行總爲魔眷，命終之後必爲魔民，失正遍知墮無間獄。」他們修學的全都在外道法中，到最後魔力消失，天魔放棄了，他們便下墮了；因爲天魔有那個威德力，他是欲界天中最高的境界；可是天魔有一天厭倦了，說：「哎呀！我老是拉著你們也是麻煩。」他就不理了。這時沒有魔力所持於是就下墮了。

也就是說，當你看清楚的時候「逮得眞實法，邪正相俱滅」，當你從空性如來藏來看一切法時，沒有正見也沒有邪見，這時心中一切見俱無，所以邪見滅，正見也滅了。但是當你需要化度眾生的時候，就把正見拿出來度化眾生，那平常時，除非你繼續進修閱讀經論思惟佛法，沒事的時候你安住下來就是一念不生，不是用修定的方法去一念不生，也不是用打坐的方法去數息而一念不生，而是轉依如來藏久了以後煩惱減少而消滅了，自然而然就不起念。

這時候就是初禪要發起的時候，所以修初禪不是靠打坐來的，諸位要懂這個道理。以往很多人不懂這個道理，以定爲禪，那是另外一件事；但是有人知道禪與定不同，他專心要修定，可是他怎麼修呢？一天到晚盤腿打坐。盤腿打坐的人能勝過南投國姓鄉山中那一些茅屋裡面的比丘、比丘尼們嗎？他們每天最少坐八個鐘頭還無法發起初禪；因爲要發起初禪，定力不必很強，普通的未到地定就夠了。如果你有好的無相念佛功夫，那就是深厚的未到地定，要證初禪不是難事。接著就是要努力爲眾生作事，作到忘了自己，然後忘了起貪，忘了起瞋，忘了起慢，忘了起疑心，把這些都作到忘了，心性清淨而遠離欲界愛了，然後有一天突然就發起初禪了。

所以打從我們弘法以來，看見的其他道場，他們宣稱證得第四禪，有的說是三禪、二禪，以前李元松自稱有二禪，結果他們什麼禪都沒有；他們只有悽慘的慘，因爲犯了世間法的大妄語業（編案：李元松死前已對佛教界作了公開的懺悔）。如果有人還在貪錢財，他能發起禪定嗎？有人還在貪求供養，能發起禪定嗎？絕對不可能的，這一點諸位要有正確的知見。所以外面什麼人或者我們退轉的什麼人說他有三禪、二禪、初禪，你都聽聽就好，因爲那樣的心性不可能發起禪定。你想，我們會裡好多人悟後努力修行降伏自我，一直在努力作事要消融自我，然後好不容易初禪善根發，可是不久又退失了，可見有多麼難！接著就要再繼續努力修行，去為眾生作事作到忘了我，然後性障就消失了。性障之所以強烈都是因為我，把我給忘了，性障就消失了，然後初禪就會發起，不靠打坐。這個道理到現在佛教界仍然無人知，而我已經講二十幾年了。

那麼這就是說，當你轉依空性如來藏的時候，你「逮得眞實法」，那你就轉依如來藏，住於這個眞實法之中，而這個眞實法之中無一法可得；既然這樣，當然沒有邪相、沒有正相，邪法之相、邪行之相、正法之相、正行之相，統統不存在，所以邪相滅了、正相也滅了。

「眾生生死想，愚癡妄分別；若不得眾生，則無有生死。」一般人看眾生有生有死；但是菩薩看眾生，在生死之中離生死，所以現象上有生有死，實際理地無生亦無死。也就是說，空性如來藏的境界中無一法可得，怎麼還可能有生有死呢？所以我當年看見佛性之後，寫了一個報告出去給我的歸依師聖嚴法師，我說：「信知從來不曾禮佛，信知從來不曾修行。」相信的信，信知，說我相信自己從來不曾禮過佛，我也從來不曾修行過。可惜的是他讀不懂，因為我當時沒有去檢查他有沒有悟，好在我那時候覺得如來藏沒什麼，我是從佛性的層面去寫的，所以他根本讀不懂，那就沒有洩漏如來藏是什麼，這個密意就沒有洩漏給他。因爲我覺得佛性棒，那時覺得如來藏就這樣而已，因爲見性的時候世界都改觀了，可是如來藏就這樣很平凡，雖然很實在，但是平凡得不得了，也沒有什麼，所以我從佛性的立場來寫，他讀不懂。

因爲從如來藏或者從佛性的境界來看，根本沒有生與死這回事，可是因爲落到五陰之中，所以看見五陰出生了，五陰又死了；但是你如果從空性如來藏來看五陰，就好像一面明鏡中張三出生了，張三動來動去以後死了；然後李四又出生了，李四動一動以後又死了，可是張三、李四都是鏡裡面的事，可是明鏡如來藏本身沒有境界。請問諸位：「**鏡子會不會看鏡子裡面的影像？**」它不會看的！而那鏡子裡面的影像是給鏡子裡面的人看的，所以他就認爲說：「**我出生了，我現在老了，我現在要死了。**」可是鏡子不管你生或死，沒有這回事。所以說眾生心中有生死之想，那是因爲愚癡的關係，作了虛妄的分別；你如果現觀時只看見第八識如來，心中沒有眾生，就是只有空性如來藏，這時候就沒有生死了。

「**眾生多方便，捨離於命想；遠離是想已，知命想最惡。**」眾生有很多的方便可以捨離命根眞實有的想法。古時天竺部派佛教有幾個部派執著說命根眞實有，說有情之所以出生是因爲命根，有情之所以繼續生存在人間也是由於命根，他們認爲命根眞實有。那《成唯識論》就是專門破他們，就破部派佛教那十八個部派，所以告訴大家說命根不是眞實有，因爲命根也是和合相，命根的本質是三個法和合起來才叫作命根：壽、暖與識。因爲這如來藏識存在、出生了七轉識，加上身根有暖觸，加上它有預定的壽算，所以才有命根。

壽算，壽命可以用算的，所以叫作壽算。所以你如果把剛出生的孫子，八字拿到命相館去，他就開始用天干地支排出命盤來，說這個孩子可以活到幾歲，這叫作壽算。可是菩薩的壽命不歸他們算，菩薩的壽命是由諸佛來決定，不是世間人能算的。這也就是說，命根虛妄，命根不眞實，因爲命根就是個和合相，依於有識住身，依於身上有暖，身上的暖如果都消失了，那就死了；然後依於他的異熟果決定這一世受生應該要活多久，依這三個條件說那叫作命根，所以捨離命根想是有很多方法的。

那麼能夠離開命根眞實有的虛妄想以後，就會知道原來執著命根眞實有，這是最可惡的事。對世間人來講，這個不可惡，可是對學佛人來講，這是最可惡的事，因爲會執著這個命根，那你就不用學法了，就會去學世間法；所以有的人去學子午神算，有的去學鐵板神算、紫微斗數等，有的去學易經，全都落到世間法的命根中了！對學佛的人來講，學這個是無用的，因爲時間到了還是得走。那就是說，要如實理解命根的本質是什麼，如實理解以後就知道命根還是來自空性如來藏，那麼這時就歸依於空性如來藏了。

接著就說：「若離眾生想、分別壽命等，斷多眾生命，是彼之所說。」人家問老趙州說：「咱們兩個人同行時，您老趙州是善知識，爲什麼兔子見驚？」爲什麼兔子看見你就驚嚇而逃掉了，趙州答覆說：「只爲老僧好殺。」說我最喜歡殺眾生。因爲你證悟了，眾生命就不存了。可是老趙州當然還有言外之意，那個人就聽不懂了；但那是另一回事，咱們不談它。也就是說，你如果轉依空性如來藏了，轉依如果有成功，就可以遠離眾生想，也能遠離分別、遠離壽命等想，然後你就這樣爲眾生演說，施設各種方便來告訴眾生：「遠離眾生想，遠離虛妄分別，遠離壽想，遠離蘊想。」這樣一來，你可以斷除很多眾生的命根。當眾生斷除命根以後，他對佛法就有興趣了，於是菩薩性發起來，努力修學六度萬行。一個一個都修學六度萬行，他們遲早都得斷命，所以說「斷多眾生命，是彼之所說」。從此以後，他爲人所說的法，再也不會落在分別想之中，不會落在眾生想、壽命想之中，這就是「斷多眾生命」。

「捨離於死想、愚癡所分別，究竟得無生，是名爲實法。」既然眾生沒有出生，所謂的出生，只是在鏡子裡面顯現出來；同樣的道理，眾生就是在自己的如來藏中顯現出來，何曾有生？既然無生當然無死，所以有生有死都是因爲愚癡而作了分別；而如今已經得到究竟法，證得無生了，這樣就稱之爲眞實法。你看，佛經裡面常常都在告訴你：「你學佛要修證的是眞實法，不是虛妄法。」現在有人告訴你說：「眞見道就是證得三無性。」請問三無性是眞實法還是虛妄法？（眾答：虛妄法。）諸位很有智慧，都知道那叫作虛妄法。三自性是告訴你說：「你證得圓成實性、依他起性、遍計執性之後，你轉依眞如來看這三自性，原來這三自性不存在，所以你是依眞如心如來藏而住，如此才能有三無性的實證，但三無性的實證，本質還是如來藏、還是眞實法。」如果推翻第八識如來藏的實證，說他要證得三無性，哪裡去證啊？沒有三自性就沒有三無性，所以三無性是依三自性而有。因此佛法是眞實法，你得要證得究竟法，一切諸法都從此識生，所以這個第八識就是究竟法，這樣才叫作「究竟得無生」，這樣的人就稱之爲證得眞實法。

「滅除諸結使，得證於無相；菩提無有色，無滅亦無果；魔怨不能障，自覺於菩提；諸法無諍論，無生性寂滅。」證得眞如心以後就把三縛結給滅了，同時也就把惡見滅了；惡見有五個錯誤的見解，叫作五利使，所以五利使也跟著滅了，這樣就是「滅除諸結使」，這時候親自證得無相的境界。所以我們說無相念佛不是眞無相，是從世間相的對比來說它無相，眞正的無相是如來藏的境界。這時候「證於無相」了，就說你已經覺悟，或者叫作開悟。但是覺悟，梵文就稱之爲菩提，可是這個菩提沒有色法，你證得菩提的時候不能拿出一個色法給人家看說：「我證得菩提，菩提在這裡。」人家看來看去都沒有菩提啊！

可是，假使有哪個阿羅漢來問我：「如何是菩提？」我說：「你要問哪一乘的菩提？」他說：「我要問大乘菩提。」我說：「好！你看好了，我拿給你看。」我就捧出來給他看，他一定眼睛睜得大大的，好像牛眼一樣還是看不見，一定說：「我沒看見啊！你拿什麼給我看？你又沒拿什麼給我看。」我說：「我有拿給你啊！只是祂無形無色，你沒慧眼，看不見就是你的事了。」「菩提無有色」，所以悟了以後額頭上也不會寫著「開悟聖者」，不會！悟了以後是無我。所以悟了以後，回到家裡見了堂上二老，該奉茶就奉茶，該切水果上來就切水果上來，該奉事就奉事，不會說：「我現在開悟了，我是開悟聖人，你們兩位老人家是凡夫，現在開始由你們來奉事我。」那表示他落入相中，沒有悟。

所以菩提沒有色法，可是菩提活靈活現就在眼前，要如是觀啊！你證得大乘菩提以後，到底你滅了什麼？你轉依如來藏的時候，你有滅什麼嗎？沒有啊！滅什麼是你五陰的事，跟祂如來藏無關。既然跟如來藏無關，那麼悟了以後修行時還是由你五陰修行，不是叫如來藏去修行；那麼滅了煩惱以後，你說：「我現在證得初果了，我現在也證得菩薩第七住位。」可是你證初果，有果嗎？沒有果啊！證得第七住位也是證果，但也沒有果，所以「無滅亦無果」。

假使你轉依如來藏的時候，天魔再怎麼樣來對付你，都沒有用；因爲如來藏的境界中一無所有，天魔怎麼樣慫恿你、引誘你，都沒有用；因爲你會看穿——

這都是魔擾。所以當年天魔連著派他的三個女兒來，有白人的、有黃人，也有黑人，皮膚沒有很黑是淺淺的黑，三個女兒眞的都很漂亮，我就說：「妳有辦法的話，很簡單，妳就來人間，我要娶妳也可以啊！妳如果辦不到，以後就不用來。」她們就消失了。因爲你知道那是天魔派來的，放這個話給她，她就知道自己辦不到；爲什麼呢？因爲她很清楚知道，她其實來人間受生，等她長大，可能你都走人了，（大眾笑…）那她要來幹嘛？不用來了！她就聽你這一句話，知道你看穿她了，所以從那一次以後，我眼裡再也沒有美女這兩個字了，（大眾笑…）因爲天下所謂最美的世界小姐等，都沒辦法像她們那麼漂亮，可是我就告訴她們：「妳們有辦法的話，就來人間，我娶妳當小老婆，妳自己看看有沒有辦法？」她們一聽就知道沒辦法，所以再也不來了。

因爲你轉依空性的時候無一法可得，那你又從如夢觀來看的時候，這也像夢中作夢一樣。你夢中去遊歷世界八十天，醒過來以後有沒有歡喜？沒有啊！你覺得說：「啊！只是一場夢。」就這樣而已，你根本不會歡喜。這時候天魔再怎麼怨你、怎麼樣來擾亂你，有時候幻化出恐怖的境界來，同樣一句話：「你如果有辦法，你就把這個境界變眞實的給我，而我現在看見的都只是幻化的，幻化的對我沒有用。」你知道那是幻境，你說：「這幻化的對我沒有用，你變眞實的境界來，我看看。」他就消失了，因爲他辦不到，所以這時候「魔怨不能障」，障礙不了你，你只管繼續大步向前，他無法拉著你。這就是「自覺於菩提」的境界，因爲覺悟主要還是要自己來覺悟。

我老是這樣幫著大家覺悟，其實也不是眞的好，因爲對於其中十分之一的人不是很好。如果被我幫助了以後，他心中無慢就不會有問題，就可以跟我配合來復興佛教，大家一起成就復興佛法、救護眾生的豐功偉業。如果有慢就沒辦法了，但是也不能怨我啊！是因爲自己心中有慢才會壞事。所以覺悟的事情，唉！我總是說，我要改、要改、要改，可是就老婆心切改不了；但眞的一次又一次，讓我不得不改。

接下來說「諸法無諍論」，諍論的意思要定義清楚，錯誤的法想要講到對，強要別人接受他的錯誤說法而去修改，那叫作諍論。如果你所說的法是正確的，告訴對方要改，他不改也就算了，不必強求他改，因爲眾生有業障。說句老實話，佛法的親證並不難，難在有業障。如來在《佛藏經》講的，那時候五個比丘只有一位宣說正法，苦岸比丘等四個人帶著很大的四群人都在修學邪法，他們反過來指責弘揚正法、修學正法的普事比丘是邪法。

這不就像我們現在嗎？唯一的正法被多數人說是邪法。我們把眞正的正法講出來，他們不接受，我們就放過，不強求他們修改；可是他們也不應該強求我們要修改正法爲邪法。錯誤的法而強求我們要改變而用他們的邪法，我們不改就一直說我們壞話，那叫作諍論，懂嗎？所以 如來說：「外道與我諍論，我不與外道諍論。」因爲 如來說的是眞實法。那外道說的法是錯誤的虛妄法，他們所說的解脫是不得解脫的，他們所說成佛的法是不得成佛的；但是他們一直跟 如來諍論，不斷的毀謗 如來。那還是正法時代喔！而我們正覺在末法時代被毀謗，稀奇嗎？不稀奇啦！正法時期的 釋迦如來都會被毀謗了。

所以，我們只管把正法說出來，不跟他們諍論，我們把分別正法與邪法的分際講出來，正法與邪法、或者正法與相似法的差異在哪裡？把它說出來，不用跟他們諍論。因爲正法的覺悟，祂是無生的，無生的境界性是寂滅的，你轉依了究竟寂滅的如來藏，這就是正法；而如來藏的境界中無一法可得，所以沒有所謂的色聲香味觸，祂的自性是寂滅的，因爲眞實法如來藏的自性就叫作涅槃。涅槃不但「無生無滅」而且寂滅無爲，可是涅槃固然是無漏法，祂卻同時可以是無漏有爲；但是如果捨了蘊處界入了無餘涅槃，那就是純無爲，所以很奇妙。那麼這樣子，文殊師利把這些偈說完了之後，接著來看經文的發展：

經文：【爾時文殊師利說是偈已，如是無量百千衆生除諸疑悔，離疑悔已心生歡喜，得法照明；各脫上服供養文殊師利，作如是言：「能令我等皆得此法、悉作是說，亦令衆生心證諸法，皆得如彼文殊師利所解實相。」爾時阿難白佛言：「世尊！云何如是百千萬億衆生皆生疑悔，何故如來不自爲說令斷疑悔？」於是佛告阿難言：「如是百千萬億衆生，皆從文殊師利發菩提心，於文殊師利而得調伏。」阿難復言：「皆得阿耨多羅三藐三菩提耶？」佛言：「如是！阿難！一切衆生皆不退轉於阿耨多羅三藐三菩提，何以故？皆由文殊師利善知識故。」】

語譯：【這時候文殊師利說完了這一首偈以後，像這樣的現場無量百千的衆生，滅除了各種的懷疑以及後悔，離開懷疑後悔之後心中生起了歡喜心，也在佛法中得到了光明和照耀；這時候他們各個都脫下了上妙的衣服來供養文殊師利，他們這樣子說：「文殊師利菩薩能令我們大眾全部都得到這樣的法、全部都同樣說了這個具足五欲、造作五逆的說法，也能使令眾生心中都證得種種的法，都得到了如同文殊師利菩薩所勝解的實相。」這時候阿難稟白佛陀說：「世尊！為什麼這一些百千萬億眾生都出生了懷疑後悔，到底是什麼緣故如來您不是自己為他們說明、讓他們斷除疑悔呢？」於是佛陀就告訴阿難尊者說：「像這樣的百千萬億眾生，以前都是隨從文殊師利菩薩發起菩提心的，他們要在文殊師利身上才能得到調伏。」阿難又稟白說：「他們都已經證得無上正等正覺了嗎？」佛陀說：「就像是這樣啊！阿難！這一切眾生都不退轉於無上正等正覺，這是什麼緣故呢？因為這一切眾生都是由文殊師利善知識的緣故。」】

講義：好了，諸位聽完這一段語譯有什麼覺受？這個很重要，因為追隨善知識修學佛法，實證的過程快或慢都跟善知識有關。我們先來解釋一下，這一些現場的無量百千眾生「除諸疑悔」，當然心中很歡喜；他們之所以能「除諸疑悔」，一定有個原因，就是「得法照明」。證得佛法以後，如果朦朦朧朧、似懂非懂，那就不是「得法照明」，對佛法一定要能照能明。能照是因爲你已經發起智慧了，所以這一些法到底是什麼道理呢？你有智慧去加以分別，詳細分別出來以後，這一些法的道理，你自然全都明白了，這就是「得法照明」，自然法喜充滿。所以這一些人當然很感激 文殊師利菩薩，就把上妙的衣服解下來供養 文殊師利。

這時候也許有人想：「哇！那文殊師利菩薩收了一大堆上妙衣服，怎麼辦？」不必擔心，他就把這些上妙衣服再轉贈給各該當事人就好了：「你們繼續穿回去，我已經受你們供養了。」那麼這時候，他們當然是要很誠心誠意的感謝 文殊師利菩薩，如果他們不是「得法照明」，怎麼能說出那一些道理來呢？一般人講不出那個道理的，而且一般人聽到那樣說法的時候，心中會產生疑悔，他們會想：「這些阿羅漢們爲什麼這樣講，說要造五逆還要具足五欲？」聽了當然有疑悔，可是經由 文殊師利菩薩解說了以後，他們心中都解開了，疑悔不存在了，當然要感謝 文殊師利菩薩。

所以，在佛法中一個有趣的現象，就是說須菩提有一小群人跟著他，可是目犍連尊者有一大群人跟著他，舍利弗也是一大群，迦旃延也是一大群，他們都是一大群，就須菩提跟隨的人少，因爲他太嚴肅，一天到晚住在空性裡面。那麼佛陀沒有去制止這一些人說：「你們怎麼一群又一群呢？」沒有制止，因爲每一個人學法都有各自的善知識緣。所以，你看見那一些弘揚常見外道法的大法師們跟著一大群人，各個都是一大群人，而那些附佛外道們也有一大群人追隨，你不用心生不平，因爲這是正常事。當年常常有同修跟我抱怨說：「我們正覺才是正法，爲什麼我們追隨的人這麼少？」我說：「正因爲是正法，所以追隨的人少。」想想看：是一般路邊攤、小餐館吃的人多，還是大餐廳裡吃滿漢全席的人多？當然是那些小餐館、路邊攤人多，永遠都是這樣，因爲能受用滿漢全席的人絕對是少數人。所以，來到正覺給你的是滿漢全席，你當然需要很大的福德還要降伏性障，想要受用時才辦得到；否則這滿漢全席吃完了，管保你拉肚子，拉肚子就是退轉，當然要有大福德才能受用。

那麼，他們終於懂得這些大阿羅漢們爲什麼說要「具足五逆」、要「具足五欲」，懂了所以疑悔就滅失了，當然感謝 文殊師利菩薩；這時候也瞭解 文殊師利菩薩度化他們所證得的菩提，那是實相而不是虛相。可是阿難這時候就有疑惑了，所以來問 世尊：「爲什麼這一些百千萬億眾生聽了諸大阿羅漢們那樣說以後，心中會生起疑悔，生起疑悔時爲什麼如來您不爲他們直接說法滅除疑悔，卻要交給文殊師利菩薩來講？」佛陀就把這個因緣講出來。因爲 佛陀有十力，祂當然隨時可以看到因緣，這一些人的因緣就在 文殊菩薩身上，所以叫他們去問 文殊師利；文殊師利講了，那些人就會信；佛陀自己講了，他們當然也信，但是沒有辦法眞的斷除疑悔，所以 如來就說：「像現在這一些百千萬億眾生，他們以前初學佛、並且以前初見道時是跟著文殊師利來的；所以他們發世俗菩提心的時候是追隨文殊師利菩薩來發世俗菩提心，他們眞見道的時候也是因爲文殊師利而得到眞見道，那是發眞實菩提心；所以現在得要由文殊師利菩薩來說法，他們心中才能得到調伏。」

這時候，阿難就想要確定一個事實：「那他們現在都如實證得無上正等正覺了嗎？」也就是說，他們現在都眞正的證悟了嗎？如來說：「就像是你說的這樣！阿難！這一切眾生全都不退轉於無上正等正覺了。」也就是說，他們以前容或有證得如來藏，可是還有疑悔，無間道尚未成就，就有可能退轉；現在經由 文殊師利爲他們說明以後，他們就心得決定不再退轉了，所以 如來最後一句話說：「皆由文殊師利善知識故。」現在問題就來了，「由文殊師利善知識故」，就永遠不退轉於無上正等正覺；那麼如果有人要追隨於那一些錯誤說法、誤會佛法的所謂善知識，要加兩個字「所謂」，他們未來證悟也要在那個所謂的善知識回歸正法證悟之後，他們才能證悟，因爲追隨善知識的緣故。

現在懂這個道理了？所以善知識佛法證量好，隨從的人就跟著證量好；善知識教導得好，大家不退轉的時節因緣也會提早到來。但是這時候一定有人生起一個想法說：「那些人追隨他們，那不是很可惜的事嗎？」對吧？一定有人這樣想的！可是我說不可惜，因爲其中都有定數。所以誰注定要追隨什麼人都有定數，譬如二〇〇三年退轉那一批人，他們九百年前就追隨著那位退轉的人，所以他此世退轉，那一批人就跟著退轉；那個人回歸正法以後，他們也追隨著回歸正法；有一句成語說「亦步亦趨」，就是這樣啊！

所以這一些事情，就像以前苦岸比丘等四個比丘各帶著一大群人，全都在講解錯誤的佛法，而且毀謗那個弘揚正法的普事比丘；這導致他們那一世捨壽之後，奉事供養過九十九億佛以後，現在遇到 釋迦牟尼佛時都還有業障，連順忍都不可得，你看他們業障多麼重，我們會中當然也不免會有苦岸比丘等人的後身，會退轉也是定數。所以，你到外面看見那些道場一大群人在那邊拜懺作什麼等，你心中應該想說他們是應該拜懺。拜懺就是懺悔，不管他拜《大悲懺》、《梁皇寶懺》，什麼懺都好，也許有人喜歡《三昧水懺》也行，他們要繼續拜、繼續懺悔，你們不必心中老想著說：「唉唷！你就趕快參禪就對了，為什麼要拜懺？」因為他們有業障，有業障就跟順忍不相應，順忍不相應就無法走進正覺修行，就不可能證悟。

所以，現在的二〇二〇年有一小群人，跟著琅琊閣、張志成他們退轉也是正常，他們這一群人就等退轉的領頭人將來回歸正法時，他們才會跟著回歸正法；乃至領頭的人不退轉了，他們才會跟著不退轉，因為一切都由所追隨的善知識來決定。就像附佛法外道，他們何時會回歸正法呢？要等到那個領頭的附佛法外道回歸正法了，他們才會回歸正法，一切都因爲善知識故。

所以諸位要瞭解，善知識很重要。如來早就看清大家的因緣，所以該追隨舍利弗的就去追隨，該追隨摩訶迦葉修苦行的就去追隨，如來都不干預，因爲各人的因緣不同。如來看到這一大群人，那可不只是一大群，因為是百千萬億眾生，他們要由善知識 文殊師利的緣故才能不退轉，所以 如來就不答覆阿羅漢們的稟白請問，教導阿難說：「為什麼講要造五逆、要具足五欲，去問文殊師利吧！那文殊師利就會解釋這個道理，這百千萬億眾生聽了就會接受了，於是心中疑悔全部滅失，他們就永遠不退轉。」接下來阿難怎麼說，如來又怎麼回答呢？

經文：【阿難言：「如是等諸比丘，信行、法行、須陀洹、斯陀含、阿那含、阿羅漢、聲聞、辟支佛想盡，不退轉於阿耨多羅三藐三菩提耶？」佛言：「有難信者，少智下劣者，懈怠、懶惰、少精進者；貪嗜飲食近於五欲、樂處憒鬧心不遠離，忘失正念無智慧者；心無正定常驚亂者，增上慢者，取著增上慢者，貪著己身樂於壽命不觀無常，多諸貪嫉愚癡無智，毀破禁戒心生惱害，於佛法中起於疑惑，見無智者近惡知識，遠離善知識，亦不恭敬善知識，不學般若波羅蜜，不修陀羅尼諸經之王，常起妄見；著妄見已得於惡師，貪樂衣缽；於和尚阿闍梨無恭敬心，亦不樂親近，於初、中、後夜心生懈怠；兩舌難信好喜妄語，惡口貪嫉親近邪見，習邪見已

常修邪觀；不好學戒，心無慚愧，無所顧畏；親近愚癡樂行外道，不信空無相無願、無生無滅，於一切法不生信心。阿難！如是人等難可解悟。」爾時世尊默然而住。】

語譯：【阿難接著又請示如來說：「像現場這一些比丘們，心中的信行、法行、須陀洹、斯陀含、阿那含、阿羅漢、聲聞、辟支佛想已經滅盡了，都不退轉於無上正等正覺了嗎？」佛陀說：「其中也有難信的人，也有微少的智慧或者心性下劣的人，其中也有懈怠的人、懶惰的人、少精進的人；也有貪嗜飲食而接近於五欲、樂處於憒鬧境界心不能遠離的人，也有忘失正念沒有智慧的人；也有心中沒有正定、經常的時間都是驚亂的人，也有增上慢的人，也有取著增上慢的人，也有貪著自己身上的快樂而於壽命不觀無常的人，也有多種的貪欲嫉妒愚癡和無智的人，也有毀破禁戒心生惱害的人，於佛法中生起疑惑，往見沒有智慧者而親近惡知識的人，遠離了善知識，也不恭敬善知識，也不學般若到無生無死的彼岸，也不修持各種總持諸經之王，時常都在生起妄見；執著於妄見之後得到了惡師，貪樂於衣缽；對於和尚阿闍梨沒有恭敬心，也不樂於親近和尚阿闍梨，他們在初夜、中夜、後夜總是心中生起懈怠；而且平時犯了兩舌、難信正法而且好喜妄語，又常常惡口起貪欲心和嫉妒心而親近邪見的人，那麼這樣子生起邪見之後又熏習邪見，常常修於各種錯誤偏邪的觀行；他們也不愛好學戒，心中對戒沒有喜好所以心中就沒有慚愧，對一切犯戒的事都無所顧慮也無所畏；這些人親近愚癡而樂行外道，不信空無相無願三三昧、也不相信無生無滅之法，對一切法都不生起信心。阿難！像這一些處在其中的人等，對正法很難能得勝解而難以悟入。」這時候世尊說完了默然而住。】

講義：《不退轉法輪經》，宣講經文之前跟大家聊一下法義，這是大家建立正知見以及向前邁進的根本，這就是學佛的一大課題：到底學佛修行要去取證時應該證什麼？我說的是指見道，或者乃至於成佛到底要證什麼？這是很重要的課題；然後才能接著探討「我所證的到底對或者錯」。這兩個課題一定要弄清楚，如果學佛時就是跟人家混一混，每天哈拉、哈拉，然後出出坡、捐點錢就沒事了，修證都不談，那就另當別論；因為那個叫作信佛，不是學佛。如果他說的是要證初果，乃至證阿羅漢、證辟支佛果，那也不叫學佛，那是學阿羅漢、學辟支佛，那他就去設法斷我見、我執等。

我爲什麼提出這麼重要的兩個命題，請注意喔！我把它叫作命題。最開始我是講課題，因爲這是你們要作的功課，可是我現在爲什麼又說是命題？換句話說，這個題目跟學佛息息相關。如果無關，這個命題是無效的；如果息息相關，這個命題就眞的叫作課題。那爲什麼我要提出這兩個課題來？也就是說，你要先把這個正知見建立起來，那我就要提到這兩個題目。諸位都很清楚，現在有一小撮人一直在網路上放話否定正覺，他們有個課程也貼文說：「**阿賴耶識可以分別五塵、分別法塵，所以正覺說的阿賴耶識不了別六塵，那是錯誤的。**」這是第一個問題，就是你要檢驗你所證的心是不是阿賴耶識。

阿賴耶識又名如來藏，又名異熟識，佛地名無垢識，這在《楞伽經》講過了，我也註解過了，就不再重複說明。那麼現在這個琅琊閣、張志成寫了文章出來，他就引用《成唯識論》裡面的一小段話只有兩三句，寫出來證明說他講的才是正確的，他認爲這第八識能分別六塵，因爲能分別五塵就能分別法塵。他引述的根據，是《成唯識論》中的論文。

《成唯識論》中說「**略說此識所變境者，謂有漏種、十有色處**」，十個色法是哪十個呢？眼耳鼻舌身五根加上色聲香味觸五塵；能變生這十個色法，然後就以這十個色法作爲阿賴耶識的「所緣」。就譬如母女來講好了，媽媽出生了女兒，然後就以這個女兒作爲「所緣」，就一天到晚把她抱著一直到長大才放手，所以女兒就是她的「所緣」；但是這個譬喻有點不恰當，因爲媽媽以女兒作所緣的時候還會作「所慮」，這女兒現在是不是餓了，睡覺時被子會不會蓋得太熱了、會不會蓋得太少了，衣服是不是穿多了，都會有「所慮」。

但「所緣」就是永遠跟她連結在一起，總不能女兒出生以後，立刻叫她自己去謀生路，不可能啊！同樣的道理，阿賴耶識出生了這十個色法，就會緣於這十個色法，這十個色法就緣於阿賴耶識而得存在，但是阿賴耶識不一定要了別十個色法，尤其是了別五塵。張志成卻解釋說：「**因爲阿賴耶識緣於這十個色法，所以這十個色法就被阿賴耶識所了別。**」可是《成唯識論》遣詞用字非常精準、絕不含糊，如果能了別五塵時，那個「了別」便叫作「所慮」，有時則說爲「所慮託」，包含所緣在內。可是第八識並沒有了別五塵啊！《成唯識論》只說這十個色法是阿賴耶識的「所緣」，因爲是阿賴耶識所變生出來的。結果他把它解釋作：「因爲這個所緣，所以祂就能了別五塵。」問題是，能了別五塵就一定能了別法塵，那就是意識心，很簡單，他說的所謂阿賴耶識並不是阿賴耶識。

這位琅琊閣閣主張志成說：「阿賴耶識是能了別五塵的。」可是所有的經、所有的論裡面，都沒有說過阿賴耶識能了別六塵，所以這是他自己獨創的新說；因爲阿賴耶識從來不了別六塵，譬如《維摩詰經》講：「不會是菩提，諸入不會故。」說六入都不會，那個不會六入的才是眞正的菩提心。

也許他想：「既然叫作阿賴耶識，識就是了別，爲什麼祂不能了別六塵？祂明明就是能了別。」問題是，祂所了別的不在六塵中，是六塵外的諸法，對六塵從來都不分別，所以《佛藏經》中 佛說祂是「無分別法」；而且祂在六塵外的了別剎那剎那沒有停過，這個現在我們不談它，增上班講《成唯識論》再來談。因爲祂不在六塵中了別，所以 維摩詰大士說祂「諸入不會故」，然而祂畢竟是識，是識就有了別，但祂的了別不在六塵中，所以 維摩詰大士又說：「知是菩提，了眾生心行故。」所以你七轉識想幹嘛，祂全都知道，瞞不了祂。

如果祂完全沒有了別性，祂當然就不會知道你七轉識想要幹什麼，那麼你意根再怎麼下決定都沒有用；所以意根看見惡劣的境界，下決定要趕快逃，但決定沒有作用，這個五陰就是不會反應，就停在那邊等死，你意根下了決定也沒有用。可是阿賴耶識知道你七轉識在想什麼，知道意根怎麼決定，所以才說祂是識；識就是了別，只是祂的了別不在六塵中運作，所以才說祂叫作無分別心。

大家都知道要證無分別心，只是在正覺弘法之前，他們不知道無分別心就是第八識，都是要把意識心修成無分別。所以阿賴耶識不分別六塵，阿賴耶識沒有這個功能，但是祂變生了十色法，就是把眼耳鼻舌身五根變生出來，接著又變生了五塵。這十個色法，既然是阿賴耶識變生的，當然就由阿賴耶識來攝持，當然是阿賴耶識的「所緣」，但這個「所緣」不能解釋爲六塵境界的分別；諸聖教都說第八識不分別六塵，諸經、諸論都這麼講，《成唯識論》亦復如是說。你張志成不能把人家論文的意思給扭曲，說「你看《成唯識論》這麼講」，就解釋說「阿賴耶識可以了別六塵，所以你蕭老師要依我說的改變，你不肯改，我就要反你」。那是逼著我要把正確深妙的佛法，認同他而改爲粗淺而不正確的法，那大家就沒機會見道了。所以，他說阿賴耶識能了別六塵，顯然他所知道的阿賴耶識不是阿賴耶識，叫作意識或離念靈知。

這是因爲能了別六塵的只有意識，從心所法來看也是這樣；阿賴耶識有五個遍行心所法，可是不跟五個別境心所法相應。別境是什麼？就是了別六塵境界的心所。了別境界的五個心所法，阿賴耶識都不相應，所以祂怎麼可能分別六塵境界呢？對六塵當然不可能分別，所以阿賴耶識才是無分別心。如果有人主張阿賴耶識可以分別六塵、可以分別五塵，就成爲有分別心，他就是沒有證得阿賴耶識。這是第一個課題，所以阿賴耶識不分別六塵、不分別五塵，但是這十個色法都是阿賴耶識之「所緣」，不能外於阿賴耶識而存在，這是第一個課題。

第二個課題，他們主張：「**第七識意根與第八識如來藏，不是地前可以現觀的。**」意思是說，這第八識沒有入地以前是無法看見祂的，無法現觀的。可是明明諸位增上班的同修已經現觀第八識了，從心所法、從祂的自性、從祂的功能來加以檢驗都對啊！依他的說法，那我要恭喜諸位：諸位都入地了！因爲諸位可以現觀七、八二識，而他們說七、八二識不是地前可以現觀的，那顯然諸位已經入地了。可是呢！並沒有入地！我說能現觀第八識的人、能轉依成功的人只是第七住，因爲這時才叫作「般若正觀現前」，或者日本《大正藏》說的「般若正觀現在前」。

現在已經確定阿賴耶識離六塵中的見聞覺知，維摩詰大士也告訴我們：「法不可見聞覺知，若行見聞覺知，是則見聞覺知，非求法也。」所以你要求證佛法，得證得第八識離見聞覺知的心；如果證得的所謂如來藏是能分別六塵或五塵的心，那叫作行於見聞覺知，非求法也。維摩詰大士是 金粟如來倒駕慈航來協助 釋迦古佛弘法的，這尊佛講錯了嗎？依照他們的定義，顯然 金粟如來講錯了。不但如此，釋迦古佛也講錯了，因爲祂認爲第八識離見聞覺知，不了別六塵的。

張志成認爲證得第八阿賴耶識的人是入地了，可是律部的《菩薩瓔珞本業經》卻告訴諸位說：當菩薩修六度波羅蜜多，修到第六住位，般若正觀現在前時，入第七住，常住不退。所以般若正觀現前是第七住位，離初地還遠著呢！結果他說：「證得第八識，那是要入地以後的事。」可是 佛說：「證得第八識只是第七住位。」還在地前，那麼到底他說對了，還是 佛說對了？當然是 佛說對了！反過來就問說：「是他說錯了，還是佛講錯了？」呵呵呵……一定沒有人敢說 佛講錯了，因爲理上和現觀都一定如此。所以這樣，到底誰說的才是佛法？這就很清楚了。

那麼如果他要繼續堅持說：「這七、八識不是地前可以現觀的。」那我要問：「他們所謂的眞見道是指什麼？」《成唯識論》說通達位有三個內涵：第一是眞見道，第二是相見道，第三就是證阿羅漢果以後再發起十大無盡願，發到心清淨了得 佛加持才能入地，名爲通達位。《成唯識論》也告訴大家：「眞見道的時候，是證得阿賴耶識。」這是明文告訴大家的，玄奘菩薩在《成唯識論》講得多麼白，還說到：「有的人還沒有見道，爲什麼要爲他們宣講第八識阿賴耶識呢？」答案是：「因爲他們見道前雖然還沒有親證，可是他們有很好的根性，對所說的阿賴耶識的法義可以產生勝解，所以也爲他們說明第八識，讓他尋求未來實證後再作轉依。」那不就擺明了說眞見道就是證阿賴耶識嗎？這意思夠白了，然後又說：「眞見道證眞如時生起無分別智。」意思是說，你要證得一個不分別的心，而那個心是離見聞覺知而不分別六塵、不分別境界的心，證得那個心以後，你可以現觀祂的眞如法性而懂得什麼叫無分別，你有那個智慧就叫作無分別智。

那到底要證哪一個識才是無分別心呢？（大眾答：如來藏。）諸位講對了，就是第八識阿賴耶識才是無分別心；既然是無分別心，祂能分別六塵嗎？當然不能分別六塵。這個是眞見道，證得根本無分別智，諸位 CBETA 查一下，電腦鍵盤敲進去「根本無分別智」，馬上就出來，你可以看得到，根本無分別智是講什麼？這是《成唯識論》明文記載的字句，結果就是證得第八識，這樣才叫作眞見道。

可是眞見道只有住在第七住位，般若正觀現前而已；接著轉入第八住開始進修後面的部分，那叫作相見道位，相見道位就是要從各種的法相運行之中去現觀這個眞如心的無分別性。由於在諸相中觀察到這第八識心的無分別性，你才能夠成立與完成非安立諦三品心。這三品心，就是依第八識無分別心在各種法相裡面去觀行而得到的。那請問這三品心所觀行的無分別心是哪個心？對了！還是第八阿賴耶識。這還是相見道位，還沒有入地。

那麼終於這三品心完成準備入地，已經是眞見道之後過完第一大阿僧祇劫的三十分之二十三了，接著要修安立諦的十六品心、九品心的加行。這安立諦還是要依無分別心來觀行大乘四聖諦，觀行完成了，「梵行已立」而成阿羅漢位，然後發十無盡願，起惑潤生；發起十大無盡願時得要每天發，發到心地中此願完全清淨了，從此以後能如實履行十大無盡願，這時有佛加持，這樣才算入地。那諸位看看，這第八識如來藏是第七住位就實證了，然後八住位、九住位、十住位，一直到第十迴向位，都在觀行這個第八識眞如，那麼請問：這七、八二識是不是地前就可以觀行？是！那顯然這琅琊閣張志成講錯了！

如果要入地才能觀第八識，那請問《解深密經》講三賢位中要觀行七眞如，七眞如裡面有正行眞如，可是也有邪行眞如，那請問邪行眞如是不是在凡夫位？正行眞如是不是已經證得第八識了？可是卻還沒有入地，所以他這個說法的問題還眞大。

接著依他所說就算入地了，終於證第八識；我說的是就算，不是眞的；從此以後，十地各有所證的眞如，從初地眞如一直到十地眞如，總共有十眞如要證。那麼證這十眞如，請問眞如是哪個心？總不會是意識心離念靈知吧！因爲《成唯識論》說得很分明：「**眞如亦是識之實性**。」眞如就是第八識在各種事相法的運行過程中，顯示出來的眞實如如的法性；顯然從初地到十地的修道位中也都在觀行第八識，那又怎麼會說眞見道位、相見道位中不觀行第八識，而說沒有證第八識？又自己另外主張「**證眞如是證得三無性**」，很奇怪的說法！

接下來，還要問諸位一個問題，成佛的依憑是證得一切種智，一切種智講的就是證得一切種子的智慧，那一切種子含藏在哪一個識裡面？第八識如來藏中。既然成佛是一切種子的智慧具足圓滿，而種子是含藏在第八識裡面，那成佛是不是一定要證第八識？當然要證啊！沒有證得第八識，怎麼能瞭解其中的功能差別？種子又名功能差別。那麼這樣看來，那琅琊閣閣主還是要回歸第八識來。從因地一直到佛地都在講第八識，結果他把這個第八識的實證否定掉了，說證得第八識不能叫作見道，那要證什麼才叫作見道？所以講到這裡，諸位如果跟他們有緣的話，去跟他們敲敲腦袋，輕輕敲一敲就行了，不要用力，就說：「**你也該醒醒了吧！**」把這個道理講給他們聽。

所以，他們講出一堆錯誤的佛法，硬說我講錯了，說我不肯改正，所以他們要出來反對我。這是他們反對我的理由，可是說老實話，就像上週最後的經文講的，如來說：「**一切眾生皆不退轉於阿耨多羅三藐三菩提，何以故？皆由文殊師利善知識故。**」現在有個善知識可以教你實證第八識，可以入眞見道位，第七住位就可以現觀第八識，不必是他們講的入地以後才現觀，那這樣的一個善知識，諸位要不要親近供養？（大眾答：要。）夠了！（大眾笑…）聽到諸位這一句話就夠了，本來就應該親近恭敬供養，但我不用諸位供養，我的生活過得去。假使有這麼一個善知識可以幫你實證第八識，可是他由於過去世的業因，所以這一世貧窮潦倒，換我作徒弟，我就幫他蓋個房子，供養他衣食住行事事無缺。可是我現在不受供養還要被他推翻，如果像世俗的老人，他們就說：「**天啊！沒天理啊！**」是不是這樣？是啊！所以對他們那一些人而言，你要跟他們談什麼「**法住法位，法爾如是**」，那叫作對牛彈琴。

能夠深入理解什麼叫作「**法住法位**」的人，絕對是善知識，因為古來禪宗一般善知識還不一定瞭解「**法住法位**」；可是這個善知識能瞭解什麼叫「**法住法位**」，每一個法的位階在哪裡，應該住在什麼位置、與諸法之間互相的關聯如何，他都知道，這就是眞正的善知識，你才可以說他已經入地了。現在會外有許多自稱是地上的菩薩，竟然連第八識都不知道，唉！眞不知怎麼講他們。

現在還有許多連未到地定都沒有修好的人，宣稱他們已經證得三禪，還跟你打契約：「**你來跟我學，我保證半個月裡面幫你證得禪定，代價是一萬五千塊人民**

幣。」這個追隨琅琊閣張志成的姓黃的人，還說他可以用五支功德跟你印證，那諸位想想：這個人有沒有初禪？（有人答：沒有。）對啊！因爲他還貪財，怎麼會是證得初禪的離欲者。這個是現前就可以檢驗的，能教你證初禪的人絕對不貪財，因爲他如果有證得初禪，就很清楚知道是遠離五蓋才能發起初禪的，結果他還貪財。所以我說過不論再怎麼樣邪謬、錯誤到一塌糊塗的法都會有人信，一樣有人報名參加他的初禪班，但那些錢就像打水漂一去不復返。所以有智慧的人不跟隨眾生的腳步，而是自己要有決擇分去判斷什麼是善知識、什麼是惡知識。

現在我最後作個結論：見道是不是要現觀第八識？（大眾答：是。）好，諸位說是，那就回歸第八識，天下太平，誰都不能評論你。如果不是依實證第八識來說見道，誰都可以評論他；因爲佛法本來就是這樣，上從佛地下至三惡道，一切人都依第八識而得存活、而得造業、而得修福、而得修道、而得證道，憑藉的都是第八識；所以有智慧的人，趕快回歸第八識。

如果增上班中有人雖證得第八識，但是智慧始終起不來，那也能解決，只要設法讓他好好去深入體驗；體驗夠了，他的智慧就上來了。如果進入增上班了，可是忘了禪三到底悟個什麼？（大眾笑…）諸位別笑，眞有這種人，琅琊閣張先生、大陸的釋惟護就是這種人。那麼忘了以後，在增上班上課聽不懂，整整三個小時坐在那邊當然如坐針氈；但是也不用氣餒，來跟我小參。這個事情好解決，不難哪！不用自己坐在席上聽到很痛苦，想辦法要聽懂還是聽不懂；不用那麼痛苦，我可以從頭來幫你解決這個問題。所以有事要跟善知識說，不要自己當個悶葫蘆，悶在心裡很痛苦的。因爲三個鐘頭聽不懂，坐在那邊像個傻瓜呆，眞的很苦。所以有這個問題，要來找我，咱們可以商量。

那麼這樣講清楚了，什麼叫眞見道、什麼叫相見道就弄清楚了。相見道不是幾個刹那、幾天可以解決的，因爲相見道那非安立諦三品心，以前諸大阿羅漢們跟著 如來，一個法一個法這樣現觀過來也花了十幾年，那是因爲往昔就跟著 如來修學很久了，《法華經》中也都講過了。那他張志成比佛世大阿羅漢們厲害，自認爲只要幾個刹那就把相見道解決了。那些阿羅漢跟著 如來成爲阿羅漢以後，如來再爲他們講大品般若講了二十幾年，他們聽完了，終於非安立諦三品心成就了，所以他們已經是阿羅漢就不用修安立諦十六品心，此時 如來告訴他們如何入地，他們憑藉著往世曾經修學累積起來的福德，十無盡願發完了，心得清淨有了增上意樂就入地了。可是如果不是先證阿羅漢果的人，非安立諦三品心修學完成，就得要再修安立諦的十六品心、九品心，這就是《楞嚴經》講的入地前的加行。

那麼，想要成阿羅漢是只要幾個剎那可以修成的嗎？有的人是需要很多劫才能成阿羅漢的，譬如說「**我生已盡**」的人，他已經是初果人了，但他得要七次人天往返才能在人間成為阿羅漢，請問七次人天往返是多久？天上的時間很長，只說生到四王天就好，不用說到其他更長的天，四王天一天等於人間五十年，他一個月三十天，一年十二個月，請問在那裡過完一生，他要多久才下來人間？結果他得要七次人天往返才能成阿羅漢，那是多久？還妄想幾個剎那就可以完成相見道位、可以入地喔！所以，這就要用世俗人的話來說這位闍主叫作不知天高地厚。

以前我講過，如果自己有什麼地方不足而想要藏拙，就趕快用手把它遮蓋起來。這隻手瘦了，就換另外一隻手遮蓋，用另一隻手來比手勢，但這個拙處要始終藏著、掖著，對吧？我常常說：「**如果不懂藏拙，寫越多就是把自己的狐狸尾巴給人家越多根。**」一根就不得了了，他還一直給、一直給。因為眞正的正法可以經得起考驗，我們經歷三次的法難，難道這一次經不起考驗嗎？他們提出來的這些問題以前都發生過，二〇〇三年我們都用書本公開解答過了，但他們不肯讀我們那一些書，大概心裡面想：「**那些是結緣書，我才不讀。**」但那些結緣書的內容是無價的，因為沒有定價格；但我說它眞的無價，它們是寶貝。所以說，有智者「**亦復是**」，或者說「**亦若是**」，應該像這樣建立決擇分，有決擇分以後自己才能去作抉擇。

可是有極少數人還躲在會裡、躲在增上班為他們通風報信，我要勸這幾位少幹這種事，因為這是共造惡業。每一個人都生活在自己的如來藏裡面，七轉識不曾外於如來藏一剎那，連一剎那都不曾；那麼造了業以後，那個業種歸誰收藏？歸如來藏！因為在如來藏中造業，當然落謝了以後成為種子就是在如來藏裡面，不會跑到別家去。可是一定還會有人繼續幹，就像以前的苦岸比丘那一些人一樣，經歷九十九億佛以後，現在連順忍都不可得。

所以他們現在有人去網上貼懺悔文，懺悔說他沒有悟。我同意，我舉雙手加上雙腳贊成，因為他們證得的只是離念靈知而不是如來藏。他們當初下山之前，是被監香老師勘驗通過的，可是下山以後就忘掉了，到底是悟個什麼忘掉了，忘掉了就落入離念靈知中。當然在增上班，我們宣稱是開悟的人才可以上的課，那他既然忘掉了、沒有開悟，又上了那麼久的增上班，當然要公開懺悔。所以我同意他們發表懺悔文，我沒有一點點反對。但是毀謗正覺那個後果，自己要去承擔，我也無法跟他判說這個罪要在地獄關幾劫、畜生道關幾劫、餓鬼道關幾劫，就是由因果去判，我不管這個事情。我只管對或者錯，有人悟錯了宣稱證悟，我要把他導正回來，讓他不下墮，這才是重要的事；至於別人怎麼毀謗，我不關心。

這就是說，你對於法的實證要弄清楚，弄清楚了不會走岔路，將來修學佛法就會一步一步都有成績顯示出來。我開出來的道路很簡單，你把功夫作好、把福德修好、把性障修除了，然後你就可以明心；明心不退、轉依成功了，你接著可以見性，看到如來藏的另一個層面；見性之後身心如幻、世界如幻，這個現觀成就了，可以往第二步走、第三步走，包括怎麼樣入地，我都已經告訴你。將來講《成唯識論》，包括你怎麼樣到達佛地也都會告訴你，所以應當信善知識、信正法。至於誰是善知識、誰是冒充的善知識，經過時間的洗鍊以後自然就分明了。

我今天講了快一個鐘頭，光是爲大家建立正知見講這麼多，不打草稿就這樣講。這告訴大家說，我是懂得什麼叫「法住法位，法爾如是」的人，這只是證量中的一部分，你不用再去故意渲染什麼。因爲能把凡夫地該怎麼修到入地的事情告訴你的人，已經足夠顯示他是善知識了，就不用再說初地、二地、三地、八地的證量，全都不用再講。這樣的一個善知識就足夠你盡形壽奉事供養，何況我還不受供養。

正智出版社印書以三折賣給正覺，正覺出版社再賣給大家，也是打折。正智賣給正覺是三折，那麼盈餘多與少是另一回事，這一些護持正法的福德，就是諸位在各地講堂書局當義工的同修跟我一起攢下來的福德，因爲這些錢沒有落入私人口袋，就捐給正覺同修會。正覺同修會的同修在各地講堂書局輪值賣書，那是正覺出版社賺的，正智出版社賺的雖然有限，也用正智出版社的名義捐給正覺。就算各地講堂都是正智出版社賣書，那大家來輪值，出版社賺了錢也捐給正覺，這有什麼過失？完全沒有過失，結果也要被琅琊閣張志成造謠評論。

你看，這眞的叫作人心不古，那就是別有居心。只要這賺來的盈餘不是落到私人口袋去，那就得了；全部捐給正覺，那就得了。何況正智出版社出資是我獨自出資，沒有拿正覺的錢來成立。而這些書，我都可以主張著作權，可是我沒有拿過正智的盈餘納入口袋中，全部盈餘就是捐給正覺；那正覺的同修來幫忙賣書，這有什麼過失？何況來幫忙賣書是幫教育基金會的正覺出版社賣，不是幫我正智出版社賣。你看，還要被評論得從頭到腳都不是，這就是現在的世道人心。

但這事情我講出事實來，只是給諸位一個歷練、能分辨是非；佛法中的大是大非要分辨清楚，因爲這種事情越到最後那八十年、五十二年越會發生，諸位就多歷練一下，歷練到變成習慣。要變成習慣，你們不要笑，眞的要變成習慣。所以我被辱罵到習慣了，人家上網怎麼罵，我就是不會生氣，因爲我一向都認爲眾生本來如是。五濁惡世的眾生本來就是這樣，你不能要求他們都會很歡喜的跟你和諧相處。不能這樣要求，因爲他們就是故意要找碴；既然是故意找碴，你就把它當作是世間法中的事就好了，你不值得一笑，這樣就好了。

回歸到《不退轉法輪經》來，我們常常說佛法中有四雙八輩賢聖。那四雙就是八輩，八輩就是四雙，那就是《不退轉法輪經》講的信行、法行、須陀洹、斯陀含、阿那含、阿羅漢、聲聞、辟支佛，這剛好是四雙就是八輩人。這四雙八輩人，如來說因爲這些人都是 文殊師利所度的人，所以你問的事情要由 文殊師利來解釋，而 文殊師利講完了，他們一定可以不退轉於無上正等正覺。現在阿難尊者有一個疑問就問說：「這些比丘總共有四雙八輩，他們眞的都不退轉於無上正等正覺了嗎？」因爲他心中有疑，所以提出來問，如來說其中還是有一部分沒有眞的不退轉於無上正等正覺，因爲其中也有一部分人對於這種法，覺得很難信受。

你們看看，現在末法時代退轉的人是不是這樣？這裡都在講這些人，這不是我故意拖到現在來講（大眾笑…）。有一天陸理事長跟我說：「這個經文、論文怎麼這麼恰巧，都在發生事情的時候就講到。」確實就是這麼恰巧啊！二〇〇三年的時候也是一樣，我們《楞嚴經》正在講十習因，說幹了什麼事的人，這樣串習的結果，死後會到什麼地獄去；那種心性的人離開地獄的時候會去當什麼樣的餓鬼，不是一般的餓鬼而是特定的某一種鬼；那種鬼當完以後來畜生道時，有的是「休、徵」等類，當那一種鳥類、那一種動物，然後才能回到人間。他們正在串連發動法難時就正好講十習因。每一次講完，楊先生聽完離去時都是頭頂脹紅。

所以，這個法不是那麼容易信受的，就那麼湊巧剛好講到哪個部分，就是有那些人出事。現在也是一樣，有「**難信者**」；不但如此，還有「**少智下劣**」的人，他們當然也不相信。還有懈怠的人、懶惰的人、少精進的人，你要他們信受這一個法而不退轉也是很難。另外還有就是「**貪嗜飲食近於五欲**」，也有人一天到晚都樂處於憒鬧的境界之中，心中都不想遠離那些境界，然後每天都「**忘失正念**」，對於眞正的法都忘失了，所以他們的智慧生不起來，叫作「**無智慧者**」，這些人也不信眞正的正法。

還有就是心中「**無正定常驚亂者**」，這個定不是講禪定的定，而是講定心所那個定，就是制心一處而不動搖；有的人實證這個第八識以後，心中絕不動搖，不管誰來講，找上所謂的大善知識、大法師來講都沒用，他就是信這個如來藏；可是有的人禪三下來以後，被人家一恐嚇就退轉了，人家說：「**你這個是大妄語喔！這個怎麼可能是如來藏。**」他就想：「**嗄？這個不是喔，那我怎麼辦？**」於是他在那邊猶豫、猶豫，然後來增上班上課以後，聽一聽又想：「**對啊！這個是如來藏，沒錯啊！**」可是回家又被恐嚇，又猶豫了，所以他就這樣搖擺不定。

這個搖擺不定的時間或長或短，要看他們的因緣，有的人需要很長的時間不斷的猶豫，最後才下定決心說：「**他們講的問題，你看，我繼續上課以後全部都解決了。**」這個時候才算心得決定，所以他的開悟是要從這個定心所生起的時候算起，我在禪三給他那個印證不算數；就是他心得決定的時候絕對沒有驚亂，就這樣認定下來。那麼如果「**心無正定常驚亂者**」，他是不會信受這個法的。

接下來說，增上慢的人或者取著增上慢的人，他們也不會信這個法，因爲他們的意識心很堅強而死不掉。修學佛法最難的就是先要把自己給死掉，可是什麼都可以捨，就是理上這個命不能捨，竟然修學佛法要把自己給捨了，那怎麼可能？所以這個最難。增上慢的人，見取見非常嚴重。所以你們看那琅琊閣，他們那批人一天到晚指責說我們講錯法了，但他們引述經文、論文出來想要證明他們講對了，可是那些經文、論文的實質上都證明我們講的才對，而他們誤會經論後卻要求我們要改，那我問諸位：「**那乾脆讓他們來爲諸位講經說法，我離開好了，好不好？**」（大眾答：不好。）呵呵呵……爲什麼不好？因爲他們的法經不起檢驗！

所以，我們經過三次法難的檢驗，現在不用他們再來檢驗了，他們提出的問題，二〇〇三年時全都質疑過、全都回答過了；至於那些事相上捏造的說法，也是跟二〇〇三年那一批人一樣。以前他們說這蕭老師貪了多少錢，現在這一批人不也在講我貪多少錢嗎？還不是一樣！結果到今天，我還是在佛前講：「**我沒有貪過會裡一毛錢！**」何況如果正智出版社賺的錢，我據爲己有，法律上也是理所當然的；因爲出版社是我開的，錢是我出的，書是我出錢印的，著作權也是我的，因爲書是我寫的；我大不了各個講堂每一天晚上我發多少薪水給義工菩薩就是了，其他的盈餘我個人收起來不行嗎？行啊！可是我沒有這樣作，所有的盈餘都是捐給正覺了。那正覺同修會的同修們就來書局當義工，這個福德跟我綁在一起，不好嗎？（大眾答：好。）好！因爲這個錢是用出版社的名義捐給正覺，那這些當義工的人就跟我綁在一起，未來世跟我就有緣，這是好事，應作如是觀。可是有的人，他們有增上慢，而且心中老是想：「**我很愛錢，我喜歡貪污，我就不信你蕭老師不貪污。**」這是世間人的常法。

可是菩薩會想：「**我不貪污，所以大家應該都跟我一樣不貪污。**」所以正智出版社的帳，打從一開始我就沒有干預過，我從來不管出版社的帳，因爲我想：「**我**

不貪財，那幫我執行出版社業務的人也不會貪。」我就這樣看，所以那一句話講得還眞對：「眾生看佛，佛是眾生；佛看眾生，眾生是佛。」眞的講對了！那些有增上慢的人是不可度的，因爲增上慢伴隨著一件大惡業，叫作大妄語；增上慢一定會犯大妄語，這個無可避免。那麼有的人還「取著增上慢」，他對於增上慢取著不捨，當有人告訴他說：「你這樣就是增上慢。」他不同意，他要維持那個狀態，這種人也不可能在無上正等正覺中得不退轉。

接著就是「貪著己身樂於壽命不觀無常」，他們每天很努力維護五陰的自己，除了如此，還每天拜　藥師佛求長壽，都不觀這個五陰身心是無常的。他們還一天到晚「多諸貪嫉愚癡無智」，你想，我弘法以來遇到這種人到底多不多？多啊！說他們「愚癡無智」，眞沒有講錯人；因爲善知識苦口婆心告訴他們什麼叫作眞見道，什麼叫相見道，什麼叫作通達位入地；都講得夠分明了，可是他們偏偏不信。我講得很清楚了，有《成唯識論》的文字作依據，也有經文作依據了，還不信，那眞叫作「愚癡無智」。

那麼「愚癡無智」的結果就會「毀破禁戒」，但他們連犯戒都不當一回事。當他們寫文章在網路上貼出一句毀謗語句時，難道不知道那是毀謗善知識嗎？毀謗善知識說的正法時，同時就是謗佛與謗法；其實他們也知道啦！只是故意裝作不知道。所以故意毀謗善知識，那就是「心生惱害」，就是惱怒善知識，要害善知識，目的就在這裡。這些人敢這麼幹，是因爲「於佛法中起於疑惑」，他對於佛法生起了疑惑：「到底善知識講的對不對？」那善知識就得要每週講一點、每週連續不斷的講、不斷的講，只差沒有耳提面命。

但這一些人「見無智者近惡知識」，是他們的正常狀況，喜歡跟那一些沒智慧的人混在一起，老是親近惡知識，可是我要問諸位：「惡知識是不是都長得橫眉怒目一臉橫肉？」不會！有個同修來跟我小參，說他遇見了天魔，我說：「我告訴你，天魔一定示現爲一個年長者很慈祥的模樣，你遇到的是不是這樣？」他說：「對啊！您怎麼知道？」呵呵！天魔當然要這樣示現，如果他橫眉怒目一臉橫肉，誰信他？他這樣示現讓人覺得：「哇！這是個老長者，和藹可親啊！」那就相信他，相信的結果就是近惡知識，近惡知識就會導致「遠離善知識」。

「遠離善知識」的結果，只要誰說起某某善知識，他就毀謗說：「哎！那個人沒用啦！那是個壞人都在誤導眾生。」這叫作「亦不恭敬善知識」。那他親近惡知識的結果，當然「不學般若波羅蜜」。他喜歡學的都是表相的佛法，叫作相似佛法，相似佛法簡稱像法，就是好像佛法。那諸位，現在是像法時期嗎？是什麼時期？（大眾答：末法。）唉呀！末法時期了！所以，末法時期有琅琊閣這一些人也是正常；但是，諸位要慶幸的是：「好在我不是琅琊閣這一批人！」因爲你的心中是正法，他們是在末法，應作如是觀。

那麼現在談到「般若波羅蜜」，我要請問諸位：「般若波羅蜜的前一度是什麼？」靜慮，靜慮前一度是什麼？精進，精進前一度是什麼？忍辱，忍辱前一度呢？（大眾答：持戒。）再前一度呢？（大眾答：布施。）布施，這是有次第的。我這一世初學佛第一年，就能爲人略說菩薩道，依六度的內容來講菩薩道。這是我才學佛一年，就懂得這麼多，也沒有人教過我，表示這不是此世學來的。那麼我也講過《優婆塞戒經》，《優婆塞戒經》把六度講得很詳細，諸位有沒有忘記了？呵呵呵！大概忘記了。

《優婆塞戒經》裡面，佛說：「布施是持戒的基礎，一定要把布施度修好，以布施度作基礎才能好好持戒。」意思是說，布施沒有作好的人，他持戒不會持好，他心中總是常常會生起害別人之心來使自己得利。布施就是捨慳貪，布施已經習慣的人，一世一世都會送東西給人家，但是他不會想要從別人那裡去獲得什麼，這樣的人持戒當然不會有問題；所以 佛說布施是持戒的基礎，持戒能持好的人才能修忍。持戒，譬如說十重戒，一般性的戒不談，十重戒裡面有一條不毀謗三寶；毀謗三寶是很容易犯的事情，那為什麼會毀謗三寶？因為心中不忍，於無生法不忍，特別是大乘法的本來無生。二乘菩提是將滅止生，大乘菩提是本來無生，這個本來無生之法要忍，很難！也就是說，你證得以後，能夠堅持下去不退轉，這才叫作得忍。

那麼修忍，包括眾生忍、包括法忍都在內。所以要修忍之前，先要將戒法持好。也就是說，有戒體在的時候，縱使「**善知識講那個法，我不太信，但我不敢謗。我不會謗，我也不敢謗的結果，我就忍下來，忍下來繼續修學，有一天實證了就可以不忍而忍**」，所以修忍要以持戒作基礎。那如果想要修精進，要以得忍作基礎，如果於這一些法、於眾生不能得忍，要精進也難，所以只有忍修好的人才能眞正的精進。精進修得很好的人，他對靜慮就有方向，他也懂得怎麼樣去作靜慮。所以，參禪通常都不會去熱鬧的地方去參，都是在安靜的地方參。靜就是安靜，慮就是思慮；思慮看看「**哪個是我的如來藏**」，要去思慮這個，這個才叫作禪；定呢，是說你經由禪這個靜慮以後，心得決定，於是住於不起語言妄想的境界中，所以就叫作禪定。

修學四禪八定也要靜慮，否則你不能成就的。這個靜慮已經修學過了，懂得要怎麼樣參禪了。這個靜慮的功夫有了，才能修學般若，否則修學般若沒有用，跟釋印順一樣，把經典翻爛了也沒有用。得要先有這一個無生忍的修忍功夫在，然後才能精進不退去作靜慮，靜慮作好了才去學般若。也就是說，要懂得《大品般若經》、《小品般若經》到底在講什麼心？眞的想要懂，後來才知道說：「喔！原來它在講無分別心。」至於無分別心到底是哪一個？要去參禪，就要學怎麼參禪的法，那就是修學靜慮。現在張志成說阿賴耶識是分別心，能分別五塵或六塵，那麼依他所說，就得再找另一個第九識了；但是佛法中沒有講過第九識，不論是前佛或今佛。

修學靜慮就是要學習怎麼尋覓第八識無分別心，所以禪淨班裡面告訴你要怎麼參禪，後面有講參禪的方法，包括四十則要注意的禪法知見等，也包括跟諸位講四加行，這都是靜慮度（般若度）之後，就告訴你怎麼樣來實證般若；然後，你修學般若的時候就告訴你四聖諦、八正道、十二因緣，以及觀行斷我見的內容，最後再跟你點出來，結果你就是要證第八識如來藏，這樣才叫作修學般若；所以般若不是一般人可以學的，一般人往往前五度不修，只要修第六度般若。

第六度般若實證以後就進入第七住，剛進入第七住位，就好像第七塊餅的一半，世尊不是講了一個典故嗎？說有個愚人吃了一塊餅沒飽，第二塊餅沒飽，吃到第六塊餅還沒飽，第七塊餅吃了一半說飽了，他說：「**早知道，我吃這半塊就好了。**」其實不是這樣的！你必須前面那六塊餅要把它吃完，否則你吃那半塊餅就只是第一塊餅的一半。這在《優婆塞戒經》已經講得很清楚了，我看他們是沒讀過我講的這部經，所以主張說：「**不用布施，來我這裡學都不用布施，也不用受菩薩戒，什麼都不用，你只要來我這裡直接實證就可以了。**」問題是他們說的直接實證是要證什麼？說是要證三無性。那麼回到我們上週講的，不用證圓成實性就可以證三無性，那叫作空中樓閣。所以這一些人，我們就說他們「亦不恭敬善知識，不學般若波羅蜜」，因爲般若波羅蜜講的就是第八識心，他們卻是否定，怎能說是在修學般若呢。

接下來這一句點出重點：「不修陀羅尼諸經之王，常起妄見；」陀羅尼叫作總持，它攝持一切法，這叫作總持。這個總持是諸經之王，那請問這個總持到底是什麼？（大眾答：如來藏！）對啊！不叫作星星知我心，我說諸位都知道我想要講什麼。因爲如來藏就是經王，很多經都在講「此經、此經、此經」，「此經」講的就是如來藏，結果他們不修這個諸經之王，不修這個陀羅尼，那他們當然「常起妄見」。所以你們看，以前三次法難退轉那一些人，他們如果把經文、論文（當然那一些外道論師寫的邪論不算），把正經正論他們依文解義的時候都不會錯，乃至有時稍加發揮也不會錯；可是他們一旦把這第八識否定了，不必發揮，一講出來就錯；因爲這諸經諸論講的，都是這個陀羅尼，都是這個第八識心；第八識心總持一切佛法，所以祂是諸經之王。諸位眞的有正見，一聽就知道。

既然不修這個第八識陀羅尼諸經之王，他們又想要得到佛法，可是外於這第八識就沒有佛法了，那他們怎麼辦？只好打妄想；打妄想是唯一的一條路，可是這一條路能走到盡頭嗎？走不到。因爲善知識慈悲，一定會出來指證這樣不對；他們又不聽勸，就只好「常起妄見」，這就是正常的事，末法時代就是這樣。然後執著於妄見以後「得於惡師」，這眞的是很難過的事情，好好一個人發善心來學佛，結果遇到了惡師就被作了邪教導。被作邪教導之後，在佛法中就沒有出路。佛法的出路就是見道，結果他沒有出路，怎麼樣尋找都找不到一個眞正可以驗證爲正法的法，最後就放棄。

以前很多出家人是這樣，剛出家的時候滿懷著希望，想要實證佛法，結果混了一大圈之後，每一個道場都去過之後就放棄了，說：「原來到處都沒有法，反正這個末法時代就是沒有辦法實證了。」所以，以前佛教界如果有人說到：「學佛要求開悟，學佛眞的可以開悟。」人家就罵：「你別妄想了，現在是什麼年代了。」以前淨空法師也最常這樣講，只要有人敢講什麼體究念佛、實相念佛，他就罵：「現在是什麼年代了，能夠好好把六字洪名持好就夠了，唸到死也不要把它放掉。」可是我去見過他以後，過了一年多，他也在講體究念佛、實相念佛；這就是有善知識跟沒有善知識的差別。很多人當初出家的時候，滿懷著非常高尚的心情，想要來把佛法好好推廣，就想：「**那推廣之前，我得要先實證。**」所以進了山、蓋了茅棚，好好在那裡用功；後來自己用功不得，結果就到處去參訪善知識，參訪完了卻說：「**他們都跟我一樣，沒有比我行，可是我明知道我自己沒有佛法。**」只好放棄。放棄之後無所事事，幹嘛呢？那就「**貪樂衣鉢**」，這個是正常現象。

我有熟識的比丘、比丘尼，每年總是到了秋天，就在討論：「**今年要做什麼僧服？**」就這樣啊！所以這是正常現象，沒有什麼值得奇怪的地方。這樣的人於正法不得忍，對於「**和尚阿闍梨**」就沒有恭敬心。「**和尚阿闍梨**」有傳三歸依的，有傳戒的，也有授學正法的，至少有三種「**和尚阿闍梨**」；不論對哪一種阿闍梨，他們都沒有恭敬心。出家時為他傳戒的阿闍梨，他心裡得要有恭敬心；剃度他出家的依止常住阿闍梨，他得要有恭敬心；幫他三歸依圓頂的阿闍梨，也要有恭敬心，本來就應該這樣。結果剃度了以後，他去受戒，受戒完了以後就對剃度師不恭敬了；將來哪一天得法了，他對授戒師又不恭敬了。那你說像他這樣出家幹嘛？沒意義了。所以對「**和尚阿闍梨**」要有恭敬心，即使和尚沒有實證，而你實證了，還是要有恭敬心，因爲畢竟是他剃度你出家，或者他爲你傳戒，應該這樣想。

如果沒有恭敬心的時候，他就「不樂親近」。不樂於親近阿闍梨的人，於法就會懈怠，所以於初夜、中夜、後夜「心生懈怠」。「心生懈怠」的人，見了同修、見了道友，就是東家長、西家短，一天到晚都在談是非，不是談佛法。我們常常說：「二〇〇三年那一批人，就是泡茶泡出問題。」我現在每天泡茶喝，是因爲現在年紀大了，不喝茶還眞不行；可是我泡茶獨喝，不邀人分享。他們泡茶，就是邀集一群人來一起泡，一泡就是一個下午，然後一個下午都在談論是非，後來就退轉，變成兩舌之人了；因此跟某甲說某乙講你的壞話，跟某乙說某甲講你的壞話，就是兩舌。然後正法難信，他們不相信正法，「好喜妄語」。妄語有世間的妄語，也有出世間法的妄語，「未得謂得、未證言證」都是妄語，「見言不見、不見言見」也都是妄語。

然而這樣的人，正是五濁惡世的眾生心性具足圓滿，所以動不動就惡口，心中充滿了貪嫉，一天到晚「親近邪見」。這樣不斷的串習邪見以後，他們修觀行的時候，會是正觀嗎？當然是邪觀。有了邪觀就「不好學戒」，就會覺得：「那些戒都是在鄉人用的，我才不管它呢！」所以一天到晚就會犯戒，然後「心無慚愧，無所顧畏」。作壞事的人，他要幹壞事以前，一定先四處看看有沒有人，怕人家看見，這還有救。如果他直接就幹了，根本不管身邊有沒有人，不怕人看，這個人無救，因爲他都「無所顧畏」。所以如果有的人心想：「我愛怎麼寫，我就怎麼寫；寫了，我就把它貼上去，反正你也不知道我是誰。」問題是，他自己知道自己是誰，而他活在自己的如來藏中，如來藏也幫他記錄著。然而外人難道不知道嗎？當然會知道啊！因爲每一個人寫文章都有一些固定的習氣在，人家從那一些文字裡面分析，就知道這個是誰、那個是誰，只是不想戳破而已，不可能是永遠不知道。

因此說，有所顧畏還是好的，如果只是從口中說出來的，能聽到的畢竟是少數人，可是如果貼到網站，多少人會看見呢？那麼罪業的大與小，就從這一件事情本質是不是嚴重、以及閱讀的人多少來確定他的罪業。所以世間法中的聰明人專幹傻事，眞正有智慧的不是聰明人，不會幹這種傻事，因爲現見一切如幻，而自己一天到晚都住在如來藏裡面，這一些業造了以後，不會落謝到別人的如來藏裡面去，那又怎麼會去幹惡業？

那些沒有現觀的人、證不到如來藏的人，他們就敢作：「因為你說我活在我的如來藏裡面，我又看不見，我才不信你呢！」可是能現觀的人很多，不是只有我蕭平實一個人；當大家告訴你是這樣，你就應該信，因為這是自心現量。所以不論作什麼，要對如來藏負責；因為將來死的時候，是如來藏會對你負責，你現在給祂什麼種子，祂將來就給你什麼異熟果報；一來一往絲毫不亂，祂不會亂掉的。「你現在給我這個種子，未來當你死的時候，我就給你那些種子的果實作回報。」祂就是這樣，非常公平。

這一種「心無慚愧，無所顧畏」的人，他們不懂這個道理，所以最後他們「親近愚癡」的人而且樂行於外道法。這樣的人，對三三昧是不相信的，所以空、無相、無願，他們根本不相信，更不可能實證。那你再跟他講說：「有一個法是不生不滅的，叫作無生無滅法。」他們更不信。所以你告訴他們〈百法明門〉或者《瑜伽師地論》的六百六十法明門，他們全都不信。有的人聽我講《瑜伽師地論》講了十來年，可是聽不懂；也沒辦法，所以就退失了。

如來最後作個結論說：「阿難！如是人等難可解悟。」所以，你只要看他們有沒有符合 如來這一段聖教的開示，便知如果有一部分吻合，即使是只有一個小部分，他們就不會信受的。他們對這個本來無生的大乘法絕對不會信受，那他們就不可能得到無上正等正覺，更不可能不退轉於無上正等正覺。世尊這樣講的意思是說：這百千萬億眾生不是全部都不退轉於無上正等正覺，還是有一部分人會退轉。會退轉的人具有哪一些特性，如來把它講了出來。世尊這樣講完以後，就「默然而住」，不再講了。大家是來聽 世尊說法的，結果 世尊竟然不講了，那一定是有原因。有原因，可是眾生不一定知道什麼原因，如來就會以祂的威神之力讓阿難瞭解，所以阿難就會上來請問了。那我們看阿難尊者怎麼問？

經文：【是時阿難承佛神力，問文殊師利言：「如來何故默然而住？」文殊師利答言：「於末法中，後未來世多有眾生，在於彼世成就如是心；不信法，不能解了，是故如來默然而住。」阿難言：「復有眾生能信如是法不？」文殊師利答言：「亦有眾生少能信者，阿難！少有眾生能識於寶，多有眾生不識是寶。阿難！少有眾生能

生信解，如是說法城邑聚落，多有眾生棄捨不信，何以故？是彼眾生宿世因緣，本作謗法罪業障故。」】

語譯：【這時候阿難尊者承蒙佛陀給他的威神之力，就敢上來問文殊師利菩薩說：「如來講到這裡爲什麼就默然而停止，爲何就不再說了？」文殊師利答覆說：「在末法的年代之中，接下來的未來世裡面會有許多的眾生，他們在那個世代之中成就了像世尊剛才所說的那樣的心境；他們不信佛法，對佛法也不能生起勝解或了知，由於這樣的緣故如來默然而住。」阿難尊者又說：「那麼到那個年代，還會有眾生能信受這樣的法嗎？」文殊師利菩薩答覆說：「也是有眾生能信受這樣的法，但是很少有能信的人，阿難！到那個世代中很少有眾生能認識這個法上的珍寶，大部分的眾生都不能認識這個法就是寶貝。阿難！很少數的眾生對這個法能產生信受和勝解，像這樣說法的城邑和聚落雖然很大，可是大部分的眾生對這個勝妙法都是捨棄而不信受的，爲什麼是這樣呢？這其實就是那一些眾生們的過去很多世以來的因緣，由於他們本來就作過謗法的罪業而產生障礙的緣故。」】

講義：以前《佛藏經》講過業障，諸位很瞭解了；現在這裡再提業障，諸位就容易懂了。所以，業障在大多數眾生的身上是存在的，即使在佛門中出家號稱是三寶弟子，他們身上的業障也是存在的，只是我們不方便講。事實上，很多人進了正覺同修會來修學，業障算是輕的，否則進不來。可是有些人進來以後，其實業障還是在，想要證得這個陀羅尼經王根本不可能；如果不是善知識幫忙，要等到驢年馬月到來才有可能，這是事實。因爲幾乎每一個人都有業障，只差輕重而已。在無數劫前，我也是有業障，但是我走得比較早，我如今已經走過來，到今天這個境界。那麼如果比我晚一大阿僧祇劫，他想要一悟就完成一大阿僧祇劫而入地，諸位想想看：「這有沒有可能？」你說沒有可能，但他們可不這樣想，他們想的是：「只要一悟就是通達位，就入地了。」可是現觀如來藏阿賴耶識的眞如法性，這是第七住位就能現觀的，卻只是第七住位；然而如果他們的業障重，你告訴他們這個道理，他們就是不信。

那麼有的人業障重，不是只有眼睛業障重，而是連耳鼻舌身意都重、都有業障，所以二十五圓通法門，你不論從哪一法門要幫助他，永遠沒門，那業障眞的是重。然而業障這回事，現實上存在著；所以〈菩薩底憂鬱〉，我跟諸位講了：「佛法雖易證，無明成障。」無明爲什麼滅不掉？這就是個關鍵。有的人滅無明很容易，你跟他講道理講清楚了，它就滅了，剩下的只是要怎麼樣去找到如來藏而已；找到了，他就決不退轉，心得決定。可是有的人，無明很深重，你再怎麼爲他說明，他就是不能勝解；沒有勝解就不會有念心所，他心裡就不能得定。所以業障眞的存在，而很多人有業障，這沒辦法經由開示就一次解決，所以 如來說完了以後就「默然而住」。

想想看，以前苦岸比丘那四群人，經歷九十九億佛奉事供養直到現在，那是經過多少阿僧祇劫的事情了？來到 釋迦如來時依舊連個順忍都不可得，也就是連降伏我見都辦不到，不要說斷我見；若要談到證眞如，那就別提了。所以 文殊師利菩薩才會說：「在末法時代中，後末來世多有眾生，」就是有很多很多的眾生，「在末法的世代當中成就這一些懈怠、懶惰、不信的心；因此他們不信法，不能解了。」不信的人是業障最重的人，你跟他講第八識如來藏，他扭頭就走。你要是追上去跟他講幾句話，他就馬上跟你否定說：「那個叫作外道神我，你不要跟我講。」那種人，業障最重；那種人，現在死了一個，一百零一歲死了；其他的人還在，你要勉強他們信受第八識妙法，沒門！

那麼即使你苦口婆心爲他作說明，他也不信受。爲什麼不信受？因爲他都聽不懂，你告訴他說：「**於無分別中能廣分別。**」他說那就是分別心，可是明明你告訴他說：「**祂是無分別的，祂在無分別裡面能夠作很多很多的分別。**」你再怎麼解釋，他也聽不懂。那我問諸位，因爲我相信在座也有人聽不懂，我就問諸位：「**你早上喝過粥，中午吃過飯，到了傍晚知不知道餓？**」（有人答：知道。）「**那是誰讓你知道餓的？**」對啊！祂就這樣運作，祂不分別六塵，可是祂知道應該怎麼運作而讓你知道餓。

這只是舉出萬萬例中的一個例子，所以說祂能分別，所以祂才叫作阿賴耶「識」；完全不分別就不能叫作識了，但祂的分別不在六塵中。因爲大眾都在六塵中分別，叫作有分別心；而祂不在六塵中分別，就把祂叫作無分別心。可是《金剛三昧經》告訴你說無分別中能廣分別，所以說：「**菩提之性則無分別，無分別智分別無窮。**」祂分別的東西可多著呢！你都沒有辦法在那方面分別，而祂能夠廣作分別，所以祂叫作識；可是祂仍然要叫作無分別心，因爲對眾生而言，你要告訴他：「祂無分別，因爲祂對六塵境界都不分別；而眾生所分別的境界，都是六塵中的境界；所以祂叫作無分別心。」今天講到這裡。

《不退轉法輪經》我們上週講到七十頁第二段第三行：「是故如來默然而住。」但是阿難尊者緊接著又問了一個問題：「復有眾生能信如是法不？」阿難尊者是所有弟子中最快成佛的人，但問題是，他爲什麼還問這一句話呢？這到底是不知道或者說他是明知故問？（大眾答：明知故問。）諸位答對了，他明知故問，因爲這個法確實難信。諸位想想看，去打禪三，如果沒有先把你的我見砍掉，如果沒有先告訴諸位：「你根本都活在如來藏所示現的相分之中。」這道理也沒先爲你解說，那麼幫你證得如來藏之後，你心中是不會生信的，一定有所疑。

我們弘法以來，前兩批退轉的人，以及現在要成爲第三批退轉的人，然後還有三次的法難，加起來總共六次，這一些人後來對如來藏都不信受。當然啦，二〇〇三年那一批，他們後來有回歸如來藏、回歸阿賴耶識了，可是他們發動法難的時候就是懷疑：「這個不是眞如，這個不是如來藏。」因爲太難令人信受。就好像說有一個人，我來比喻一個很有趣的例子，有一個四川人，他突然間到處嚷嚷說：「我的孩子呢？我的孩子呢？」他提著鞋子到處跑說：「我的孩子呢？我的孩子呢？」然後大家聽了，一直幫他找孩子，但都找不到，後來他忽然一動手說：「啊！我的孩子在這裡。」四川人說鞋子時發音叫作孩子；大家幫他找孩子，結果他是要找鞋子，說：「啊！原來我的孩子在這裡。」他拿在手裡，但他不知道。

那麼一般人對如來藏、對阿賴耶識「日用而不知」，每天在用阿賴耶識，等你問他說：「哪個是你的阿賴耶識？」又不懂了。等到有一天，你幫他悟得阿賴耶識時他心中生疑，第一個疑：「這個哪裡叫作阿賴耶識，這個是我覺知心的自性。」所以他起疑，他不信受這就是如來藏。第二個疑：「全球學佛的人那麼多，我難道眞的這麼有幸，可以遇到眞善知識，可以證這個法嗎？我的福德好像不太夠呀！那我現在證的這個，應該不是眞的。」第二個疑。第三個疑，是疑善知識：「我看這個善知識，熱了也得揮扇子，冷了也得搭衣；餓了，他得吃飯；累了，他得睡覺；他沒有神通，還不是跟我一樣，難道他講的都不會錯嗎？」這就是第三個疑。所以一旦有一些事情使他覺得不順遂了，他就起來造反，這是我們經歷三批退轉的、另外三批法難的人就是這樣子。

那麼退轉的人退轉就算了，可是發動法難的人，他會自以爲是，因爲他對人有疑，也疑這個善知識，所以他會以爲說自己的證量更高。可是禪宗有一句話說：「**見與師齊，減師半德；見過於師，方堪傳授。**」禪宗有這一句名言。假使你悟後，你的見地跟你的師父所說法平等，沒有超出，但也沒有比他差，就是「**見與師齊**」，那你的智慧及解脫的功德都要減去師父的一半功德，因爲是師父幫助你悟的；師父想要再繼續指導你，有個條件說「**見過於師**」，你的見地得要超過師父，然後給你下個註腳說：「**方堪傳授**」，說這樣子師父才會認爲你是可以傳授正法的人。

我們經過三次的法難，退轉的人不會質疑法，法難發動的人都質疑法。可是當年三次法難都有親教師跟著退轉，所以叫作法難，如果沒有三位或以上的親教師退轉就不叫法難。那問題在哪裡呢？問題在我們最早期的開悟是找到如來藏就算數，這是禪宗的勘驗標準。所以我有時候常常想，這個問題還眞有趣，到正覺同修會來，到底是一來就悟了比較幸福，還是現在悟的比較幸福？我常常在想這個問題。有人覺得說應該現在經過千錘百鍊才悟的比較幸福，因爲悟得深就不會退轉。如果是十幾年前悟的，二十年前、三十年前悟的，那時悟得淺，所以會退轉，所以那時候悟的人比較不幸福。可是我最後想明白了，我說其實現在悟或最早期悟的，沒有所謂幸福不幸福的事，幸福或不幸福各依其人而定；也就是說，依他的心性來決定他悟了以後幸福或不幸福。

所以你們看，我們這些親教師們上山去當監香，他們的智慧多麼好，並沒有因爲是很早期悟的，智慧就不好。所以你們看看張老師、陸老師、孫老師，他們那一輩的還有好幾位親教師，他們那一輩的智慧都很好，並沒有因爲早期悟的就變差。所以幸福與不幸福，悟得深與淺，全看自己的心性；假使心性中沒有上慢或增上慢，悟後繼續修學下去，越學越深入，怎麼可能退轉？因爲除此而外，再也沒有第二個法能是眞如了，除了這個法能生蘊處界以外，再沒有第二個萬法的根源了。那麼有人說：「我可以再證一個第九識，比你第八阿賴耶識更厲害。」那叫作妄想，因爲再怎麼找，都不會有一個能出生阿賴耶識的心；所以只要誰說他有一個更勝妙的法，比蕭平實的更好，那個法是出生阿賴耶識的心，更高一級；我說其實是更低兩級，因爲那一定是意根之下的意識，這都是很容易判斷的事。

所以說這個正法難信、難解、難悟、難入，眾生因緣不到的時候，他的正知見還不到的時候，一定會懷疑而不信受，所以阿難尊者就請問這一句話：「復有眾生能信如是法不？」正常！如果悟的是世間法，則少有退轉者，因爲眾生最寶愛自己，所以悟得意識的變相或者意識自身，永遠不會退轉。除非他學佛學得夠久，又遇到個好的善知識，又加上沒有惡緣，否則都會不信而退轉；如果遇到世間法，他不會退轉。但因爲這個第八識妙法難信、難解、難悟、難入，所以當那麼多的有情悟入這個法的時候，阿難尊者提出來問。

所以，你們在路上走著看見很多穿著袈裟的人，就認爲說：「他們應該可以證悟吧！他們都出家了，是專業的修行人。」可是他們也難信這個法、難勝任這個法。所以，須菩提後來不是轉世爲菩提達摩嗎？他就講了：「諸佛無上妙道，曠劫精勤，難行能行、非忍而忍，豈以小德小智輕心慢心欲冀眞乘，徒勞勤苦。」說得好啊！所以爲什麼禪三的時候很多人說我見斷了，參禪的時候進來小參講到所證的如來藏時，只要帶有一點點意識的作用，我們就把他殺掉，就打回票重新再參，爲什麼呢？因爲他所悟的那個如果是帶有一點點六識心或者意根的自性，那就是七轉識，這是很簡單的道理。

所以如果有人告訴你：「**如來藏可以了別五塵，因爲五塵是祂的所緣、是祂所生。**」這個叫作虛妄說法，因爲這五塵是內相分中的五塵、是如來藏所生的，但如來藏所緣的是外六塵，那所緣能變成所慮嗎？不能，那又怎能了別五塵？而且說句老實話，如來藏只有五遍行心所法，祂怎麼能了別五塵？所以，當他那樣講的時候就表示他回墮於意識境界中，他不是增上而是下墮，是墮入意識境界中，跟前五識混在一起了，他以爲離念靈知是不分別心，所以認爲不分別法塵。能分別五塵或六塵的都叫作分別心，然而阿賴耶識叫作無分別心，從來都不分別六塵境界的；所以這表示什麼呢？表示這個人退轉了，錯將離念靈知心當作阿賴耶識了。如果是實證第八阿賴耶識而能夠現觀的人，能夠了知祂的許多自性的人，就知道阿賴耶識絕對不了別六塵，他也可以確認十八界中的六塵是如來藏變現的，變現出來之後不了別它，由七轉識去了別。

所以如果因緣還不夠的人，你幫他證悟了，他沒有勝解時很快就忘失了，最後想來想去就回墮於識陰中，落到六識的自性裡面。這是我們弘法大約三十年來不斷經歷的事實，所以這個法不容易信的。那我也說：「有的人去打三，有時候我會看在他的親屬的面子上，動手去幫忙。」我希望的是說：「他們可以一家人都學這個法、都證這個法，一家人都往上提升。」就像世俗法說的：一人得道，什麼升天？（有人答：雞犬升天。）我很喜歡這句話。可是有時候幫錯忙了，因爲他的緣不具足。那麼緣到底要具足什麼才能開悟？你們把禪三報名表正面寫完了，翻過來，看看後面是什麼？你看，那四欄擺在那裡，那是親教師要評審的四個內容，然後後面還有六部（以前叫作六組）都要作評審。然而有的人勉強上山，我看在親人的面子上幫了他，結果反而壞事。

我上週有談到有人退轉是怎麼回事，現在他寫了一封公開信給我，說我是賴給監香老師。但我上週有賴給監香老師嗎？沒有啊！我說的是：他有經過監香老師層層關卡的考驗，才能送到我這邊來，我再給題目整理以後，再幫他印證。我沒有說因爲監香老師放水或怎麼樣，並沒有啊！他現在寫文章說我賴給監香老師，說他不是從監香老師那裡通過考驗而直接到我這裡來印證，而是說我賴給監香老師，或是意味著我說的是監香老師放水給他通過，所以他能到我這裡來，由我幫他印證。我有像他寫的這樣講過嗎？都沒有啊！可是他爲什麼要那樣寫？我也不知道。他的想法是，反正你既然讓我對你沒有好感，你就什麼都錯了。就是這樣，那就是五濁惡世的眾生，沒辦法，所以我說這個法難信難解。

難信難解，這還只是眞見道。眞見道之後要如何進修？以前這琅琊閣的閣主說，證悟眞見道不是證第八識，現在好像他們同意而改爲說是證第八識叫作眞見道，好像同意了（我說的是「好像」）。然後我說見道沒有辦法一見就入初地，他們卻始終主張一見道就入初地。我說：「不！眞見道之後還要進入相見道位，相見道位有兩個部分：第一個、非安立諦的三品心；第二個部分、安立諦的十六品心跟九品心，那是要證阿羅漢果的。」我聽說他們好像對這一點開始認同了，我也是聽說的啦！作不得準。他們是不是眞的這樣，現在沒有明確的證據。

那他們兩個部分、三個部分都錯了；這是佛法實證中最根本的知見，還不是入地以後的事，這還是在見道位中很根本的法義；可是他們錯了也沒有承認自己講錯了，然後繼續否定正覺，於事相上捏造假事實繼續否定人格，又在法義上自己繼續曲解而寫出新的東西，繼續曲解說正覺錯了。可是前面我說他們錯的三個部分，爲什麼他們沒有發出聲明說：「我們錯了，我們要改正。」都沒有認錯。

我相信他們對《成唯識論》還有許多、許多的錯解，因爲《成唯識論》的言詞太洗鍊，那是爲行家寫的，本來是用來提示自己：如果外道或聲聞僧來質問時，有多少方面可以快速反駁他們。那是一種提示性的內容，後來回到中國，把梵文寫的《成唯識論》加上自己寫的論，轉譯成中文而合譯爲一論時，我說得白一點，仍然不脫於提示性的性質；所以很多人讀《成唯識論》的本文時，老實說，絕大多數人是讀不懂的。因爲《成唯識論》的內容，你必須跟前一段、後一段去對照，才能確定它在講什麼。可是有的人不這樣作，也沒有前後貫通，然後取其中的一段說這叫作什麼，結果就錯了，成爲斷章取義甚至斷句取義，跟釋印順一樣。

我相信他們未來還會寫出很多的錯誤，但是我何必要一一爲他們解釋？他們寫出來質疑，我就得一一跟隨著立即解釋喔？不需要！我還是依照我的工作順序，當我講完到夠出版一輯時就出版一輯，預計六年內把它講完。弘法的早期我是講了《成唯識論》大約四年，那時講得比較簡略。現在既然要成書流通於後世，當然就要註解得比較圓滿，所以我今天寫到一百十九萬字了。但是我不會提前出版，等他們寫了很多錯解的內容，上網流通也都被下載存檔了，等我出版時一比對：「唉呀！糟糕了！我這裡也錯、那裡也錯，早知道，當年不要寫文章就好了。」但我現在不必跟著起舞，所以他的笛子要怎麼吹是他的事，與我無關。我依自己安排的順序去作，否則可能要拖到後年了才有辦法全部都寫完，沒那麼多時間啦！

這意思就是說，這個八識論的正法難信難解，首先要起信，所以馬鳴菩薩慈悲，特地爲大家寫了《大乘起信論》。即使他寫出來了，還是有很多人不信，反而出來否定說：「那《起信論》是外道寫的，冒充是馬鳴寫的。」因爲《起信論》把「大乘非佛說」這種邪說一針見血直接破了，所以日本好多推廣「大乘非佛說」的學者講了一堆什麼《大乘起信論》是僞論，然後信受《大乘起信論》的那些宗教界人士就有很多人出來反駁，這樣一來一往、一來一往，結果是日本人針對《大乘起信論》的著作最多，全球各國無出其右。至於爲什麼這部論會討論這麼多？因爲它講得很透徹，甚至於把悟錯的人都點出來，所以那些「大乘非佛說」的學術研究者很厭惡這一部論。當年就是因爲日本人說這部論叫作僞論，我就乾脆來講解這部僞論，讓大家看看是不是僞論，講完時證明它才是眞正的佛法論義。

所以有的人事相上不如意，不能安忍時，你勸他說：「稍安勿躁，以後就會講到。」但他不肯安忍，他要躁進，然後就發動所謂的法難事件。但這一次不叫作法難，因為至今還沒有一位親教師跟著走，我也不相信親教師中有那麼笨的人會跟著走。這一次退轉的人，那個心行不像以前，所以他們隱身在幕後揑造假事實不斷的傳播。這也沒辦法，因為過了將近二十年後退轉者的根性，又比二〇〇三年那批人更低級了，這是事實。別以為我開玩笑，明後年可能十八歲就可以結婚了，十八歲就可以組成家庭，然後可以買房地產，但是被騙了也是要自己負責的。現在十八歲被騙了，還可以說：「我未成年，你騙我，法律上不全部承認。」然而到那時就不行了，十八歲就是成年了。我跟諸位講：「再過很久以後，五歲就可以結婚了。」對啊！佛經已經講過了。

也就是說，這個法太深，善根不夠的時候沒有辦法信解，因此阿難故意提出這個問題來。所以說那麼多的百千萬億眾生悟入信解這個法時，不是全部人都如此；是那麼一大批人大致上是這樣，但並不是全部的人，其中還是有多數的人沒有辦法眞的信入，所以 文殊師利答覆說：「其中也有眾生少部分的人能信的，」因爲信受此法時不是全部人都能信的，所以又說「少有眾生能識於寶」，老實說這個寶被很多眾生看得一文不値，我以前也講過說：「不會如金，會得如屎。」說不會這個如來藏的人，不知道這個阿賴耶識的人，聽善知識在講解阿賴耶識的自性，說祂是眞如時，想像得多麼好，就像一大堆的黃金一樣，愛死了這第八識心，好想證得這個心；可是證悟而會了以後說，就像臭狗屎一樣不値一文。爲什麼呢？因爲這太平常、太平凡了，祂每天都跟我在一起，有什麼寶可說？所以說「少有眾生能識於寶」。

其實這個第八識眞如才眞是寶，因爲世出世間一切法、一切物莫不從之生，包括器世間都是祂所生的。如果有人送給你一卡車，所載的每一個都是幾千克拉的鑽石；那樣的卡車，比起這個心來，哪個寶貴？（有人答：如來藏。）還是這個心寶貴喔？諸位有智慧識寶，可是世間人「少有眾生能識於寶」，因爲他們覺得這個心太平凡；可是雖然很平凡，我說祂很實在，所以我就叫作蕭平實——平凡實在。所以證得這個心時，什麼境界也沒有，就只是實相智慧開始增長，不像眼見佛性，整個世界改觀。

反過來說「多有眾生不識是寶」，信的人少，知道這個心是寶的人不多，所以能識得這個寶的人很少。再重複一遍說，大部分的眾生是不信這第八識是寶；所以會被琅琊閣張志成推翻也是正常的事，他們認爲證這個心不是寶，要證得三無性、空無所有才叫作寶。然而空無所有是什麼？是斷滅空啊！如果他說：「我說的三無性是依這個第八識來講三無性的。」好啊！我就問：那你是不是要先證這個第八識？那你的三無性是不是依第八識的圓成實性建立？是！那你要不要先證這個第八識？要！那不就結了？那你還否定祂幹嘛？所以眞要說起來，有很多個層面可以指證他的錯誤。他爲什麼會這樣？因爲這個心很難認定是寶，「少有眾生能識於寶，多有眾生不識是寶。」你看，文殊菩薩都講白了。

所以他又呼喚阿難說：「阿難！少有眾生能生信解，」果然是這樣。這還是在佛世，文殊菩薩已經這樣講了，所以就舉例：「如是說法城邑聚落，多有眾生棄捨不信，」所以，如果有善知識爲大家解說這個第八識法寶，像這樣的演說正法的大城市、小城市、大小村落，不論在哪個地方演說，結果都一樣，結果就是「多有眾生棄捨不信」，不管你怎麼苦口婆心爲大家說得多麼詳細，大眾都是棄捨，離開了以後說：「那個什麼第八識法，我才不信，哪來的第八識，你告訴我第八識在哪裡？你拿不出來吧！」因爲不可以明著告訴他第八識，所以他就說你拿不出來。

文殊菩薩接著解釋說：「何以故？是彼眾生宿世因緣，本作謗法罪業障故。」說那一些眾生大部分人都不信受。不是說法的人講不好，而是那一些眾生往昔很久以來的因緣，他們本來就曾經毀謗正法，被這個罪業所遮障的緣故。就像《佛藏經》講的苦岸比丘等四群人，他們造作謗法、抵制正法的惡業以後，經歷了九十九億佛的無數阿僧祇劫以後，結果現在連個順忍都不可得。他們在那九十九億佛座下也很努力修行，可是連初果的見地，他們都不能接受。初果是要把五蘊十八界否定的，他們不能接受這個是初果的現觀。

其實五蘊十八界的虛妄是很明確的，他們卻接受不了，那就是有業障。所以你度親朋好友說：「你學佛這麼久了，現在有個法眞好，可以實證佛法，就是證如來藏。」他聽到如來藏，扭頭就走，你也不用驚訝，這表示他有業障。所以正法弘傳頗爲不易，尤其已經到了末法過去一千年了，而將來會更難。這就是說，祂難信難解，而且諸佛要具足實證這個法而得成佛，都是以前無數曠大劫難忍能忍、難修能修加上大福德才證得的。你想想看，大多數的眾生有沒有經過曠大劫的修行？沒有啊！有沒有經過建立定力降伏其心的過程？也沒有啊！有沒有建立正知見說佛法的中心就是第八識如來藏呢？也沒有啊！再加上學佛以來，他修過了多少福德？

有的人會說：「**有啊！我修了很多福德，你看我以前在慈濟，每一年都捐幾百萬元。**」好吧！那你在慈濟捐的款，你就在慈濟得正法吧。你不能在彰化銀行存了款，要來華南銀行領本息。有的人說：「**我來到正覺以前，我在密宗，每年也布施好幾百萬元。**」我說你那個不叫種福田，那叫種毒田，你未來可以收穫的果實是有毒的，看你要不要收穫？事實是這樣啊！所以有業障的人很多。因此以後你如果跟誰介紹如來藏這個妙法，他聽了扭頭便走，你就知道他有業障，但是不要跟他講；你講了就得罪他了，未來世你要度他更難；你就一世一世跟他講，要有耐心，講上一劫、二劫以後，他慢慢就會轉變。你不要笑說：「**講一、二劫喔！**」眞的要講一、二劫，而且講一、二劫算短的，得要是他善根好才有可能。

所以信受這個法不容易，那麼信受之後，悟後起修也不容易，因爲旁門左道岔路太多了，那些岔路上五顏六色、五光十色很吸引人，有時候被誘惑了說：「我走上一步看看好了。」可是走上那一步就會再走第二步，就會走上十幾步下去，要拉回頭就很難了。所以有的人喜歡文字堆砌起來的好像玄學一樣的假佛法，有的人很喜歡，所以就去讀印順的書，然後被他洗腦，那就沒救了，現在退轉的這一批人就是這樣。所以你看，釋印順死了，他的書還在害人，那你說我該不該破他？（有人答：該。）對！該破！他從來沒有批評過我，我就主動破了他，因爲他是把佛法從根挖掉，而他挖掉佛法根本的手段太高明，所以我必須破他。

這就是說，進入正覺隨時要謹記於心，我來正覺是爲什麼來的？我是爲法而來或者想在正覺裡面當法主、當行政院長來的？要這樣想啊！但有的人想不通這一點。而且我們正覺有一套制度，如果能改革，我還是願意改革，目前已經改很多了，所以正覺教團的運作，我不用操心什麼，我可以專心寫作。你看正覺寺的籌建，每週都在開會討論，從粗的部分到細的部分都在討論，我只有在前面的幾次會議訂下決策，以後就全部不管了，我就專心寫作。我不會像聖嚴法師那樣，每一個大小的部分，他都親自參與，弄到身體受不了，然後半年去美國休養，半年後再回來，再過半年又要去美國休養。我不用，因爲有制度在運作。

既然有制度在運作，他們到會裡來以後，當然要依照制度而行，我不可能給他特權而額外跳級躍升。如果制度有什麼缺失，他們可以提出來，我們大家來研究，幹部會議裡面也可以去研究，眞有缺失可以改進。因爲我也希望下一輩子再來同修會時，可以很順順當當的當個親教師，我安分守己說我的法、度幾個人就行了，輕鬆日子我也會過。因此沒有絕對或者永遠的事情，隨時都可以改進，所以我們文書制度、組織制度、教學制度，都經過兩次改革了，有什麼地方可以改的，我們還是願意修改。如果大家有意見，當然可以提出來，送交幹部會議去討論，但不會依憑他一個人的想法去作，那是違背制度化的原則。

他們有的人想不通，他想：「我悟了，爲什麼沒有馬上派我當親教師？」問題是，前面還有那麼多助教老師在等著，哪能夠馬上讓他就上來當；通常資歷最深的先派，或是證量最高的先派，一定是這樣啊！所以如果有人明心後的資歷不是很深，可是他先見性了，我也會先派，有新班時我會先派他，因爲他證量更高，這是一定的道理。不能夠說他以前在別的道場身分很高，所以來正覺才一悟了，我就得先派他。他就想：為什麼家人先派，他就沒有派？不能這樣想。因為我們有制度、有原則，證量高的先派，證量一樣的話，年資深的先派，本來就是這樣。如果他的年資很深，可是心態與證量有問題就不派。這是必然的啊！因為派了他，將來亂說法有私心，是我要負責，我有共業的，所以這個道理應該要認清楚。

有智慧的人，他看大的部分、而不看小的部分。沒智慧的人說：「你看，又三十個人退轉了，又五十個人、又一百個人退轉了，這個法義有問題。」可是為什麼有好幾十倍的人都不退轉，他為什麼不看這個？以前人家說：「正覺一次又一次法難，可見那個法有問題。」聰明的人就告訴他說：「這樣才沒有問題，沒法難的法才有問題，因為那是意識的境界，沒有人會推翻他的境界。」這個道理，講到這裡就順便跟諸位分享一下。那麼 文殊師利解釋完了以後，阿難又說什麼？

經文：【阿難言：「唯願文殊！當令是諸眾生信解所說。」文殊師利言：「汝當問佛，佛自為汝分別解說。」爾時阿難白佛言：「唯願世尊時為我說，族姓男女少信解者，彼得聞已生大歡喜。」爾時世尊遍觀四方，面門出舌，普覆三千大千世界，

從其舌根出大光明，遍照東方恒河沙等諸佛世界；如是南西北方四維上下，各於十方恒河沙世界。爾時四衆，以佛神力亦見東方恒河沙世界諸佛同說此法，亦皆遙聞不增不減；如是次第，十方世界亦復如是。於是世界諸佛說法如此，大衆皆悉見聞；得見聞已，亦皆一心勸請：「世尊！唯願哀愍，重爲我等分別演說，使見無量無邊不可稱數諸佛所說不增不減不可思議諸佛正法。唯願世尊，時爲說之，還攝舌相。」】

語譯：【阿難尊者說：「我心裡面所想的就是希望您文殊菩薩！應當要令這些仍然不信的衆生信解剛才所說的正法。」文殊師利菩薩說：「你應當要請問如來，佛自然就會爲你分別解說。」這時候阿難稟白如來說：「唯願世尊在這個時候爲我說明，讓這一些各種族姓的男女心中還不能信解的人，他們聽聞了以後生起大歡喜來。」這時世尊普遍的觀察四方以後，從面門上伸出了長舌來，普遍覆蔽了三千大千世界，然後從祂的舌根放出了大光明，遍照於東方恆河沙數等佛世界；就像東方恆河沙數等佛世界一樣，又向南方西方北方上方下方這樣，各於十方恆河沙世界遍放光明。這時候在場的四眾，由於佛的神力也同樣看見了東方恆河沙世界諸佛同樣在演說這個法，也同樣都遙遙的聽聞諸佛演說的法不增不減；就像東方一樣依著次第，南方西方北方四維上下十方世界都像是這樣子。於是十方恆河沙世界的諸佛說法都像是這樣子，大眾全部都聽見了；這樣看見也聽見了以後，也都一心勸請說：「世尊！唯願您哀愍我們四眾，重新為我們大眾來分別以及加以演說，使我們都可以看見無量無邊不可稱數的諸佛同樣所說的不增不減的不可思議諸佛正法。我們再一次祈願世尊，在這個時候為我們演說，請您收攝起舌相。」】

講義：在佛法中，表相佛法、相似佛法是另一回事；在正法當中，什麼人該說什麼法，都是有規矩的；所以不是某甲問了，你就對那個法立即回答。如果你觀察因緣，這是某乙該講的、該回答的，你就說：「你應該要去問某乙。」如果這是親教師該為他答的，你就說：「你去見你的親教師，他會為你解答。」所以在佛法中，特別是值遇 如來講經，不能隨便開口說法，你要先懂這個道理，就是要先能觀察因緣。

所以，阿難請求 文殊為大眾來演說這個法、使大眾都能夠信解，這時 文殊心裡很清楚知道，想要攝受那一分不信解這個法的人，一定要 如來示現大神通，然後才能度他們，說的也才有用，否則就沒有用；因為 文殊知道 如來將會怎麼說，那就是下一品說的眞正勝妙的法。如果要依照琅琊閣、張志成說的「第八識會了別五塵」的話，就成為有分別心而非無分別心了；既能分別五塵，當然就會了別六塵，並非覺知心中離語言之念時就是不分別；若依他所說，下一品 如來這個說法就講不得，到時候你們就看看 如來怎麼說的。

所以 文殊就跟阿難說：「這個事情，你應當請示如來，如來自然就會為你分別解說。」所以阿難只好又去問 佛：「祈願世尊在這個時節來為我們解說，讓這裡現場各種族姓的男人、女人對這個法信解不夠的人，讓他們聽聞之後生起大歡喜心。」這時候 如來沒有馬上答話，祂看看四方。為什麼要看看四方？看看哪些人是「少信解者」，要觀察因緣。所以不是你請求了，如來就依照你的請求直接說了，如來還得再確認一下因緣。所以當法主不是人家說什麼，你就得回應什麼，而是說你要觀察因緣來決定該怎麼作。

這時候 如來觀察過了，確認什麼樣的方法可以讓他們起信，於是面門出舌，把祂的廣長舌伸出來普覆娑婆世界，一個娑婆世界就是一個三千大千世界，然後再從舌根放出大光明，遍照東方恆河沙數的諸佛世界；這樣照過以後，接著照南方西方北方四維上下，全部各有十方的恆河沙數世界放光遍照。不但這樣，如來又施加威神力讓大眾先看見東方恆河沙世界的所有佛世界中的諸佛全部都在講這部《不退轉法輪經》，接著又讓他們看南方西方北方上方下方，也就是十方的各個恆河沙世界諸佛同樣都在講這部經，讓大家全部聽見。聽見以後，大眾會怎麼樣呢？會生信啊！「**啊！原來這部經不是只有我們本師佛在講，十方各恆河沙世界的諸佛也都在講欸！**」

這時候大家起信了，起信之後就希望 如來再講一遍：「因為當初我沒有信解，這一次再講一遍，我一定信解。」這就是 如來的威神力，所以一心勸請說：「**世尊！唯願您哀愍我們四眾，重新為我們分別、為我們演說，要說到讓我們看見就像十方世界無量無邊不可稱數的諸佛祂們所說的一樣、不增不減不可思議的諸佛正法。**」這表示他們願意信了，先從心中表示出來說我們現在真的願意信，因為十方無量恆河沙世界的諸佛都在講這部經，所以現在我們信了，因此最後作個請求：「**唯願世尊，時為說之，還攝舌相。**」為什麼要還攝舌相？因為這廣長舌沒有收回來，怎麼說法？當然要還攝舌相。那麼接下來，佛陀怎麼講呢？

經文：【佛告阿難：「頗有作妄語人能得如是舌相不耶？」阿難言：「不也！世尊！若有實語、柔軟語諸有智者，善能調順利益語、慈悲喜捨如是等，乃至一切智人得是舌相。唯願世尊為族姓男女有少信者分別解說，亦為憐愍不解者說，當使此輩心生悔恨。」爾時佛告阿難：「四眾已集正身端坐，天、龍、夜叉、乾闥婆、阿脩羅、緊那羅、迦樓羅、摩睺羅伽、人非人等，諸來在坐能聽法者，皆不退轉於阿耨多羅三藐三菩提心，各於此地而說正法，不增不減如今所說。」】

語譯：【這時候佛陀告訴阿難說：「你想想看，會有作妄語的人能像我這樣得到這種廣長舌相嗎？」阿難說：「不可能的！世尊！如果有說眞實語、說柔軟語的諸多有智慧的人，善能調順利益語、以及善能對眾生解說慈悲喜捨的人，乃至於一切智人才能得到這樣的廣長舌相。唯願世尊您為各族姓的男人女人有稍微起信的人分別解說，也為了憐愍那一些不能理解的人而作解說，應當要使這一些不能理解的人心中生起後悔以及怨恨來。」這時候佛陀告訴阿難說：「四眾已經聚集而且正身端坐了，天龍八部以及人非人等，能夠來在這裡坐定而能聽法的人，全部

都不退於無上正等正覺之心，各個都在這個場地而演說正法，不增也不減猶如現在我所說的一樣。」】

講義：佛陀收起廣長舌相就問阿難：「如果是有作妄語的人能夠有這樣的廣長舌相嗎？」這是先作徵信。如果有人宣稱他成佛了，不管他活佛還是死佛，就問他：「你說你成佛了，先把廣長舌相拿出來，我看看！」（大眾笑…）如果拿不出來就是假的。那三十二相你就一個一個跟他要求，只有個馬陰藏相不能要求。最簡單的，你有沒有白毫相？要不然手腳伸出來，我看看！網縵相、千輻輪相有沒有？腳就不用看了。所以那一些人說謊都不打草稿，一天到晚在打妄語，然後以為人家都那麼好騙。這就是徵信：我有廣長舌相，我示現給你們看。那阿難當然說：「不可能的！作妄語的人不可能有廣長舌相。」得到這種廣長舌相的人，首先他得要有意生身，然後才能稍微示現一下，具足示現得要到佛地。所以阿難說：「如果有人說的都是誠實語沒有騙過人、說的都是柔軟語，這樣才是有智慧的人。」

現在我要攬到我自己身上來講，我弘法以來，有沒有騙過諸位？（有人答：沒有。）不論事相上或者法上，因為經過三次法難了，我的法屹立不搖。這次琅琊閣張志成質疑我的法，我同樣屹立不搖，我把話先講在前頭；因爲他們拿出來質疑我的所依據經論文獻，全都正在證明我講的正確，可是他們解讀完全錯誤了。否則的話，《成唯識論釋》爲什麼我今天寫到一百一十九萬字？這才修飾超過百分之二十八而已，後面還有百分之七十二，還要再增補多少字？不可能都是胡扯吧！胡扯也扯不了那麼多。

這表示《成唯識論》的法義夠深也夠廣；但是就算再七十二個工作天，我作完了，還得要判教；教判作完了，《瑜伽師地論》我差不多也講完了。你看，那不是小工程欸！因爲它本身就難懂，然後要把它註釋到很詳細。而我三十年來弘法沒有在法上騙過人，我也沒有在事相上騙過人。所以，如果哪天該有意生身時，就能示現小小的廣長舌相；但是智慧超過某一地以後，你還得要有意生身來配合；然而修那個比較容易，就留個一世二世不出世弘法，專心把往世遺失的四禪八定修回來、五神通修回來、四無量心修回來就可以示現了，這比學法容易，法的修證才是難。

所以先要有誠實語，然後要柔軟語。我從來不罵人，我說法時，你看我對密宗也沒罵過，我對釋印順也沒罵過，我就單說他們的法什麼地方錯了，從證量上說他們錯了，然後又引述聖教量證明他們錯了。但我不罵人，這叫作柔軟語，這樣才能夠說是有智者。不但如此，還要「善能調順利益語」，怎麼樣對眾生有利益？不能像禪宗祖師那樣一棍就打過去說：「你這個笨蛋！這樣不對，回去！」不能像禪宗祖師平時那樣，而是要把它詳細說明，不厭其煩加以說明，這個叫作「調順利益語」。

然後「慈悲喜捨」，「慈悲喜捨」的本意是說四無量心，原意是說在初禪圓滿之後要去修學慈無量心，二禪圓滿以後要修學悲無量心，三禪圓滿以後要修學喜無量心，四禪圓滿時要修學捨無量心，但是目前至少自己的意識心中，要有慈心、悲心、喜心、以及最重要的捨心。也就是說，對眾生要有慈心，樂於幫助眾生在法上修證。當眾生有所證的時候，要生起歡喜心：「哇！終於又有人悟了。」很歡喜。可是如果有人悟不了，覺得說：「唉呀！好可惜啊！好可憐呢！怎麼到現在還悟不了？」那麼不管悟得了、悟不了的人，同樣都要以法來捨，把法捨給大家，也就是法布施。三種布施之中，就是法布施最難；但是菩薩要有這個捨心，願意把法捨給大家；隨著各人的因緣，他能得多少法，你就捨給他多少法，這叫捨心。

「乃至一切智人」，就是諸佛如來才可以得到這樣的廣長舌相。也就是說，世尊示現了以後，阿難要重新來爲世尊證明說：「只有這樣的人乃至於像世尊您這樣，才可能有這個廣長舌相。」然後接著又爲大家請求，因爲阿難最慈悲了，他最喜歡爲大家求法，他從來沒有爲自己求；包括如來最初指定他當侍者時，他反而是爲了避嫌而提出當侍者的三個條件，所以他不爲自己，要當菩薩得有這樣的心性。但菩薩不好當，一天到晚像石磨的心一樣，石磨一直繞、一直轉，石磨的心就一直被拉著，一下這邊、一下那邊，這樣拉過來、扯過去，有沒有？菩薩就要有這個心，要習慣這樣的狀態，因爲眾生本來如是，眾生就是這麼難度。

他說完了就用他的慈悲心來求佛：「唯願世尊爲族姓男女有少信者分別解說，」也就是說，他們已經有一分信心了；既然生起信心了，要爲他們分別解說。可是如果那些完全不信解的人，也要爲他解說，所以要「亦爲憐愍不解者說」。爲這些人也解說目的是什麼？「當使此輩心生悔恨」。也許有人就想：「阿難爲什麼心腸這麼壞，要讓他們悔恨？」是啊！是要讓他們悔恨。但他們究竟是要悔恨什麼？

要後悔說自己爲何這麼笨、聽不懂，要恨自己到底往世造作了什麼業，現在會聽不懂，而不是要讓他悔恨說：「爲什麼我都聽不懂？」是要悔恨說往世造了什麼業。懂得悔恨就會去懺悔，每天佛前懺悔，求見好相。

所以這表示，如來即使爲所有人說了，還是會有一部分人聽不懂。這才是正法，因爲太深了，就好像我註解《成唯識論》，即使六輯都出版完了（編案：後來增爲十輯），我說還是有很多人讀不懂，還是繼續會有很多人誤會我說的；因爲善知識一音演說法，眾生永遠都是隨類各得解。不說眾生，說同一個人讀我的同一本書，不說兩本，只是同一本，第一次讀跟第二次讀，理解就不一樣了，永遠都是這樣的。所以讓他們生起悔恨，他們就會懂得想辦法去消滅業障，這是很重要的。

接著 佛陀告訴阿難說：「**現在四眾都已經聚集了，大家正身端坐，**」所以聽聞佛法的時候，有沒有人這樣躺著聽？有沒有？不會吧！一定是「**正身端坐**」。這時候天龍八部也在現場護持，還有所有的人以及非人，非人就表示也有一部分夜叉、一部分阿修羅，又譬如像鬼道裡面的鬼神王，這些都叫作非人。他們來到現場在座上能聽法的人，這些人已經不退轉於無上正等正覺之心；也就是說，他們要永遠修學大乘法，這個叫作發起世俗菩提心，永遠要修學這個法不會退轉；即使不能親證，來世也要繼續修學這個法，這叫作「不退轉於阿耨多羅三藐三菩提心」。佛又說：「那麼這一些人各於此地而在宣說著正法，所說的法不增不減猶如我今天講的《不退轉法輪經》一樣。」這究竟是怎麼回事呢？爲何說這些人全部都在這裡宣說正法呢？那麼這時候大眾又是怎麼反應呢？

經文：【爾時四衆及天、龍、夜叉、乾闥婆、阿脩羅、迦樓羅、緊那羅、摩睺羅伽、人非人等心生歡喜，皆脫上服以奉於佛；或散華香或散華鬘，或以金鬘或以銀鬘，或以琉璃鬘、或以頗梨鬘、或以瑪瑙鬘、或以毘盧旃鬘；或以曼陀羅華、摩訶曼陀羅華、曼殊沙華、摩訶曼殊沙華，或以所作之華而散佛上；或以天優鉢羅華、拘物頭華、芬陀利華以散佛上；於虛空中天樂自鳴，龍雨眞珠。諸婦女等以身瓔珞，各脫上服以供養佛；整其衣服，右膝著地合掌向佛，皆共同音白佛言：「世尊！如來無二。」】

語譯：【這時候四眾以及天龍八部等人，加上人和非人等心中都生起大歡喜心，都脫下了珍妙的衣服用來供奉於佛；或者散華香或者散華鬘，或者以金鬘或者以銀鬘，或者以琉璃鬘、或者以頗梨鬘、或者以瑪瑙鬘、或者以毘盧旃鬘；或者以紅華、大紅華、白華、大白華，或者以所作之華而散於佛上；或者以天上的三種華以散佛上；然後在虛空中有天樂自己就響了起來，天龍就降下了眞珠。而諸婦女等都以身上的瓔珞，並且脫下了身上所穿的上妙衣服來供養於佛；然後整理身上的衣服整齊了，右膝著地合掌向佛，大家都是同樣的一個音聲稟白佛陀說：**「世尊！如來所說沒有二說。」】**

講義：這意思就是說，想要請 佛轉法輪，得要先作什麼？要先供養 如來，這是規矩。中國古時居士們也都奉行這個規矩，所以請禪師來說法之前，要先備辦宴席，所謂含消食噉先供養禪師。禪師吃飽了飯，有力氣了就可以爲大家說法。總不能讓善知識餓著肚子說法，對吧？這就是規矩。所以《阿含經》有這麼個記載，有人請 佛來供養午齋，但他堅持要 如來先說法。如來就先爲他說法；說完了，他證得解脫道的法眼淨，然後他要供養 如來，如來說：「**已經過時，我不能吃你的供養了。**」那他就請問：「**這是要供佛的，我該怎麼辦？**」如來說：「**供養佛的食**

物，三界中沒有人可以消受得起；所以你去野外，找一個沒有蟲的水中丟下去就好了。」因爲沒有人能吃，只能遺棄；但不能隨便遺棄，否則會傷害眾生。所以，那個人就去野外找個無蟲的水中丟下去，丟下去以後水都沸騰了，因爲那個本該是 佛的食物。

他要求 如來先說法，如來應其所求，說完法已經過了中午，日過正中。所以供佛在十一點半以前上供，那是供養應身佛的時間；現在沒有應身佛，要晚間上供也可以，無所謂了，因爲法身佛、報身佛不睡覺。供養應身佛一定在十一點半以前，最好十一點就準備好，應身佛在十一點不超過十分就可以受供了；受供完了 佛才爲大家說法，這才如法。不能請 佛先說完法，然後才要供養，那是不如法的，也如同以法交易一般。所以請善知識說法也是一樣的道理，得要先供養。

這倒讓我想起來，我們同修會有沒有這樣作？（大眾搖頭）有！你們不要搖頭，因爲我上座說法之前都有人供養食物，我都有得吃的，讓我吃了有力氣爲大家講法。我早期在三個地方說法時，因爲都是下班後開始說法，我那時身體不是很好，所以常常講到一半，手開始抖，然後就開始暈，爲什麼呢？因爲血糖太低。所以後來有人就爲我準備葡萄糖水，因爲他家開西藥房；可是我喝完有力氣說法了，一說完法血糖又不夠了，因爲葡萄糖很容易吸收，很快就過去了。所以我後來就自己帶黃砂糖，叫作赤砂，不是白砂糖；赤砂營養最好，但最好是黑糖，然後我上座前就先把它攪拌了，先把它喝完再講課就沒問題。

也就是說，要請 佛說法前或是請善知識說法前，先要供養，免得善知識講到一半沒力氣了，怎麼辦？這時候就不好處理。所以，這就是天龍八部、人非人等，爲什麼要作供養的理由；那麼供養這麼多以後，包括天龍降下眞珠來。這時候大家有一個見解就是「如來無二」，佛門也有一句話說「佛佛道同」，每一尊佛祂們說的法以及修行的門道都一樣，沒有二種，因爲一定是具足一切法的實證，祂才能成佛；既然具足一切法，怎麼會不同呢？所以如來無二、佛佛道同。然而上一段經文中 如來說：「天龍八部及所有前來在座能聽法的人，都已經不退轉於無上正等正覺心，全都在座位上而說正法，不增不減如同我現在所說。」如來並沒有解釋這個道理，現在大眾都已經作了供養，也說「如來無二」，如來這時候總得說法了，那麼 如來怎麼說呢？

經文：【爾時佛告阿難：「如是！如是！如彼所說，如來無二，永盡愚癡。如來世尊無有吝惜，無一切過，已離過故。離於諸欲一切塵垢，清淨無染，憍慢貪嫉悉斷無餘；智慧具足，覺悟正法到於彼岸；猶如大梵得大自在，威儀具足究竟諸行，得四具足。天、龍、夜叉、乾闥婆、阿脩羅、迦樓羅、緊那羅、摩睺羅伽、人非人等，而不取著有為無為，不染生死，從佛世尊得正解脫，得具足見、無闕失見，具足親近。」】

語譯：【這時候佛陀告訴阿難：「就像是大家說的這樣！就像是大家說的這樣！如同他們所說的，諸佛如來沒有二法，都是永遠滅盡了愚癡。如來世尊沒有任何的吝惜，而且沒有所有的過失，已經遠離過失的緣故。諸佛如來遠離一切的欲也遠離一切的塵垢，心地清淨而沒有染污，而且憍、慢、貪和嫉等惡心所全部斷盡而沒有剩餘；智慧已經具足，而且覺悟於正法如何到達無生無死的解脫彼岸；猶如大梵天於梵天得大自在一樣，如來有四種具足：壽命、正見、戒法、修行具足，而且究竟一切所行，並且已經都得到四無礙辯而得滿足。天龍八部以及人與非人等都可以追隨，然而如來不取著任何有爲法與無爲法，也不染著於生死諸法，所以這些天龍八部、人與非人來追隨的時候，都可以隨從佛世尊而得到眞正的解脫，也可以獲得具足的見地、和沒有缺失的見地，都可以具足的親近如來。」】

講義：這就是說，諸佛如來都是一切智人，沒有 如來所不知的法，因爲菩薩地中就要修學五明，那 如來當然是圓滿了五明，因爲菩薩得要一直修學五明到最後具足了才能成佛。所以，有一天 如來叫阿難去找某個居士，索取某一種藥；阿難盡責，就請問說：「那請問這個藥該怎麼用？」那個居士就說：「你不用問，你不用問，如來自知。」爲什麼？因爲因地都學過醫方明了；既然叫你來索取這個藥，當然知道這個藥應該怎麼用，所以叫你來索取，你就不用問了，那位居士就簡單的說「如來自知」。如果有人自稱成佛，你拿著某一種藥問他：「請問這個藥該怎麼用？」他如果張嘴結舌，你就大聲的說：「啐！這個算什麼如來！」然後轉頭就走人。

所以，成佛不是那麼容易的事，單說攝受眾生就難了，何況 如來具足五明、四無礙辯等各種諸法，那十力、四無所畏等，也都必須要具足的，因此諸佛如來都具足圓滿以後，當然是「**如來無二**」。這一些大眾請求 如來、讚歎 如來說「**如來無二**」，表示什麼？表示他們這時候知道 如來是具足圓滿一切法，而在座的大眾雖然沒有言說，其實也已經顯示正法了；到這個地步，如來當然可以為他們說勝妙法了，所以讀經不要只看表面，而且 如來「**永盡愚癡**」。

我們第二次法難的時候，那元覽居士寫信給我，他有一句話說：「**猶如佛之將死，其言也亂。**」表示他不懂佛法，他讀過很多佛書又怎麼樣？讀多也沒有用啦！譬如我剛出來弘法時，還沒讀過幾部經論，我只有讀過整套的《阿含經》，《大正藏》第一冊跟第二冊，其他大乘經百分之九十九都沒讀過，可是當時我就敢破釋印順，為什麼呢？這就是實證，所以讀很多佛書其實沒有用，除非那是大善知識寫的。

我也舉過例，以前《護法集》即將要出版時，在大乘精舍，那三個居士指著大乘精舍兩排的經櫥說：「**這兩排經櫥總共五千多冊的書，我們都讀過了。**」我心裡的想法很簡單：「讀過又怎麼樣？」諸位聽了會覺得好笑，對不對？眞的如此啊！可是眞要說起正法來，他們能說嗎？我就告訴他們：「**你們要出版三藏，公案藏、**

故事藏、經典藏，」我說：「你們出版什麼藏都好，就不要出版公案藏，因爲公案藏一出版，等於把底牌掀開，你有悟沒悟，人家一看就明白了，家裡人都看得很清楚。」他們不信，那我就說了：「你們讀那麼多書也很好，可是到底怎麼樣才是佛法的實證，很簡單，有一本經典是禪門照妖鏡，叫作《維摩詰經》，裡面說：『知是菩提，了眾生心行故；不會是菩提，諸入不會故。』這是指同一個心，既能知又不會六入，你如果悟的心不是這樣的心就不能說你開悟。」那時他們全都閉嘴了。但我說這是最基礎的佛法。

那現在琅琊閣張先生說：「第八識可以了知五塵。」落入離念靈知中，到底他有沒有悟？所以他應該寫懺悔文，公開懺悔自己的未悟言悟。其實這事在以前他寫論文時，楊老師審核他的論文就指出來了，我說：「算了，他的見道報告都刊登了，當作不知道就好，你就不用再跟他討論什麼才是眞悟，因爲他那個公案講錯了，以後慢慢攝受他，讓他在某個機會裡可以眞的證悟。」結果他不想被攝受就沒辦法了。所以他寫的懺悔文，我認同，不會反對，因爲他講自己未悟言悟的是正確的，他眞的悟錯了。但其實他當年打禪三時沒有悟錯，只是他後來忘了所悟。

所以，現在都沒有一次就可以開悟的人，最少要打三次禪三才行；我想要提升到五次，因爲體驗多了才不會忘記。忘記了，就會說：「這個阿賴耶識可以分別五塵、可以懂得法塵等。」就亂講一通了，那就從證悟變成沒有悟了。我們以前在高雄有一位曾先生也這樣，好像還有一位叫作誰，我現在忘了名字；喔！大陸那個釋惟護法師也是一樣，我還是讓他第三次禪三才悟入的，但他都還會忘了所悟，也眞天才。可是他還沒有寫懺悔文公開懺悔，因此他應該趕快寫好上網貼文公開懺悔。這表示什麼？表示我把大家看得太高，高估了。

這就是說，沒有 如來是不斷盡愚癡的，可是這個「永盡愚癡」，該怎麼解釋？是斷哪個部分的愚癡？那是要全部斷盡的，歸類來講就是要斷二種愚癡：一念無明，無始無明。一念無明斷盡就成慧解脫、俱解脫或者三明六通大解脫不等，至少是慧解脫。如果斷盡無始無明，那就已經超過變易生死，一切種子究竟清淨不再轉易，就是變易生死斷盡，這樣才能成佛，才能叫作「永盡愚癡」。可是身爲 世尊「無有吝惜」，不會惜法，哪一些眾生應該得到多深妙的法就給他多深妙的法；如果他的程度、他的心性、他的條件不夠，沒有辦法得那麼勝妙的法，就給他得到次一級的法，不是因爲吝惜，而是因爲他的根器只到這裡。所以，佛陀沒有強求每一個阿羅漢都要證悟如來藏、沒有要求每個阿羅漢都要悟得般若實相，就隨著眾生所應而布施給眾生，沒有吝惜。

那我呢，我除了沒有吝惜，還要強灌給大家，所以就把某些人給灌死了，他們的法身慧命就死了，眞的該改過了。這還是過在我自己，不推給別人。十幾年來，我都說「**過在我自身**」，我沒有推諉過這個過失，我要漸漸改進，看誰應該幾次就幾次，目前最高紀錄是十全十美。

所以 如來不但如此，而且沒有一切過失。所以要成佛沒那麼容易的，任何一個小小的過失都不可能存在，因爲已經遠離一切過失的緣故。那麼 如來沒有任何的欲，不要說欲界的欲，連色界欲、無色界欲都不存在，所以心地是清淨而沒有染污的，憍、慢、貪、嫉全部斷盡，沒有任何剩餘。所以外道捏造事實，毀謗 如來說：「**瞿曇都跟我們爭供養。**」可是 如來沒有跟他們爭供養。如來日中一食以外，沒有再吃什麼；而眾生供養了 如來，如來總是又布施還給眾生，如來有跟他們爭過什麼供養，也沒有教令大眾說：「**你們不可以供養外道。**」這就是「**憍慢貪嫉悉斷無餘」；而且心地「清淨無染」，這樣才能稱爲如來。末法時代所謂的如來，其實都是凡夫，你只要聽見誰說他成佛了，你心裡面第一個念頭就是——凡夫！

《不退轉法輪經》我們要趕進度，要不然大家期待的〈降魔品〉一直都拖延著。上一週講到七十二頁第二段第三行第一句「悉斷無餘」。今天接著說：

「智慧具足，覺悟正法到於彼岸；猶如大梵得大自在，威儀具足究竟諸行，得四具足。」成佛之所以成佛一定有它的內涵，並不是自己說了算；所以成佛的內涵之中，如果缺了其中的一項，就算百分之九十九都有了，但是單缺了那一項就不是成佛啦！那麼說 如來「智慧具足」，以往那些六識論的聲聞人都說：「阿羅漢就是佛，佛就是阿羅漢。」然而如果是這樣的話，釋迦如來示現入涅槃之後，就應該有阿羅漢上來繼承佛位，結果都沒有！說句不客氣的話：「釋迦如來示現入涅槃後，要論到紹繼佛位，那些阿羅漢們還輪不上！」因爲還有 文殊菩薩、觀世音菩薩、大勢至菩薩，也還有 維摩詰菩薩呀；這些菩薩的來歷可眞不小哩！他們都沒說要紹繼佛位，憑什麼阿羅漢可以紹繼佛位？更何況是二乘聲聞的阿羅漢呢！他們以前是把佛法弄到混亂不堪，那我們出世弘法就幫佛教界講清楚，所以現在沒有人再說阿羅漢就是佛了。單說成佛中的一個小部分「智慧具足」，那些阿羅漢們有誰「智慧具足」了？所有不迴心的阿羅漢們，只要遇到一個剛悟不久的菩薩，他們就開不了口了，何況成佛的「智慧具足」。這事情我也講過很多遍，也都舉例過了；換句話說，得要「智慧具足」而且「覺悟正法到於彼岸」，才能勉強稱爲成佛，也還是因地的示現，如同這第三位菩薩一樣。

我以前也講過，這是將近二十年前就說過的事，我說阿羅漢沒有證涅槃哪！因爲二乘菩提所謂的「證涅槃」就是把自己消滅，當自己五蘊不存在、消失了，永遠不再有五蘊出現時叫作「入涅槃」；可是他們的五蘊消失了，入涅槃時是誰入了？沒有人能入啊！所以《般若經》講得很正確，我們套用《金剛經》的公式來講：「所謂入涅槃者即非入涅槃，是名……（眾答：入涅槃）。」對啦！就是這樣，所以沒有誰入涅槃，二乘聖人入涅槃是 佛的方便說。只有大乘菩薩是證得有餘、無餘涅槃的，所有地上菩薩都是這樣，但又不入二乘的無餘涅槃。那他們入涅槃就叫作「本來自性清淨涅槃」，現前就已經在無生無死的解脫彼岸了，不是死了才到彼岸，這是現前就已經在無生無死的彼岸。自己的五蘊還在，可以觀察自己的五蘊住於這種涅槃之中，這才叫作「覺悟正法到於彼岸」；那菩薩如是，諸佛世尊更是如是。

然後 佛陀就講了一個譬喻，說猶如大梵天王在初禪天得自在，因爲初禪有三天，就是梵眾天、梵輔天、大梵天；梵輔天是他的手下，而梵輔天幫助大梵天王來管理所有的梵眾天，所以大梵天王在初禪天中得自在；因爲沒有人能超越他，所以他的自在是大自在；而他的梵行「威儀具足」，也能夠「究竟諸行」。所以說，成佛要有祂的條件，如果有人宣稱成佛了，卻沒有佛的本質、沒有法的本質，連梵天的本質都沒有，而他座下也沒有僧寶的本質，更沒有具足戒法；那他說自己成佛了，其誰能信？至少得要佛、法、僧三寶具足，然後加上戒法具足；一定要具足這四種不壞信，否則談什麼成佛都是騙人的！只能夠說他叫作「因中說果」。

不但如此，成佛時還得有天龍八部，所謂天、龍、夜叉、乾闥婆、阿脩羅、迦樓羅、緊那羅、摩睺羅伽，加上人類跟同住於人間的非人等，一起來當弟子。但是諸佛雖然有這麼多的部眾，也不取著於有爲或者無爲。剛證得無爲法的人，有時候不免落入無爲法裡面去取著，執取之後執著說：「我終於證悟了！」可是眞正證悟的時候，你到底悟個什麼？所悟的境界中，還有那些法嗎？都沒了！那才是轉依成功，所以不見任何一法。

因此說，諸佛如來當然不取著任何有爲法、無爲法，不會再染著於生死法了！有生死的法就是三界中的法，全都是生滅法。這些天龍八部以及人、非人等追隨著如來，也同樣可以不取著有爲、無爲，同樣可以不染著生死；就隨從諸佛世尊而得到眞正的解脫。

「**眞正的解脫**」是揀別二乘解脫非眞解脫，二乘的解脫不是眞解脫。當阿羅漢們入無餘涅槃以後，是誰解脫？五蘊全都滅了，沒有人得解脫啊！因爲他的五蘊全部都消失了，不受後有，那是誰證得解脫？可是菩薩證得這個本來性淨涅槃，五蘊在這裡現前看見眞如心的本來解脫；就住於這個解脫的境界之中來利樂無量有情，這樣才叫作「**正解脫**」；所以「**正解脫**」是揀別二乘的解脫非眞解脫。那麼諸佛如來教導這些有情「**得具足見、無闕失見**」，所以「**見**」得具足很難呢！也許有人增上班學了十幾年，說：「**我現在都知道了，都知道了！**」可是眞的知道嗎？半年後講《成唯識論》的時候才會知道說：「**喔！原來我知道的還是很少！**」那就是另一個階段又要開始修學了。所以「得具足見」不容易！一定是先「得具足見」，然後才能得「無闕失見」，所以為人說法的時候，一個法要考慮到很多個層面；沒有考慮到很多層面的人，他說法就會有偏失，甚至是錯誤的。

所以有人出來主張說：「這個第八識如來藏可以了別五塵。」我聽了不禁笑起來，因為這裡面有多少過失呢？過失很多的！從如來藏的持業來解釋祂，也就是他們說我不懂得「持業釋」，那麼我可以從如來藏的持業來解釋祂的行相；也可以「依士釋」——從如來藏依士夫功德的道理來講時，說明祂是什麼樣的心性與行相；也可以從很多個層面，從心所法、從三受、從善等三種識性來講，都可以判定說：張先生因為落入識陰境界，才會說如來藏可以了別五塵。

所以我們從很多的方面都可以去說明他為何悟錯了，可是你要跟他講清楚很難呢！有時我常常覺得對印順派的那些人，你要跟他們講清楚，就好像你本身是個教微積分的大學教授，有一天遇到一個小學生，他才小學一年級、二年級，他指責你說：「你的微積分講錯了！」可是他連加、減、乘、除都還作不好、都還常常作錯；那你要如何跟他講清楚微積分？講不清楚！所以他會今天弄一個問題來、明天又一個問題來、後天又一個問題來，他的問題多得不得了！你跟他講上十年都還講不清！那你要不要繼續跟他講？你們怎麼都搖頭？就像那句俚語講的，秀才遇見什麼？（眾答：兵。）有理說……（眾答：不清。）對啊！就是這樣。

從我弘法以來，好多同修都說他們懂《成唯識論》；等到《成唯識論》上課後才說：「原來是這樣！我以前都誤會了。」可是永遠都會有人自以爲很行，而其實不行！那不行的人因爲有上慢，越發要表現自己，所以就不斷地寫、不斷地寫；寫到後來呢？每一篇文章都成爲一根根的狐狸尾巴，就是這樣。連沒有實證的人都可以看得出來：「這個人落在意識裡面！很清楚。」所以「無闕失見」要從「得具足見」來，然後當人家說錯一個法的時候，你可以從很多個面向來說他爲什麼講錯了；可是你遇到的那個人，得要不是「兵」！（大眾笑…）如果遇到的那個人是「兵」，你再怎麼講也講不清！你要感嘆說：「我這個秀才沒奈你何！」只能這樣。意思就是說，這些人跟隨諸佛如來，包括人與非人、天龍八部等，同樣可以實證有爲、無爲；證了以後也一樣不染著生死，都是追隨諸佛世尊而得解脫；他們同樣可以「得具足見、無闕失見」，他們就這樣具足一切法，而且具足親近諸佛如來。

親近諸佛如來時得要全心全意來親近，如果像《法華經》講的，有的人來聽 佛說法，一舉手、打個招呼就坐下聽了；或者看一眼就坐下聽了；有的人合掌、稽首然後坐下聽；乃至有的人右繞三匝才坐下聽，各不相同。那你從這些去看他們的得法因緣，就差不多知道了。因爲他們之中，對 如來有具足信，當然可以證法；如果沒有具足信，像世俗人一樣打個招呼，然後就坐下，那就是像朋友一樣，所以我有好多朋友到現在都還沒有入門；我也有好多朋友在學佛，到現在都沒有進到正覺同修會來，但我也都不跟他們演說佛法。我說佛法就是在這個地方，特定的地方，在外面不說法；因爲我說了，他們聽不懂，沒有知音，說起來多沒趣！你們是我的知音，講起來這法就很勝妙、有味道，應該說叫作韻味；當你聽完兩個鐘頭，去搭車回家，想著、想著，法味猶存！所以「具足親近」不容易，很多人都是無法「具足親近」的。接下來 如來開示完了，阿難又問了什麼？

經文：【阿難言：「云何如來得具足見、無闕失見，具足聞佛、具足見佛、具足

親近？」佛告阿難：「汝不知耶？」阿難言：「我實不知。」佛言：「汝今諦聽！當為汝說。」阿難言：「唯然世尊！願為解說。」「阿難！汝今聞我釋迦牟尼佛、已聞、當聞，如是等皆得不退於阿耨多羅三藐三菩提，何以故？一切法身若有所說，其見聞者皆悉利益。阿難！若以一華供養如來，及般涅槃後為佛舍利起塔供養，亦得不退於阿耨多羅三藐三菩提。」

語譯：【這時候阿難又說：「怎麼樣才算是對如來得具足見、無闕失見，具足聞佛、具足見佛、具足親近呢？」佛陀告訴阿難說：「你眞的不知道嗎？」阿難說：「我確實不知道啊。」佛陀說：「你如今詳細聽著！我當為你解說。」阿難回答說：「非常好啊，世尊！願您為我解說。」佛就說了：「阿難！你如今聽聞我釋迦牟尼佛這個名號，不論是過去已曾聽聞、未來即將聽聞也都一樣，像這樣聽聞的人都可以不退轉於無上正等正覺，為何這麼說呢？一切的法身佛如果有所說，所有看見、聞見的人全部都能得到利益。阿難！如果以一朵花供養如來，以及如來般涅槃後為佛的舍利起造寶塔而供養舍利，也可以不退轉於無上正等正覺。」】

講義：現在〈降魔品〉快要開始講了，從這裡開始就有文章了。前面說這些天龍八部、人非人等追隨 如來修學，同樣可以「得具足見、無闕失見」；就表示 如來一定自己先有「具足見、無闕失見」，才能夠教導大家「得具足見、無闕失見」。就好像說一個不會游泳的人來叫人家說：「你們來跟我學，我會教你們游泳。」一樣的道理，得要實證的人才能教人家實證。如果沒有證得禪定的人說：「你來找我、供養我一萬五千塊人民幣，我就幫你證初禪，只要半個月就好！」這是大陸一位姓黃的退轉者說的話，這表示什麼？表示他無法教人實證，得初禪的人會向人收取錢財嗎？貪財的人表示他還住在欲界中，沒證初禪。以前聖嚴法師也說：「你們不要管我有沒有悟，只要我能幫你開悟就行了，我有沒有悟不重要。」那就像一個不會游泳的人，說他能教人家游泳一樣；現在大陸那個沒有證得初禪的人，說你只要供養他一萬五千元人民幣，他就可以教你怎樣證得初禪，這也是空話！

所以「得具足見、無闕失見」首要的前提就是：「具足聞佛、具足見佛、具足親近。」那麼請問諸位：「如來在這裡說的『佛』到底是講什麼？」（大眾答：如來藏。）嗄！你們都知道了！厲害啊！可見你們對 如來有「具足親近」。可是從法上來講，怎麼樣叫作「具足親近」呢？（有人說話，聽不清楚。）大聲一點！對！實證。好，「具足聞佛」實證了以後，每天聽聞你自己的如來在爲你說法：「這個就是佛，這個就是佛！」而且聽聞了以後也許不算數，說要親見、要眼見爲憑，後來終於親自看見了。聞見、也親自看見了，可以跟自己的如來互動了，這才叫作「具足親近」。

「具足親近」的另一句話就是說：「你不能沒有祂！」當你發覺：你不能沒有祂的時候，你才算是「具足親近」了。所以在事相上講「見佛、聞佛、具足親近」那是另一回事了，但這裡開始講的是你要實證。阿難一時沒有聽出 如來的言外之意，所以就提出來問。因爲前一段 如來講的其實就是這個「實證」的意思，阿難一時沒聽出來，就提出來問，所以 如來再問一次：「你眞的不知道嗎？」阿難很直心哪！從來不遮護自己的想法，他對 如來是完全坦然的，所以老實答道：「我確實不知道。」

如來其實知道阿難知道，但是阿難一時沒有想到這個部分來，所以 如來就說：「那你如今就詳細地聽好，我將要爲你解說了。」阿難當然很高興說：「唯然世尊！願爲解說。」然後 如來就說了：「阿難！你如今聽聞我釋迦牟尼佛名號，過去有人已聞、未來有人當聞，像這樣的人都可以不退轉於無上正等正覺。」我們現在來探討一下：「爲什麼當聞、已聞、現聞釋迦牟尼佛，就可以不退轉於無上正等正覺？」釋迦名爲「能仁」，牟尼名爲「寂靜」，請問諸位：你們身上有沒有一位釋迦牟尼佛？（大眾答：有！）答得好！你看，祂仁至義盡，沒有一時一刻不是爲你！所以祂「行於一切仁義」，當然叫作「能仁」，可是祂自己的境界裡面從來不了別六塵。

諸位想想看：如果你覺知心可以離開六塵而存在；我說的是如果，沒有六塵，你想想夠不夠寂靜？夠寂靜了！而第八識如來的境界就是這樣。意識心當然沒有辦法離開六塵而存在，因爲至少要有法塵；可是自身如來的境界裡面迥無六塵，連一絲一毫的法塵都不存在，所以叫作「牟尼」；能仁而又寂靜，只要誰聽聞到「能仁寂靜」這個法，將來都可以不退轉於無上正等正覺。

如來就解釋說：「爲何是這樣呢？」然後就說：「所有一切有情的法身如來如果有所說，那麼聽聞到法身說法的人、或者看見法身說法的人，全部都可以得到利益。」這時候牽涉到「法身」，那「法身」到底叫作什麼？（大眾答：如來藏。）欸！諸位都知道是如來藏。有一部經也說：「如來藏者，即是法身。」說如來藏即是法身；我記得好像是《佛說不增不減經》。所以第八識就是法身、就是如來，因爲一切諸法莫不從之生，所以祂就是諸法的本體，是說諸法都以第八識爲體。這個法身既然離見聞覺知，維摩詰菩薩講過：「**法不可見聞覺知。**」如果你是以見聞覺知當作是「法」的話，那就不是法；所以行於見聞覺知，如果落入見聞覺知當中而求法，那叫作見聞覺知，不是求法的人！

我們正覺弘法之前，幾乎是全部的道場談到證悟時都叫作「**離念靈知**」；現在我們有一批退轉的人也說離念靈知就是無分別心，所以那位張先生主張說：「**阿賴耶識能分別五塵。**」他是認爲離念靈知心中沒有語言時就是無分別，所以他認爲阿賴耶識不分別法塵。然而 佛說的法身是第八識，他們講的是說，離念靈知意識心就是無分別心！但我講經時也譬喻過很多次，如果有個大法師來，說他證悟眞如了、說他證悟般若了、說他證悟的是無分別心，那你問他：「**哪個無分別心？**」他說：「**就是離念靈知啊。**」我常常講過說：你聽到的時候，當場就給他一巴掌。因爲他認爲那是無分別心，你這一巴掌打了下去，他得要質問你吧？你不就可以問他說：「**那你不是分別了嗎？否則你怎麼知道我打你？**」離念靈知是分別心，離念靈知跟意識一樣，它其實是意識修定之後產生的一個粗淺的定境，如是而已！這離念靈知具足五遍行跟五別境心所法，你這一巴掌下去，他的瞋心又起來，惡心所也上來了，還是離念靈知啊！他生氣的時候並沒有心裡先想說「我這時候要生氣」然後才氣起來，都沒有！還是離念靈知生氣啊！所以法身是第八識，第八識離六塵的見聞覺知，不可能是離念靈知。

那現在問題來了，佛說：「一切法身若有所說，」這下糟了！法身到底說了什麼？有的人會想：「我又沒有遇見法身、還沒有證得法身，我怎麼知道祂跟我說什麼？」可是我告訴你：「祂每天從早到晚都一直不斷地在告訴你，而不管祂說什麼，祂都是爲你說法；有時候法身跟人家諂媚、有時候法身一副貢高我慢的樣子。」這時候一定有人想：「奇怪！您不是跟我說法身離見聞覺知嗎？怎麼會貢高我慢、怎麼會諂媚人呢？」可是我告訴諸位：「其實一切都是法身，一切都是法身哪！」那問題來了：「法身跟五蘊和合在一起，你要怎麼樣把祂找出來？」這才重要；找到了以後，你就說：「啊！果然法身一天到晚都在爲我說法！」可是祂一天到晚跟你說法時，卻沒講過一句話；而你這個五陰一天到晚在講話，你五陰其實卻不曾說法，都是法身在說法；法身說了法，卻沒說法，是你的五陰身在說法。聽到這裡怎麼辦？越聽越迷糊了！可是實際上正是這樣：一切法莫非法身！所以佛法厲害就在這裡。

你如果是落到離念靈知裡面當作阿賴耶識，那離念靈知一念不生就不會思惟佛法，卻能了知五塵，所以就說阿賴耶識會了知五塵、不會法塵，現在有人在網路上貼文這麼講。那表示什麼？表示他落在意識的境界裡面，認爲意識不思惟時沒有語言文字就是不分別，所以叫作離念靈知，就說那離念靈知叫作如來藏，就是阿賴耶識；但其實只是意識，他落在粗意識裡面！

那我剛剛講的那個道理，他聽了就會罵：「這是胡說八道！他根本不懂佛法，這蕭老師亂扯！」可是等你證悟法身的時候，你回想起來：「啊！果然阿賴耶識從來不分別六塵！」那時如果是在打坐，觀察清楚了，叫作拍膝叫絕；如果你坐在案前，你就拍案叫絕！因爲眞的是這樣。所以諸地菩薩看一切法莫非如來藏，全都是法身哪！所以禪宗有的祖師說了：「青青翠竹盡是法身，鬱鬱黃花無非般若。」確實是這樣啊！所以你只要看見了法身、聽見了法身，你就有利益了，因爲你的

「根本無分別智」因此誕生；有了這個根本無分別智，你再去讀經閱論，其樂無窮！所以「聞見法身」或者「看見法身」全部都可以得到利益，因為知道自己身中有這麼一尊佛，叫作能仁寂靜佛、叫作釋迦牟尼佛。

那麼 如來最後點了出來，這是畫龍點睛：「如果以一朵花供養如來，這是一種；第二種、如來般涅槃後為佛舍利起塔供養，這兩樣只要有一樣你會了，『亦得不退於阿耨多羅三藐三菩提』。」你看 釋迦如來這個法厲害吧？以一朵花供養如來。有人會覺得奇怪：「怎麼以一朵花供養如來，就可以不退轉於無上正等正覺？」有的人想不通說：「我每天在供花，我怎麼都還沒有辦法體會到？」當他哪天來問我這個問題的時候，我就要反問他：「你倒說說看，什麼叫作以花供養如來？」如果換從禪門來講，禪師就要反問了：「汝喚什麼作供花？」這就好像禪三的時候，我告訴某甲：「吃水果！」他吃了以後，我看一看，就說：「原來你不會吃！」我當面說他不會吃水果，因為吃水果不是那樣吃的！對啊！家裡人吃水果、跟門外漢吃水果是不一樣的！以一朵花供養如來，如果懂得什麼叫作「以花供養如來」，他就是一個已經看見法身佛說法的人。

再不然，釋迦如來般涅槃後留下了碎身舍利，去買一個舍利塔供養那些碎身舍利，這叫作「起塔供養」。「起塔供養」不一定是要那個磚頭石塊這樣疊上七層樓來供養。當年阿育王八萬四千佛塔一日之間完成，就像我們的舍利塔一樣，一個一個舍利塔送到各個地方同一天都供起來，就八萬四千塔完成了！如來說舍利塔有時候用一片樹葉，然後「表刹如針，蓋如浮萍」這樣弄成一個小小的舍利塔，放上舍利供養就叫作「起塔供養」。所以不要想像說，一日之間八萬四千個七級浮屠都建起來，不是那麼回事！

那麼 佛入涅槃後，以佛舍利用舍利塔裝好供養起來，供養完成時就不退轉於無上正等正覺了。這是什麼道理？有的人以一花供養如來、有的人爲如來舍利起塔供養，同樣都可以不退轉於無上正等正覺。這就是說，得要親自看見了、親證了什麼叫作「親近如來」；也就是說得要他實證了，有智慧可以現觀、不退轉了，這就「不退轉於無上正等正覺」。如果他沒有現觀的能力，那他純粹靠思惟時一定會錯誤，因爲這個法身不是靠思惟可得；如果靠思惟可得，退轉的人也不會回墮於意識境界裡面，所以這個法要親證。

如果是我奉送給他呢？他看不見、聽不見，當時是用死記的；可是人的記憶力不可靠，人的記憶力一兩年就過去了，到時候想不起來：「我去禪三時，那蕭老師到底幫我悟個什麼？」想不起來！於是繼續思惟擠破了腦袋，擠出個東西來，叫作「離念靈知」；所以當離念靈知不用言語思惟時，他就自認爲是跟法不相應、自認爲跟法塵不相觸、不分別，其實也觸法塵及分別了。

但離念靈知一定會跟五塵相應，所以青黃赤白知道是青黃赤白、聲音大小知道是聲音大小，那就是離念靈知、就是意識心！結果硬要說那個叫作如來藏、叫作阿賴耶識；這表示他當時打禪三的時候，對我指導他的如來藏這個妙法，他沒有生起勝解及現觀；有勝解就會產生念心所，而他沒有勝解，就不能夠憶持第八識，沒有念心所，那叫作退轉，所以說起來還是要自己辛苦參究的好。我現在想一想，把法送給人家好像常常會送錯，就好像一百個裡面會送錯一個，或者五十個之中會送錯一個；送錯了一個就很麻煩，所以以後少送的好！

這樣講過了以後，諸位有沒有想一想：「爲什麼以一花供養如來、或者以一個舍利塔供奉佛舍利就可以見聞法身呢？」如果你常常供花，明天早上買了一朵花回來，切花只要一朵就可以買了；小心注意著，明早好好供上去，看看法身何在？如果你見到法身了，就會聽聞到法身說法，保證你不退轉於無上正等正覺。可是 佛這樣講了，阿難當時到底有沒有聽懂呢：

經文：【阿難言：「乃至畜生得聞佛名，亦得阿耨多羅三藐三菩提耶？」佛言：「阿難！若復有人聞釋迦牟尼佛音聲、稱其名號，皆是阿耨多羅三藐三菩提種子。若善男子、善女人聞釋迦牟尼佛名號，如其所說皆實不虛；阿難！譬如尼拘陀樹，若一、若二、若三、若四，乃至五、十、百、千無量等眾，止息其下悉蒙覆蔭。阿難！於汝意云何？尼拘陀子爲大小耶？」阿難言：「尼拘樹子最爲甚小。」佛告阿難：「如是尼拘陀樹，以水雨、糞土、人功因緣，積其日月漸漸長大。」阿難言：「如是世尊！」】

語譯：【阿難聽完以後又問道：「乃至於畜生聽聞到佛陀的名號，也可以不退轉於無上正等正覺嗎？」佛陀說：「阿難！如果還有人聽聞到釋迦牟尼佛的音聲、口中稱頌釋迦牟尼佛的名號，這一些都是無上正等正覺的種子。如果有善男子、善女人聽聞釋迦牟尼佛的名號，猶如前面所說的那樣都是眞實而不虛妄；阿難！譬如尼拘陀樹，或者一個人、或者兩個人、或者三個人、或者四個人，乃至五個人、十個人、一百個人、一千個人或者無量等眾，停止而休息在尼拘陀樹下，全部都承蒙這棵樹的影子所覆蔭。阿難！在你的意下覺得怎麼樣？尼拘陀樹的種子是大還是小呢？」阿難說：「尼拘陀樹的種子非常非常小，可以說是最小的。」佛陀告訴阿難說：「就像是尼拘陀樹一樣，它的種子用水雨、糞土、以及人爲施加照顧的因緣，只要經過長久的日月以後，它便能漸漸長大。」阿難回答說：「就像您說的這樣，世尊！」】

講義：阿難問的是：「不管什麼人，乃至於畜生可以聽聞到釋迦牟尼佛的名號，他（牠）也可以證得無上正等正覺嗎？」佛陀說：「阿難！如果另外有人聽聞釋迦牟尼佛的音聲、稱頌祂的名號，都是無上正等正覺的種子。」請問如來有說到畜生嗎？如來沒有說畜生喔，所以如果畜生聽聞你說「釋迦牟尼佛」，不算數！因爲不懂「釋迦牟尼佛」就是「能仁寂靜」的有情，聽了都是不算數的，而且如來沒有說畜生聽聞以後也可以不退轉於無上正等正覺；如來說的是：「另外如果還有人聽聞釋迦牟尼佛的音聲，跟著稱頌釋迦牟尼佛的名號，這就是無上正等正覺的種子。」如來說的是人，沒有說畜生。所以如果你聽聞到 佛說「只要稱頌釋迦牟尼佛的名號，就可以不退轉於無上正等正覺」，回家就趕快跟家裡的貓兒、狗、鳥講，我告訴你：「沒用！因爲牠聽不懂，要有勝解才行。」「勝解」是說，要能夠勝解說：「我們自己身上有法身如來，叫作釋迦牟尼佛。」要有這個勝解；如果牠聽了不懂，那就只是音聲而已，沒有作用。

但是我在這裡要先說明一個前提：想要聽聞 釋迦牟尼佛的名號，就可以不退轉於無上正等正覺；套一句「一行三昧」所說的一句話：「當先學般若波羅蜜。」換句話說，你要先經過一段時間的般若智慧熏習，知道人人身上都有一個第八識，這個第八識是處於離六塵分別的寂靜狀態中，但是從來不曾休息地、不斷地在幫助你，所以祂叫作能仁；要先聞熏「般若波羅蜜」。

那麼狗沒有熏習般若波羅蜜，你家裡養的寵物鳥、貓，牠們沒有學習過，老實說學習後也不懂！那你每天繞著牠唸「釋迦牟尼佛」也沒用！反而牠們會疑惑的眼神看著你：「我這主人是不是瘋了？」所以 如來說的是人。換言之，這些人聽聞之後，他對於「釋迦牟尼佛」這個意思懂了；然後你再繼續跟他談「釋迦牟尼佛」；終於有一天他找到了自己身上的釋迦牟尼佛，可以體驗與現觀了，這樣才能夠不退轉於無上正等正覺。

如果只是聽聞音聲，沒有聽聞熏習過「般若波羅蜜」，那他如果聽聞到「釋迦牟尼佛」的音聲、跟隨著稱頌「釋迦牟尼佛」的名號，他可以作為未來證悟無上正等正覺的種子。換句話說，他只要聽聞過「釋迦牟尼佛」的名號、也跟著稱頌過了，他將來就有證悟的因緣，而且證悟以後不會退轉；但悟後不退轉的前提還是一樣：當先學「般若波羅蜜」，要懂這佛號的意思。不然的話，你看看好多人參加法會，都唱誦過「釋迦牟尼佛」，為什麼悟不了？甚至有的人上山打禪三，我們送給他、幫他悟了，他還會退轉呢！因為沒有好好學般若波羅蜜，跟著去學習釋印順的那些外道假般若波羅蜜，那就沒辦法了！所以種下這個善根是好的，聞熏佛法的時候，不能被人家誤導。

如果沒有被誤導，聽聞「釋迦牟尼佛」的名號、自己也跟著稱頌「釋迦牟尼佛」，有一天他在唸著「南無本師釋迦牟尼佛」，這樣持續唸著、唸著，突然就會了！他就會了，那時他就「聞見釋迦牟尼佛、親見釋迦牟尼佛」；從此以後，每天親近「釋迦牟尼佛」，當然他就「不退轉於無上正等正覺」。所以聽聞的時候具足信很重要，而且聽聞佛法的時候，沒有被人誤導很重要！所以我們寧可當惡人被天下人罵，也要幫大家把錯誤的知見殺掉，建立正知正見，他們未來才有辦法實證。你們如果不信的話，你上網去看看，只要打上「蕭平實」三個字，那眞的叫作罵名滿天下。可是諸位不會受影響，是爲什麼？是因爲你的善根夠。

所以一般人想要進入正覺很難的！問說正覺是誰在講經說法？是蕭平實！哦！先上網查一下：「蕭平實。」哇！罵名滿天下！一百條消息，倒有九十九條在罵蕭平實；那你要進入正覺來，是不是要躊躇再三？恐怕再三還不足以形容！要躊躇再十、再二十、再一百，所以不被誤導是很重要的事。誤導眾生的事情，我們當然要加以滅除，所以我們就只好指名道姓破斥那一些大師；沒有人敢破的大師，我們就破，還要讓他們無法回應。

幫大家建立正知正見是很重要的事，所以很多的道場主人都在偷偷閱讀蕭平實寫的書，可是白天說法繼續罵蕭平實，那你說他們有沒有證悟的因緣？沒有！

因爲他們已經造了謗三寶的大惡業，如何可以有實證的因緣？這事情本來就是這樣，但是如果有人沒有被誤導，比如說他們座下的徒弟們，有一天遇到個好朋友推薦給他，然後他讀了以後：「這才有道理啊！原來我以前在網上看見人家罵蕭平實的文章都講錯了！」那就表示他可以開始熏習正確的般若波羅蜜；這時就是種下了不退轉於無上正等正覺的種子，可是剛種下去的這個種子可能非常小。

聽說尼拘陀樹的種子比芝麻還小，可是施加以人功、雨水、糞土，結果長到十幾公尺高，最高可以到四、五十公尺，比我們這棟大樓還高！長到十幾公尺的都叫作小老弟，尼拘陀樹長很大！因此 如來就說：稱念佛名、聽聞 釋迦牟尼佛名的人得是什麼人呢？這裡點出來了：「若善男子、善女人聞釋迦牟尼佛名號，如其所說皆實不虛；」得是善男子和善女人，不是一般人！如果心裡面疑心很深重，落入六識論的邪見中，這個病根永遠沒有斷除，老是相信釋印順的六識論邪見，你能說叫作善男子、善女人嗎？不行！

所以 如來這裡定義了善男子與善女人，就是說：「這個人一定是信受八識論的人，相信自己身中有一尊佛叫作釋迦牟尼佛，不是相信緣生性空。」這樣的人才叫作善男子、善女人。如果有人像張志成那樣說：「正覺說禪宗的開悟是證第八識如來藏，那個不是禪門的見道，不是佛門的見道！」可是禪宗難道不是佛法嗎？難道禪宗是外道法嗎？所以當他否定了第八識時，他又想要證眞如，問題是：否定第八識後哪有眞如可證？而禪宗的見道就是證第八識眞如，沒有第二句話。

眞如是第八識的眞實法性，祂永遠眞實存在，表現給你看的識性就是眞實存在而且如如不動，所以你罵祂也好、打祂也好，祂都如如不動；因爲你罵不著祂、打不著祂；而且離開了第八識，就沒有眞如法性可證了，那他想要離開第八識而證眞如、想要獲得眞見道的根本無分別智，哪裡去證？哪裡去得？所以他信受釋印順的六識論邪見，就不是善男子、善女人了！

如來已經把這個道理定位清楚了，因爲釋印順是六識論的邪見人，他否定第八識，他說第八識叫作外道神我；那他不相信第八識時，哪裡去證眞如啊？可是現在還有琅琊閣、張志成相信釋印順，然後跟著釋印順的邪見就退轉了，妄想一個想像中才存在的三無性眞如，那就不是善男子、不是善女人！所以你得先使自己變成善男子、善女人，這個就很重要；如何建立正知正見，使自己成爲善男子、善女人是很重要的。

因此你要好好修行六度，布施度修好了，就去受戒！持戒度修好了，修忍辱！忍辱要靠精進，從精進學法裡面得法忍；精進學法之中受到其他人的排擠而能忍，就能得生忍；所以進正覺同修會而不能忍的人，與法都沒有因緣的，因爲他忍辱度都還沒有修好，憑什麼要證般若？請大家注意這一點：布施度修好了才能持戒，否則持戒度修不好；持戒度修好了才能修忍，忍於一切人的惡形惡狀、忍於法是那麼的深、那麼難解；難知難解的法也能忍，能忍之後才有辦法精進，否則一遇到事相上的不如意就退轉了！能夠精進了，才有辦法定下心來好好禮佛、作功夫；動中的「未到地定」建立好了，修學靜慮才學得成功；否則叫你參禪，你說：「**我不想參禪，那多辛苦！我不要！**」或是參禪時老是打妄想，無法專心參究。有了定力，心得決定說：「**我就是要證般若！**」那時候才能去修學「般若度」那一些法，然後到了「四加行」才學得進去。這四加行最終的目的是要讓諸位信受：能取諸法的七識我是空性如來藏、被這個我所取的一切六塵諸法也是空性如來藏，叫作「**能取空、所取空**」。你如實信受以後，你才會想辦法去實證如來藏。

證了如來藏以後才發覺：「祂果然是眞實而不可壞，我終於找到祂。我找到祂以後，我百般地褒獎祂，祂也是如如不動，都不跟我回應，祂都不動其心；我看祂不動其心，生氣起來就罵祂：『你這個忘八蛋！』沒想到祂還是如如不動。哎，果然是『如』。眞實而又如如！這不就是眞如了嗎？啊！我證眞如了！」這就是眞見道，因爲祂不分別一切法、離見聞覺知。這個正知見，如果你還沒有證如來藏，就得先把這個正知見建立起來，否則〈降魔品〉你聽不懂的！

那麼如果這樣聽懂了，知道自己身上有一尊如來，叫作「釋迦牟尼佛」，光輝燦爛，無比的智慧；可是祂卻不了知六塵境界中的一切法；而這一尊「釋迦牟尼佛」被一朵枯萎的五陰花籠罩著，什麼時候把這枯萎的花剝開了，「釋迦牟尼佛」就光輝燦爛地現前了！這就是《大方等如來藏經》十喻之一的「萎花喻」：一朵一朵枯萎的花，裡面都各有一尊光輝燦爛的「釋迦牟尼佛」，萎花是譬喻五陰。如果你有好好的修「四加行」，知道我們這能取的七轉識、我們所取的六塵與五色根，全部都是「釋迦牟尼佛」的一部分，全部都是空性中的一部分；你這個「煖、頂、忍、世第一法」都修好了，福德也夠、性障也降伏或者斷除了，那麼依於你現有的未到地定，有一天你就可以實證，實證了就成爲不退轉者。

雖然有人今天還沒有實證，但是聽聞到這個法，心裡面就默默的念著：「南無釋迦牟尼佛！」也就是說，你願意歸命於自己的「釋迦牟尼佛」，然後有一天想到：「我能這樣歸命，也是因爲釋迦牟尼佛來人間教導，我才有辦法聽到這樣的妙法。」然後同時也歸命於身外的 釋迦牟尼佛。這就表示：你這一顆尼拘陀的樹種子成就了，因爲你信了，信了就是這顆種子成就；雖然祂很小很小、小到你看不見，但是有一天你不斷地灌溉祂，而祂以你這個五陰之身作爲糞土，陽光晒一晒，每天給祂一點水；經過年月日時，祂就漸漸地生長起來。

所以 如來講了這個譬喻：尼拘陀樹長大以後，它長到幾十公尺高；這時候不論是一個人、兩個人、三個人、五個人、百個人，或者無量等眾，來到這棵樹下棲止時，全部都可以得到它的覆蔭。你們知道印度太陽很大，現在臺灣太陽也比以前大多了；如果有那麼一棵樹，你來到樹下就得到覆蔭。同樣的，每一個人其實都有這麼一顆種子，你要好好加以培養讓祂長大，這才是重要的事；「長大」就是說你得要證悟，證悟以後繼續進修，你才知道這顆種子在哪裡，才有辦法澆水；

如果那顆種子在臺北，你每天跑去臺中澆水，沒有用！你要先知道祂在哪裡，然後好好澆水；祂漸漸長大，你越來越得到更多的覆蔭。祂如果才只是像一棵小樹一樣呢，你人都比祂高，怎麼得到祂的覆蔭？那你如果把祂培養、讓祂長得很高，你每一世都可以得到祂的覆蔭。

尼拘陀的樹子本來就很小，可是你這樣照顧以後，「**積其日月漸漸長大**」，祂就可以回過頭來覆蔭你。所以，假使每一世都沒有錢財，我也不怕！爲什麼呢？我只要出來演說這個法，眾弟子來供養我，我也可以過日子；難道我教這樣的法利樂大眾，沒有一個弟子肯發心布施一戶公寓給我住嗎？難道沒有另一個弟子願意發心說：「**我供養您每天三餐。**」一定會有的，這不就是得到覆蔭了嗎？可是我不期待這個覆蔭（大眾笑…），我期待的是另外開闢更多的福田，然後大家都來種這個福田，因爲種這個福田時，大家的福德跟我綁在一起，這樣諸位未來多生多劫都可以繼續跟我相遇。這樣到底好不好？（大眾齊答：好！）

「好哇！有善知識開闢福田，當然我要跟善知識一起種，將來跟善知識福德綁在一起，不怕來世遇不到善知識；如果是惡知識，我才不要跟他接觸！因爲跟他接觸不會有福德；追隨他去作事，只能是虧損法事、虧損三寶，有什麼福德？我才不要跟他接觸哩！」如果是惡業，就不要綁在一起，善業福德才要綁在一起。所以阿難聽了就說：「如是世尊！」表示他信受 如來的聖教。那接著 佛陀怎麼開示呢？

經文：【佛告阿難：「以尼拘樹子本甚微小，以水土日月因緣故漸漸長大，如是，阿難！得聞釋迦牟尼佛名，善根種子終不敗壞。不退於阿耨多羅三藐三菩提亦復如是，何以故？無相種子於一切不住，是故不壞；以不壞故，如是種子不可毀壞，亦不取相，是故於一切法不壞。」阿難白佛言：「世尊！爲是如來本願之力？爲是諸佛法應爾耶？」佛即答言：「以本願力故，若有眾生聞我名者，皆得不退於阿耨多羅三藐三菩提。一切諸佛法亦如是，何以故？一切佛法皆平等故。」阿難言：「一切佛法平等，有何利益？」佛言：「能令眾生雖不聞法，以發願力故，亦使得同聞法利益。」】

語譯：【佛陀告訴阿難說：「由於尼拘陀樹的種子本來就非常的微小，藉著水土日月因緣的關係漸漸地長大，就像是這樣子，阿難！如果能聽聞釋迦牟尼佛的名號，他的善根種子終究不會敗壞。不會退轉於無上正等正覺的道理也就像是這樣，爲什麼呢？無相的種子於一切法之中都無所住，由於這個緣故所以不會敗壞；由於不會敗壞的緣故，像這樣的種子就不可毀壞，而且也不會去執取任何的法相，由這個緣故於一切法中自然也不會敗壞。」阿難稟白佛陀說：「世尊！這究竟是如來的本願之力？或者是諸佛的法本來就應該是這樣的呢？」佛陀隨即答覆說：「由於本願力的緣故，如果眾生有聽聞到我的名號的人，都可以不退轉於無上正等正覺。一切諸佛的法也像是這樣子，這是什麼緣故呢？因爲一切諸佛的法都是平等的緣故。」阿難聽了又說：「一切佛的法平等，這有什麼利益呢？」佛陀答覆說：「能使令眾生雖然不聽聞佛法，由於諸佛發願力的緣故，也能使得大眾全部同樣得到聞法的利益。」】

講義：尼拘陀樹的種子很微小，但是經年累月去照顧，它終究會長大。聽聞到釋迦牟尼佛的名號，知道自己身中有這麼一尊「釋迦牟尼佛」，這個善根的種子也是一樣，祂不會敗壞。人之所以不懂得求悟，是因爲他沒有聽過這樣的法；如果聽聞過這樣的法，知道自己身中也有一尊「釋迦牟尼佛」，這個種子就建立了；而這個種子無形無色、不是色法，所以祂不會敗壞；這樣的善根種子使你聽聞之後，生生世世都會信受第八識的妙義，再也不信受六識論，因爲你的種子已經在了。所以如果有人告訴你說：「你就只有六個識，你只要把意識修成沒有念，那就變成眞如了！」你聽了一定不信。如果告訴你說：「人有六個識，還加上第七識意根，還有第八識如來藏……。」都還沒有繼續講，你聽到這裡眼睛就亮了：「啊！這個是我要的！」因爲你的種子已經在，所以不退轉於無上正等正覺的道理就像是這樣；因爲你有這個無相的種子，你知道這個心無形無色，知道祂是無相的，你首先有這個種子在。有了這個種子，你知道祂離見聞覺知，不了別六塵境界中的一切法；既然不了別一切法，就表示祂於一切法中都無所住，不住於任何一法中，所以祂是不可壞的；你有正知見，懂這個道理了。

既然像這樣的種子是不可毀壞的，也是不取相；既然這樣，祂又跟一切法同時同處，那你就不用壞一切法來求菩提，就在一切法裡面去把祂找出來。所以參禪的道理就是把五陰、十八界等一切法一個一個找出來，看看是不是眞如？這個不是，就把它否定掉，再找別的！一個一個找出來，十八界都不是，那到底還有什麼？還有心所法，心所法也不是，那還有什麼？貪瞋癡，貪瞋癡也不是！所有的法都否定掉了，剩下那一個法，你就算是心中有疑，這時候也得把疑斷了；因爲都沒有別的法既眞又如了，那就只有祂！

所以有的人找到祂以後，心中不得決定，老是疑：「這到底對不對？」他心中疑呀！有的人疑幾個小時，有的人疑幾天，有的人疑幾年，有的人要疑上幾劫！你說，這個法難不難？難就在這裡呀！可以疑上幾劫！後來有一天聽聞到有 如來出世，趕快去聽 如來講經。如來講經完了，他說：「啊！原來這個對喔！沒有錯！」心得決定，他就得到無生忍了。所以爲什麼 如來講經說法時會有很多人或者得「**無生忍**」，或者生起「**法眼淨**」，或者得到「**無生法忍**」呢？是因爲以前他心中不得決定。當他證得了自心如來以後心中猶豫，可是一直沒有佛出世，他就懷疑呀！後來有佛出世了，說完經時他自己印證了，經由佛所說的法來印證自己所證的這個心，然後心得決定，於是無生忍就現前了！

因此說找到與自己五陰同時同處的這尊「**釋迦牟尼佛**」時，是不是離開一切法去找到的？（大眾答：不是。）不是喔！祂跟一切諸法和合似一，跟一切諸法同時同處；你如果離開了一切諸法，就找不到祂了！所以有這種無相種子的人「於一切法不壞」。想要更深入去體驗這「釋迦牟尼佛」第八識，也不能壞一切法；因為你得要在一切法中好好去體驗祂，你在體驗的過程就等於是祂在跟你說法。

那麼體驗第八識「釋迦牟尼佛」時，是不是都只在自己身上體驗？也不一定！有時你從別人的「釋迦牟尼佛」那裡，也能體驗到另外一部分。所以 佛陀告訴我們說：「你念一尊釋迦牟尼佛，就是念千萬億尊釋迦牟尼佛。」因為從無始劫來到現在，不是只有一尊 釋迦牟尼佛成佛，而是有很多尊；你念其中一尊就是念全部的 釋迦牟尼佛，因為你想的是 釋迦牟尼佛，而祂們都是 釋迦牟尼佛，所以祂們全都感應了：都知道有人在念 釋迦牟尼佛，到底是哪個人在念。那你念自心「釋迦牟尼佛」時也是一樣，當你悟後每天聽聞「釋迦牟尼佛」為你說法時，你同時也就聽見別人的「釋迦牟尼佛」為你說法；所以有時自己體驗，不如藉別人身上的「釋迦牟尼佛」來體驗也行。

所以這時的這個種子不可壞，「亦不取相」，因為「釋迦牟尼佛」沒有相啊！

無形無色，哪來的相？但可以方便說祂有行相。祂有什麼行相呢？我們可以從「持業釋」來講，持業釋、依士釋有人說我不懂這個，但我跟諸位講過這六種釋叫作判教，寫出來時就成爲教判，大家遵照那個教判去讀；但是作教判的人正在作時便叫作判教，這是動詞。你自身的「釋迦牟尼佛」第八識如來藏以什麼爲業？以執持爲業。我現在等於在教諸位唯識，持業釋、依士釋等六釋之中，現在講其中的一個叫作持業釋，阿賴耶識以執持種子爲業，阿陀那識以執持身根爲業；那麼就要探討阿賴耶識執持什麼？祂一定有所執持才能成就業，「業」就是行爲，能這樣判清楚了便叫作持業釋。

阿賴耶識執持器世間，執持七識心的種子，執持祂自身的種子，執持四大種子，還執持五色根及六塵種子，你看祂執持的內容很多呢；所以阿賴耶識所造的業很多，只是不叫作業，叫作行爲。那麼請問：這樣阿賴耶識有沒有行相？有！既然有這些業行在，是由祂來進行的，當然祂就有行相了，怎麼會沒有行相呢？你所證的心是不是阿賴耶識？你可以依「持業釋」來解釋、來驗證；如果解釋與驗證都是對的，那就對了。所以〈唯識三十頌〉說，阿賴耶識祂有「不可知執受，處、了、常與觸」，你看，這麼多！這都是祂的業。這樣就是第八識最粗淺的持業釋。責備我不懂的張先生，其實是不懂這些持業釋的正理，所以講出荒腔走板的論述出來。

現在張先生主張說：「**離念靈知就是無分別心，就是如來藏阿賴耶識，能了別五塵。**」那對不對？事實上，離念靈知幹不了這些事啊！顯然他不懂唯識性。那如果再從心所法等，也就是「**依士釋**」等道理再來解釋時，他又是一堆錯誤了！所以當人家說錯了一個法，你只要有唯識種智，就可以從很多個層面、從四面八方來講出他的錯誤，這就是無生法忍的好處。祂既然執持了這麼多的法而造作種種業行，祂有這些業在進行時，祂是不是有行相？對啊！一定有行相！能觀察、能講出這些行相時，就是在宣講**唯識相**，雖然善知識沒有告訴你說：「**我這些法講的就是唯識相。**」你也不能像張先生那樣指責善知識都沒有講**唯識相**，可見他不懂**唯識相**。

那麼阿賴耶識有進行各種事項的法相，雖然祂無形無色，就是行相。那人家告訴你說：「**離念靈知就是阿賴耶識，離念靈知能了別五塵，不了別法塵，所以阿**

賴耶識能了別五塵。」那祂跟這個「持業釋」完全不符啊！一點點都沒有契合！如果要從其他的層面再講，還有很多可以講的，我們沒有時間講那些；因為我要把這部經精彩的部分趕快講出來，我也沒有時間跟那一些六識論的人一來一往，在那邊解釋個沒完沒了；因為你是個大學教授，跟小學一年級的學生討論什麼微積分？沒什麼可討論的！討論上十年也不會有結果；那你這十年拿來寫書或作什麼，可以作很多事情來利益很多人，何必為他一個人浪費那麼多時間！如果寫書、寫論出來，可以利益多少人，而且還不只是利益這一世的人呢！

這就告訴我們，這一尊「釋迦牟尼佛」與一切法和合似一；這個自心「釋迦牟尼佛」跟你身上的一切法和合在一起，好像就是同一個法，好像就是同一個人在運作；所以你如果還沒有找到這尊「釋迦牟尼佛」，想要把祂找出來的時候，你不應該排除一切法，因為祂跟一切法和合並進，同時在一起，這時當然「於一切法不壞」，千萬別像二乘聖人那樣壞一切法而取涅槃。你要找的這個自心「釋迦牟尼佛」，祂不是物質的法，祂沒有任何諸法的法相，例如貪、瞋、癡的法相祂也都沒有，所以也就「不取相」。

眾生難悟般若就是因爲取相，總是取七轉識的行相當作眞如，釋印順、琅琊閣、張志成就是這樣；但阿賴耶識沒有七轉識的行相，所以體驗不夠的人靠思惟、靠想像的，後來一定會退回到七轉識的境界去，特別是退到意識境界去；因爲他連意根都弄不懂，當然要退轉！如來說到這裡就說：「**是故於一切法不壞。**」其實這個就是宗門的法，是把參禪的法都告訴你了，說你不要「**壞一切法**」，所以不要躲到深山裡去自己一個人修行、參禪，那個都叫作打妄想，而是要在一切法紛亂之中去參究！

阿難就稟白 如來說：「**世尊！這究竟是如來的本願之力，或者是諸佛的法本來就應該這樣呢？**」你看，阿難尊者都爲大家問。佛就明白回答說：「**這是因爲本願力的緣故，我釋迦牟尼佛的本願就是這樣，如果有眾生聽聞到我的名號，我都要讓他們不退轉於無上正等正覺。**」今天諸位這樣聽到了 釋迦牟尼佛的名號了，有沒有人沒聽見的？請舉手！好，都聽見了。其他的講堂有沒有人沒聽見的？請舉手！也沒有人舉手，好極了！你們都不會退轉於無上正等正覺了。（大眾鼓掌⋯）眞的啊！哇，其他講堂的同修也在鼓掌。是應該爲自己鼓掌！這就是說，你現在確信自己身中有一尊「釋迦牟尼佛」，將來你實證了以後，我們有很多的法，會教你怎麼樣去檢驗：你證的這一尊到底對不對？會不會是落到意根、落到意識去？我們增上班教的就是這個。

半年後我還要再重講《成唯識論》，以前講的比較簡單，只講了四年；現在預定要講六年，但是我已經預先知道：我以前第一次開講時大家所能吸收的，如果是像張老師、陸老師他們這一些老修行，吸收了大概不會超過五成，其他人大概不會超過一成、兩成；不過第二次開講後，我會把它印出書來，當然增上班所講有一些法義不會印在書中；從印出來的那些書中去讀，所有證悟者就可以吸收到七成、八成。當然六識論者讀了還是白讀，退轉的人讀了還是白讀！因爲他們忘了第八識，或是未證第八識，那也無可奈何，他們的命就是這樣、運就是這樣。

所以由於 釋迦牟尼佛有這樣本願的力量，如果有眾生聽聞到「釋迦牟尼佛」名號，知道自己身中有這麼一尊「釋迦牟尼佛」，他就可以不退轉於無上正等正覺。那麼問題來了：「爲什麼聽聞到自身之中有一尊釋迦牟尼佛，這個道理是由釋迦牟尼佛教導給我們的；我們知道了、聽聞到這個佛號了，爲什麼就能不退轉於無上

正等正覺？」因爲再也不會認定五陰或十八界爲「**釋迦牟尼佛**」了。你會相信：唯有證得第八識時才是眞的懂「**釋迦牟尼佛**」；由於這個正知見，所以將來實證之後能現觀時就可以不再退轉。

那麼 如來接著又說：「**一切諸佛的法也都像我這樣**」，因爲所有一切佛的法沒有差別！例如極樂世界 無量光佛、無量壽佛、阿彌陀佛的道理是一樣的；你們自身中都有一尊「無量壽佛」，因爲無始以來就在，一直都是無量壽呀！而且有無量光，祂每天放光明，結果你眼睛昏暗看不見。眞的啊！不能怪祂，要怪自己！祂不斷地在放光，祂的光被你五陰遮蓋了，然而證悟後或是將來成佛以後，可以持續放光、照耀十方一切佛世界！你說祂光明大不大？當然大呀！所以祂叫作「無量光佛」。

你身中既然有這麼一尊「無量光佛」，就要想辦法去證祂；證祂的辦法就是行菩薩六度，很簡單！這個道理 佛在《優婆塞戒經》講過了。因此說，既然 無量壽佛也是這樣，那麼 東方藥師佛呢？藥師佛也是一樣的啊！以前王建煊說：「**被刀子不小心割了，你看，它就漸漸好了，這就是上帝的奇蹟！**」（大眾笑…）我說他長他人志氣，滅自己威風；那是他自家的第八識「**釋迦牟尼佛**」幫他治癒的，這不就是「**藥師佛**」嗎？否則憑什麼日夜經年它自己好了？你不幫它擦藥，它也會好啊！藥只是遏止細菌滋長而已！

這時候一定有人會想：「**好極了！我找到了。**」但是，在哪裡？（大眾笑…）所以佛法是實證之學，不是玄學，不能靠臆測思惟而得！要靠參禪後的實證。諸佛的法也都跟 釋迦牟尼佛一樣；為什麼一樣呢？因為「**一切佛法皆平等故**」。既然釋迦牟尼佛教的這個自心「**釋迦牟尼佛**」如此；無量壽佛教的自心「**無量壽佛**」也該是如此，因為佛佛道同；既然同樣是平等的，當然同樣可證。

那麼阿難尊者又請問說：「**一切佛法平等，有何利益？**」他當然要這樣問，如果一切佛法不是平等的，就不是佛佛道同！那就應該你在這一尊佛這裡悟這個法，去到另一尊佛那裡是悟另一個，那到底誰才是佛？一定有人不是佛才會不一樣，同樣是佛就一樣，所以阿難請問這個。

佛就說：「**能令眾生雖不聞法，以發願力故，亦使得同聞法利益。**」也就是說，一切諸佛的法都平等，那平等的時候可以使眾生即使沒有聽聞佛法，但由於諸佛這樣發願的力量的緣故，眾生會同樣得到這種聞法的利益。爲什麼呢？因爲這一種勝妙法終究會藉由世諦流布而讓大家漸漸可以聽聞；雖然他還沒有學佛法、還沒聽聞佛法，但聽到一句說「我自己身中也有一尊釋迦牟尼佛」，他這個種子就種下了；種下以後他就可以跟那些已經聽聞佛法的人同樣得到利益。

但是這有一個前提：聽聞佛法時必須那個人講的佛法眞的是佛法，如果是曲解了以後的相似法，就不叫作佛法；曲解了以後連像法都不是，只能叫作外道法。像法的時候大家依照經論、依文解義時還是佛法，差別只是不能實證，那仍然是佛法，只是看來好像是有實證的佛法，所以它仍然是佛法；但曲解以後就是外道法，就像現在的琅琊閣等一樣，所說都落入識陰或意識境界中，同於常見外道而不是佛法了，這個前提請大家記住。

《不退轉法輪經》今天要從七十四頁第二段開始：

經文：【爾時阿難白佛言：「世尊！如來成就未曾有法故，能大利益諸菩薩摩訶薩等。」佛言：「如是！如是！阿難！我今雖爲眾生作大利益，若聞法者，無不得住

利益福田。我於過去供養諸佛，不惜身命、一切皆捨；離諸貪嫉，勤修精進；諸根清淨，於一切法不取不著，無所依止。是故阿難！我成菩提能大利益一切眾生。」】

語譯：【這時候阿難稟白如來說：「世尊！如來您成就了未曾有法的緣故，所以能爲諸菩薩摩訶薩們作出很大的利益。」佛陀說：「就像是你講的這樣！就像是你講的這樣！阿難！我如今雖然爲眾生作了很大的利益，如果聽聞我說法的人，沒有不能夠住在利益福田中的。我往昔於過去供養過了諸佛，不但不惜財物、乃至連色身生命、一切全部都能棄捨；並且我也遠離了對種種的貪、以及事相上各種的嫉妒，精勤地修行精進之法；使得六根都能清淨，對於一切法不執取也不執著，於一切法都無所依止。由於這個緣故，阿難！我成就菩提之後，能夠大大地利益一切的眾生。」】

講義：阿難尊者向 佛陀稟白說：「世尊！如來成就的是未曾有法的緣故，」那爲什麼叫作「未曾有法」呢？因爲打從印度有人出家修行以來，還不曾聽過這樣的法，所以叫作「未曾有法」。釋迦如來出現於世間之前，有許多外道自稱阿羅漢，但只有極少數外道自稱是如來，可是那些外道們沒有一個人是眞正的阿羅漢、眞正的如來。一直到 如來出現於世間，說出了以前那些外道都不曾說過的法，所以這叫作「**未曾有法**」。

就像我們三十年前出來弘法時，我們說的法也是當代佛教界的「**未曾有法**」；因爲經中雖然有，可是沒有人知道，也沒有人在佛教界弘傳、或者推廣。直到我們開始講：「**證悟就是證第八識如來藏、證眞如。**」當年兩岸佛教界譁然，大家都說：「**你蕭平實講的都跟我們所有道場不一樣，所以你講錯了！**」還曾經有一位臺灣姓顏的居士放話說：「**你們正覺不許再弘法！**」他爲何這麼講？因爲他是廣老的徒弟。但是我聽了就說：「**可惜！可惜！他沒有得到廣老的法。**」我不需要讀過他出的書或者他說的法，就說他沒有得到廣老的法；因爲他如果有得到廣老的法，就是同一種第八識妙法，就不會叫我關門，這是很簡單的道理。當年我們獨力弘揚第八識如來藏時，遭到諸方道場的抵制；所以我想跟他們和平共處，竟不可得！既然你們要抵制我，那我就找那些抵制過我的道場來拈提，《公案拈提》就是這樣寫出來的啊。只有密宗當時還沒有抵制我、釋印順還沒有抵制我，但我後來主動評論他們的法義，那是因爲他們對佛教正法的傷害太嚴重。

這種「未曾有法」都是有 如來出世才能夠宣演出來，不是任何人可以講出來的；講出來之後，經過正法時期、像法時期，再到末法時期過後又沒有了，這個法又漸漸消失了，所以這叫作「未曾有法」。經由這樣的「未曾有法」如實修行，才能成就「大利益」；這種「未曾有法」，從因地一直修行到成佛才是「大利益」。

如果所謂的見道、或者開悟，不是證得第八識如來藏，那麼他所說的法一定不是「未曾有法」！譬如現在張志成說：「這第八識阿賴耶識能分別五塵。」這正是離念靈知。那離念靈知是不是「未曾有法」？諸位為什麼搖頭呢？因為已往很多人講過了，所以離念靈知能了知五塵、就能分別五塵；但是如來藏不分別五塵，祂無始以來就不了知五塵的！因為祂的分別性不在六塵中運作。那離念靈知很多外道都講過，末法時代也有很多大法師講過，所以不能叫作「未曾有法」。而我們講的是第八識如來藏，於六塵境界都不分別，始終都遠離一切順心境、違心境，所以不起貪、也不生厭，這才叫作「未曾有法」。所以，張志成退轉之後說：「我認為網路上諸方評論你正覺時所講的都對，就是你正覺錯了。」因為他認同諸方的離念靈知，那就是普通的法，正是常見外道法！所以正覺弘揚的是「未曾有法」，

是繼承 如來的八識論正法，一點都沒有變動。

所以教導眾生的應該要是「未曾有法」，才能使人依循這個法，從因地心走到果地覺，結果還是同一個第八識心，沒有第二個心；這樣才「能大利益諸菩薩摩訶薩」。爲什麼「大利益諸菩薩摩訶薩」？因爲入地就算菩薩摩訶薩了；甚至於《楞伽經》說見道親證第八識而轉依成功時，就叫作菩薩摩訶薩了。那這個「未曾有法」第八識如來藏，不但凡夫想要求證、應該求證，乃至於證悟後的菩薩摩訶薩也要繼續深入現觀這個心的行相，一直觀行到佛地；所以說這個「未曾有法能大利益諸菩薩摩訶薩等」。

爲什麼加個「等」字？等，就是等取世間一般凡夫眾生。那爲什麼可以同樣地「大利益」那一些凡夫眾生呢？因爲只要有這個法弘傳，天災地變都會跟著變少，所以這個法只要廣大弘傳，證悟的人越來越多，護法龍天總得看顧這些證悟的菩薩們吧！他們總不能夠說：「管他的！他們證悟是他們的事，我才不管呢！」不能這樣，所以世間天災地變就會變少；縱使有，也能轉輕，這就是「大利益諸菩薩摩訶薩等」的意思。阿難看清楚這一點，所以如是讚歎。佛陀就說：「如是！

如是！阿難！我如今雖然為眾生作了大利益，」因為這個不是世間利益，是一世又一世延續下去的；跟著你一世又一世轉過去，不會消失，所以說這個稱為「作大利益」。

「若聞法者，無不得住利益福田。」那麼能聽聞這樣「未曾有法」的人，誰都可以住在這個利益福田之中。為什麼叫作「利益福田」？因為他經由這個「未曾有法」，可以次第進修到達佛地，這就是「大利益」，而他同時也就是人間的大福田了。而且在進修到佛地的過程當中，他也可以繼續種大福田，為這個「未曾有法」來護持；所以所有的人、聽聞這個法的人，都可以同樣住於「利益福田」。

現在一定有的人腦袋中起了個問號：「既然您蕭老師這麼說，那為什麼有的人會退轉來謗這個法？」對不對？對呀！可是我常常講：「如果聽聞這個法、乃至實證之後他沒有轉依成功，不信這個『未曾有法』，那他就不是這個『未曾有法』的『聞法者』。」因為他心中生疑：「我覺得開悟應該是證得離念靈知才對，你講的這個第八識如來藏，我認為不對。」所以他不是真正的「聞法者」；或者說他聽錯了，把善知識所說第八識當作是意識的境界，那他就不是「聞法者」，因為他所聽聞進心中的已經變成常見外道法了。這個「**聞法者**」的定義很重要，不要定義錯了！那麼聽聞到這個法的人，如果還沒有實證，他至少不敢誹謗；如果敢毀謗的人，表示他不是這個「**聞法者**」；或者說退轉了、忘記悟個什麼了，他就不是這裡說的「**聞法者**」。

那麼 如來接著說：「**我過去供養了諸佛，奉侍諸如來的時候，不惜身命、一切皆捨；**」如果連身體、連性命都可以不惜，要達成供養 如來、追隨 如來的目標，那你想：他會不會在 如來座下被別的菩薩斥責，就心生瞋恨？會不會？（大眾答：不會。）當然是不會啦！所以諸位眞是阿難的知音、佛陀的知音，也是我的知音。因爲那種人一點點小事都不能忍，那他的六度是在修什麼？忍辱度不就白修了嗎？其實「白修」是有語病的，因爲他從來都沒有修！白修是已經有修了，可是沒有成功；但他從來沒有修忍辱，動不動就起瞋；也許什麼事不順他的意，他就起瞋，然後要把你正覺搞垮，那不就是沒有修忍辱嗎？

沒有修忍辱，行事的結果就是犯戒，犯的戒還不輕呢！那都是十重戒裡的重戒；咱們怕得要死不敢犯，他們卻是輕易犯之，都無所顧惜；因爲他們根本不知道自己犯了戒，顯然戒行沒有在修！也許有人想：「他指出正覺的錯誤，他是在護法，什麼地方犯戒了？」問題就是：他指出的錯誤是不是錯誤？如果是錯誤，他就有護法之功；如果他把正覺所講正確的法指成錯誤，也誤會了經、誤會了論來說正覺錯誤，那就是破法。破法的時候還說那是佛法，說是 佛講的，那就是謗佛！破法、謗佛連帶的會謗勝義僧，三寶俱破，也還有其他的十重戒會一起犯。

所以 釋迦如來告訴我們，祂往昔供養很多的佛，「不惜身命」；「不惜身命」之後是「一切皆捨」。如果有人說：「我去正覺那裡學，就得要種福田、要修福德，那我不要去學！」那麼請問：「一切皆捨，他能辦到嗎？」辦不到！如果有人宣稱說：「你們不用去正覺，來我這裡不用修福德，我就幫你們證悟。」那也不叫作「一切皆捨」，而應叫作一切不捨！如來甚至於捨到最後「不惜身命」欸！為了證這個法，可以「不惜身命」。

我們早期有不少同修，現在都已經當親教師了；他們當年為了證這個法，先把職業辭掉了，好好修行、參禪，證悟之後慢慢再去找職業；向道之心這麼堅強，哪裡是退轉那些人不肯布施所能比擬的！所以重要的這八個字就是「不惜身命、

一切皆捨」。連我這個布施妙法的人都在修集福德，我是把法送給大家的人，我也在這個福田裡面種福，我也在這個福田裡面修福德；而來得法的人不想種這勝妙福田，還叫人家不要種福田，你看，他們跟我是背道而馳，會有因緣證悟嗎？怪不得我幫他們悟後還會退轉！所以佛法該怎麼作、怎麼修？我就怎麼作、怎麼修；如來說要福慧雙修，我就福慧雙修不打折！

不但如此，世尊說：「**離諸貪嫉，勤修精進；**」別人修得好，咱們心中總是隨喜讚歎；如果我老婆修得比我更好，我就讚歎她。而如果她比我更能講經，我就推她上來說法，我下座聽法。這是我十幾年前曾經幹過的事情，只是那個老人家不敢來講經，因爲他悟錯了！所以我說，他們退轉了，心裡想：「**你蕭老師就是要把正覺把持著、不放手！**」哪裡是不放手？我本來就預定二〇〇一年要退休的，只是親教師們不放我走；後來我就看看情勢，也眞的沒人能像我這樣弘法，於是自己承擔起來了。如果哪天眞的有一個證量比我高的人來，我拉他來正覺都還怕拉不動，怕他不來領導正覺同修會呢！因爲他證量比我高，我跟著他修學一定大賺法財，有什麼不好？但是至今沒等到這麼一個人！然而不是我所等的那個人，他們卻想要來領導正覺同修會狂走，這事情不絕如縷，不絕如縷欸！我如果要拉誰上來坐在這裡講經，在增上班說法，我得要先爲諸位去勘驗他；先勘驗他眞的夠格，然後我請他上來；如果他比我差，甚至根本就落在意識裡面，他想要領導同修會喔？套一句大陸人講的話：「門兒都沒有！」

所以一個人修行好不好，要看他有沒有嫉、有沒有貪？如果有嫉、有貪，無法與人和睦相處，他的修行一定不好！你教他要「勤修精進」，不可能！但是如果你叫他破壞佛法精進，他卻會作！這樣的人不符合 佛說的：「諸根清淨，於一切法不取不著，無所依止。」因爲你證得第八識如來藏以後，依祂的眞如法性而住，住於眞如法性當中，就沒有一法可取了；所以「於一切法不取不著」，他就只是依止於第八識的眞如法性；依止眞如法性而繼續修行之後，就是六根越來越清淨了！

佛陀說完以後作個結論：「由於這個緣故，阿難！我成就菩提能夠大大地利益一切眾生。」世間法的利益都不可能是「大利益」，縱使幫助你成爲轉輪聖王，而且是其中最好的金輪王，擁有四大天下，但是能擁有多久？不過一世；而且他當金輪王的時候大約都是八萬歲了，就算給他活上八萬四千歲好了，最多再四千年，還是得要交出去，那個利益生滅無常。若依《眾許摩訶帝經》所說，悉達多太子「若不出家，年三十二作金輪王」，所擁有的四天下，最多可以擁有六十年，六十年後還是得要交出去。但是證得這個「未曾有法」，祂就在你身中，未來這個色身壞了，轉生到下個色身去，智慧種子依舊在你的如來藏中，得能世世受用，這才叫作「大利益」。一切眾生凡有得到這個「未曾有法」者，都能世世得「大利益」，這才是眞正的勝妙法。那接著要進入〈降魔品〉了。

〈降魔品〉第七

經文：【爾時阿難白佛言：「世尊說是不退轉法輪，能令惡魔使不擾亂，何以故？」佛言：「是文殊師利神通之力，能使波旬不令得聞。文殊師利發眞實誓，能令惡魔聞空中聲：釋迦牟尼佛轉不退法輪。」爾時波旬身毛皆豎、心生驚怖，作如是言：「見此世界皆非世界。」憂愁涕泣身變朽老。如百歲人髮白面皺，是時魔王形體膚髮亦皆俱老。爾時魔王將四種兵，魔及魔天皆詣佛所；亦如如來初成道時，嚴治器杖而來向佛，各見己身皆悉朽老，如百歲人形體攣曲，持杖而行到於佛前。時四種兵及虛空諸天，皆聞「釋迦牟尼佛轉不退法輪」，而此四兵皆不能進，即住一面心生驚疑，悉不能得隨魔王意。爾時魔王獨至佛所，無有伴黨而白佛言：「世尊！我今衰老，願賜手力。本所有國皆非我有，如來大悲憐愍一切，寧不與我一人以為手力？」於是佛告波旬：「我觀眾生界分甚多，譬如恒沙無有量數日日成佛得般涅槃，若一劫若過一劫，不能令彼眾生界減。」爾時魔王白佛言：「世尊！眾生界分雖多

無量，我無一人可為手力；或當傾危，誰見扶侍？唯願如來慈哀慰喻，令得還宮并諸眷屬。」】

講義：終於要進入〈降魔品〉了，這部經中精彩的地方就在這裡，就在這一品！可是你想要聽聞這一品而能夠拍膝叫絕，你得要先聽聞前面的詳細解說，然後回歸第八識如來藏妙法來聽聞才有可能。好，回到經文來！看這一品之中 如來如何降魔？

語譯：【這時候阿難尊者稟白佛陀說：「世尊演說這一部不退轉法輪，能使得惡魔不來這裡擾亂，這是什麼緣故呢？」佛陀說：「這是由於文殊師利神通之力，能使天魔波旬不能聽聞到。可是文殊師利發起眞實的誓願，就能使惡魔波旬聽聞到空中有聲音說：『釋迦牟尼佛正在運轉不退法輪。』」如來才剛說完，這時候天魔波旬渾身的毛都豎立起來，因爲他此時聽到了，心中非常地驚訝、非常地恐怖，講出了這樣一句話：「我看見這個世界已經都不是世界了。」於是他心中憂愁乃至於涕泣、色身同時也變得毀朽而成爲一個老人。猶如人間活到一百歲的人類一樣，頭髮變白、臉上滿布了皺紋，這個時候魔王的身形體態、他的毛髮肌膚也全部都老了。這時魔王攜帶了四種兵，魔王本身以及所有的魔天都前往佛陀的所在而來；他來到時，就好像 釋迦牟尼佛初成道的時候，天魔一樣的嚴治器杖、把所有的兵器以及儀仗帶著來向佛的所在；當他們到達的時候，各自都看見自己的色身全都已經變老變朽，猶如活到一百歲的人類一樣，身形體態已經彎曲而站不直了，最後他只好自己一個人持著手杖行走來到佛陀的面前。在那個時候他所攜帶的四種兵以及跟隨他而來的魔天等諸天，都聽聞到「釋迦牟尼佛轉不退法輪」，所以這四種兵和魔天們全部都無法繼續前進，他們就停住於一邊，心裡生起驚訝和懷疑，全部都無法讓天魔波旬得意地命令他們前進。這時候天魔波旬這個魔王，只能獨自一人來到佛的所在，身邊連一個伴黨也沒有，他稟白佛陀說：「世尊！我如今已經衰老了，願世尊賜給我一個人，讓我這手可以扶著他的力氣而行。本來屬於我魔王所有的國度，如今看來都已經不是我所有了，如來您大悲而憐憫一切有情，難道就不能給我一個人、讓我扶著他手上的力量嗎？」於是佛陀告訴天魔波旬：「我觀看眾生的法界分非常非常的多，譬如恆河沙一樣沒有量、沒有數，譬如每一天度化恆河沙數的無量數眾生都成佛得般涅槃，這樣在一劫之中或超過一劫來度眾生，也不可能使那一些眾生的法界分有一點點的損減。」這時候魔王波旬稟白佛陀說：「世尊！眾生的法界分雖然多到無法計算，可是如今我沒有一個人的力氣讓我來扶著，我無法藉那個人手上的力量而得行走；如果我不小心傾倒而產生危險，又有誰能夠現前來扶侍我呢？唯願如來您慈哀慰喻我，使得我可以返回天上的宮殿，連帶著也把我這些眷屬還給我一起回宮吧。」】

講義：世尊說《不退轉法輪經》那麼久，天魔波旬竟然都沒聽到哩！所以阿難尊者這時候想到說：「這也怪呀！因為《不退轉法輪經》很重要，眾生如實聽聞之後就不退轉哪。」就像我們上週講的，諸位聽聞到「釋迦牟尼佛」名號，就永遠不退轉於佛法；當然有個前提，就是你信受自身之中確實有一個能仁、寂靜的第八識心，那你懂「釋迦牟尼佛」這名號的意義了，如實信受、如實聞法，你將來就一定不退轉於這個第八識如來藏。現在問題是說：「世尊講這部很重要的經典已經講那麼久了，天魔波旬竟然都沒有來擾亂。」這裡說：「能令惡魔使不擾亂」。阿難尊者是很慈祥的人，他竟然說天魔波旬叫作「惡魔」，因為天魔波旬一向與佛為敵、一向都在障礙別人的法身慧命，所以阿難尊者以前就把他叫作「惡魔」。如果有人抵制正法、障礙諸位的法身慧命，是不是也叫作「惡魔」？（大眾答：是。）對了，佛法就是這樣定義，所以誤導眾生的還不叫「惡魔」，因爲他不是有心之過；可是如果他故意要誤導大眾，是有居心的，並且用意識、意根的境界來取代如來藏的境界，那就是障礙大家的法身慧命，他便叫作「惡魔」；天魔波旬正是這樣的人，所以叫作「惡魔」。

阿難尊者問了這個原因，佛說：「這是文殊師利的神通之力，他遮蔽了天魔波旬，讓他聽不到。那麼文殊師利如果發起了眞實的誓願，想要讓大家都聽到的話，祂就可以使惡魔聽聞到空中的聲音在說：『釋迦牟尼佛轉不退法輪。』」佛這些話還沒講完，文殊師利菩薩就馬上用神通之力讓天魔波旬聽見。這就是幾個剎那的事而已。佛這話還沒講完，他就讓天魔波旬聽見了；聽見以後，波旬當然很慌張，所以「身毛皆竪」。你們有沒有過渾身汗毛都站起來的例子？有啊！我也有過幾次的例子，就像第一次讀到經典說「如來藏」的時候，渾身汗毛都竪起來，因爲感應到了。

那他聽聞到「釋迦牟尼佛轉不退法輪」，身毛皆竪，然後心中很驚訝、又覺得很恐怖；因爲他知道所有的眷屬都不再屬於自己了！還記得以前《維摩詰經》說「燃無盡燈」的事嗎？維摩詰菩薩把這個如來藏妙法傳給天魔派來的那一些女人們，把她們度了，然後讓她們帶回天宮去弘傳，一個人傳一個人，傳之無盡，叫作「無盡燈」。當然我們佛教界二、三十年前，也有很多道場都用蠟燭在點「無盡燈」，可是他們點的燈卻不是無盡，全都有盡！可是如果他們不服氣來了，我點一盞「無盡燈」給他；他如果會了，就可以繼續傳，那才眞的叫作「無盡燈」。那麼天魔波旬爲什麼對 維摩詰大士那個「無盡燈」沒有很生氣呢？因爲他知道其中有許多的天女會退轉，不是每一個人都不退轉！所以得「無盡燈」的人如果還能保有一半不退轉就夠好了，別期待太高了！可是現在 釋迦牟尼佛「轉不退法輪」，這是聽聞的人如實理解以後都不會退轉的。

從長期來講，我們三次法難，另外三批退轉的人，只是從現在這一世事相上看他們有退轉，可是這個如來藏妙義已經深植入心；未來世聽到如來藏，半信半疑，還會回來這個法，依舊叫作「不退轉」；所以退轉與不退轉，要看你是從這一世、從未來際看，有不同的定義。這時候天魔波旬發出聲音說：「我看見這個世界已經**不是我的世界了**。」因爲他擔心每一個人都「**不退轉**」的時候，這世界還有誰會奉侍他？大家都當菩薩了，沒有人願意奉侍他，所以說：「**見此世界皆非世界**。」看到這個情形，他心中非常憂愁，憂愁到下涕、下淚而且哭出聲音來。

諸位想想看，天魔波旬——他化自在天的天王，住於欲界頂呢！如果不是他化自在天，而是像《阿含經》中，或是像大乘法中有幾部經說的，在他化自在天與初禪中間有個魔天；如果是這樣，那就比他化自在天更高呢！他一個天魔波旬竟然憂愁到鼻涕流下來，而且哭出聲音來。因爲太憂愁，於是哭到後來「**身變朽老**」；「朽」就好像要毀壞了一樣，「老」就是變成行動遲緩、反應很慢，這樣的人叫作老。所以洋人說：「**人生七十才開始**。」如果這樣講，我今天也才五、六歲而已。（大眾笑…）所以我行動沒有變慢，而我反應也沒有變慢，眞的只有五、六歲啦！那麼朽老的人就行動遲緩、反應也慢了，所以這時候他猶如一個活到一百歲的人類一般，頭髮都白了，臉上也都長滿了皺紋；所以他的形體、膚髮就像那個活到百歲的人一樣，全部都老了！那他認爲這樣不行，因爲整個世界都不是他所有的了，那還得了！天魔波旬的眷屬欲很強，所以他就下令四種兵集合，帶著這四種兵，他自己以及諸多魔天全部都向 佛的所在前進。

那麼 佛在菩提樹下那天晚上將要成佛時，天魔波旬就是帶著四種兵，各自「嚴治器杖」；箭兵就帶著弓箭，馬兵騎著馬等，所有的刀具各種武器都帶著來向 佛，沒想到被 佛陀降服。所以 佛把他們降服，然後以手按地時，發覺淨土出現了，也就是開悟了！然後到夜後分，看見東方明星出時，眼見佛性，成所作智現前，終於成佛了！言歸正傳，那時候天魔波旬就是帶著四種兵來攻擊 如來，那箭兵把箭射來，可是射到 佛陀面前的時候，都變成天花墜落，所以天魔波旬其實也知道自己奈何不了 如來；可是現在跟當時不同，當時想要阻止 世尊成佛，現在是為了保護自身的利益以及維持色身的健康，所以現在不一樣；雖然也是「**嚴治器杖而來向佛**」，可是這四種兵各個都看見自己的色身全部都已經又朽又老，就好像活到一百歲的人類一樣，身體都彎曲了，沒辦法發動攻擊。波旬沒奈何，只好自己一個人持著手杖步行來到 佛陀面前；因為這時候他帶來的四種兵、以及魔天、虛空諸天都聽到說：「**釋迦牟尼佛轉不退法輪。**」他們四種兵也都驚怖衰老而不能前進，所以都住在一邊，心裡面生起驚惶和恐怖，然後疑心著：「**這到底是怎麼回事？**」

那時魔王要求他們前進，根本作不到，他們沒有那個能力了！

這時魔王轉個念，一個人獨自來到 佛的所在，身邊連一個陪伴的人都沒有！他稟白 如來說：「世尊！我如今衰老了，願世尊您賜給我一個人，讓我可以扶著他的手。本來歸我所有的國土，如今已經不是我所有的了。如來您大慈大悲，憐憫一切眾生；而我也是眾生之一，您難道不肯給我一個有力氣的人讓我扶著嗎？」這時候他講得好像很可憐，對不對？（大眾笑…）眞的可憐！本來形體充潤、威儀萬分，現在變成一個百歲老人一樣；然而形勢所逼，他也不得不這樣子，就裝可憐；其實也是可憐！因爲他眞的沒辦法幹什麼了，所以這時候求 佛了。

佛就告訴他說：「我觀看眾生，這一切眾生的法界分太多太多了！有很多種界、也有很多種分量；假使像恆河沙一樣無有量數，每天都有那麼多人成佛，而且都度很多眾生得涅槃；像這樣子經過一劫、或者超過一劫，也沒有辦法把那一些眾生界損減。」意思是說：「你不必憂愁，我釋迦牟尼佛再怎麼度也度不完眾生的；我度不完的眾生就是你的眷屬了，你急什麼呢！你怕什麼呢？」意思是這樣。

可是魔王說：「世尊！眾生的法界分雖然多到無量無數，可是我眼下連一個人可以作為手扶的力量都沒有；萬一我傾倒了，危急的時候又能看見誰來扶侍我呢？不會有人來扶持我、來侍奉我啊！所以我現在唯一的、最摯誠的心願就是希望如來您慈愍於我、悲哀於我，來勸慰我、講一些譬喻讓我心生歡喜，可以又回復到年輕的狀態；那我就可以帶著這一些眷屬們全部都回去天宮。」本來是要來殺 佛的，現在不殺 佛了；只求 佛幫助他，讓他回復力氣、回復年輕，然後帶著眷屬都回天宮去。他這樣講完，好像也有道理；因為他現在已經不想對 佛作什麼不利的事情，佛弟子也都安全了。那麼 如來究竟怎麼回答他？

經文：【於是佛告波旬：「顛倒眾生諸不信者皆屬於汝，是汝手力，是即等侶。」爾時波旬甚大喜悅，作如是言：「我今當令一切眾生不起信心、皆生疑惑，墮疑惑者悉是我力。」爾時波旬白佛言：「唯願世尊重見慰喻、令我歡喜，如佛言曰：『若得聞佛、稱其字號，皆得不退於阿耨多羅三藐三菩提。』唯願如來默然，莫作是說：『若有聞者，是諸眾生當勤精進修於菩提。』唯願世尊，如是慰喻。」】

語譯：【這時候佛陀告訴波旬說：「一切心生顛倒的眾生、不信佛法的人，全部都屬於你，就是你的手可以扶持的力氣了；這些人就是你的伴侶，和你一樣。」這時候天魔波旬聽了就非常的歡喜，這樣說：「我如今應當使令一切眾生對佛法都不生起信心、全部都會生起疑惑，墮於疑惑當中的人就全部是我這隻手所能扶持的力氣了。」這時候波旬又向佛陀稟白說：「我現在非常希望的是世尊再一次來慰喻我，使我心中生起歡喜，誠如佛陀所說：『如果能夠聽聞釋迦牟尼佛，口中稱呼釋迦牟尼佛的字號，全部都可以不退轉於無上正等正覺。』我如今只有一個希望，祈求如來默然，不要再說法，不要再這樣子說：『如果有聽聞釋迦牟尼佛名號的人，那一些眾生都會精勤地修學佛菩提。』我非常希望世尊，這樣子來慰喻於我。」】

講義：你看，才剛好一點，他又進一步要求別的了！這眞的叫作得寸進尺。這就是說，其實對佛法不信的人，或者進了佛門歸依三寶以後，聽到如來藏妙法又生疑的人，都是天魔波旬的眷屬。如來的意思就是這樣：「顚倒眾生諸不信者皆屬於汝。」聽聞佛法以後，他們心生顚倒說：「如來藏是外道神我。」他們不相信如來藏妙義，那麼這些人全都屬於天魔波旬，這些人都是爲天魔波旬效力；所以誰否定如來藏，誰就是天魔波旬的眷屬。如來這一句話就是這個意思。

現在諸位可以去檢查會內、會外的人，如果對如來藏第八識不信受的人，或者心中生疑的人，他們都是天魔波旬的眷屬。但是諸位記得一件事，不要當面說：「你是天魔波旬的眷屬！」（大眾笑…）知道就好，放在心中，因爲我們還是要攝受他們。佛這樣說完了，天魔波旬「甚大喜悅」，很歡喜的時候就有力氣了，因爲佛說這些人都歸他所有。天魔波旬很清楚知道：「對佛法眞實義心中生信不疑的人是少數！」其他的眾生都生疑或者不信，那些人就全部是他的眷屬，所以他心中很歡喜，有了力氣，變年輕一些了！

他就進一步請求，因爲他想：「如來大慈大悲，我請求時一定會滿我的願。」所以他提出請求說：「我如今應當令一切眾生對佛法都不會生起信心，心中全部都會生起疑惑；如果他們落在疑心當中的話，那就是我的眷屬；我要他們爲我效力，他們就會爲我效力。」所以他又向 佛陀稟白：「我至誠的只有一個希望，就是世尊您再度來慰喻於我，讓我心生歡喜。」然後他就舉例說：「就像佛陀您說的：『如果有人聽聞到釋迦牟尼佛，並且跟著稱呼釋迦牟尼佛的字號，就可以不退轉於無上正等正覺。』那我現在希望的就是如來您默然，不要再這樣講：『如果有人聽聞的話，那些眾生都將會精進地勤修佛菩提。』您不要再這樣講！我唯一的願望就是如來這樣慰喻於我。」你看！天魔波旬也很敢要求喔！（大眾笑…）天魔波旬當面對 佛都提出這個要求，那麼如果有人退轉了，放話要求我讓位給他，也是正常的事啊！對不對？因爲這畢竟是五濁惡世，而且都已經到末法時代了！那我們看如來怎麼樣滿他的願？

經文：【爾時佛告波旬：「勿生愁惱，歡喜而去，我今當令無一眾生發菩提心，亦無眾生而能動於眾生界者；乃至無一眾生於色動，及受、想、行、識動；乃至無一眾生於身見、疑、戒取等動；亦無眾生於過去、未來、現在想動，無有眾生於殺、盜、淫、妄語、兩舌、惡口、綺語、貪欲、瞋恚、邪見等動，乃至不見眾生於諸邪有而能動者。我亦不見眾生修行布施、持戒、忍辱、精進、禪定、智慧，不見眾生於『眾生想、壽命想、父母想、兄弟想、妻子男女想、晝夜想、一月想、半月想、歲數想、劫想、施想、戒想、忍辱想、精進想、禪定想、智慧想、力無畏想、五根想、七覺意想、八正道想、菩薩想、佛想、法想、僧想、菩提想、無礙想、一切法

不動想』，無有眾生於此諸想而能動者。波旬！勿生憂惱，歡喜而去。」】

語譯：【這時候佛陀告訴波旬說：「你不要心中生起憂愁和煩惱，歡喜地離去吧，我如今將會使令沒有一個眾生發菩提心，也沒有眾生而能夠對於眾生界心生搖動；乃至沒有一個眾生於色動心，以及對於受、想、行、識動心；乃至沒有一個眾生對於身見、疑見、戒禁取見等動心；也沒有眾生對於過去、未來、現在的認知動心，沒有眾生對於殺、盜、淫、妄語、兩舌、惡口、綺語、貪欲、瞋恚、邪見等動心，乃至我不見眾生於各種偏邪之有而能動心的。我也不會看見眾生修行布施、持戒、忍辱、精進、禪定、智慧，也不會看見眾生對於『眾生想、壽命想、父母想、兄弟想、妻子男女想、晝夜想、一月想、半月想、歲數想、劫想、施想、戒想、忍辱想、精進想、禪定想、智慧想、力無畏想、五根想、七覺意想、八正道想、菩薩想、佛想、法想、僧想、菩提想、無礙想、一切法都不動想』，沒有一個眾生對於這種種的想而能動心的。所以波旬！你不必生起憂惱，歡喜而去吧。」】

講義：這樣的勸慰精采吧？可是這個精采有個前提，就是要先了知「法不可見聞覺知」。也就是說，眞實的法是第八識，祂對六塵境界沒有見聞覺知；有見聞覺知的心一定會了知六塵，例如離念靈知心一定會了知六塵！不會只有了知五塵，因爲五塵上就附帶著法塵了，而且離語言文字時仍然是在了知法塵的。所以說「法不可見聞覺知」，眞正常住不壞的法不應該是對六塵有見聞覺知的。如果有人說他證悟了，結果他證悟的是離念靈知，請問：離念靈知是不是知？自己都知了！還說不知。

我們正覺弘法之前，佛教界海峽兩岸、南北傳佛法都落在知裡面，但「法」是「不可見聞覺知」的；如果法有見聞覺知，那就不叫法，那叫作「見聞覺知」，見聞覺知是七轉識的事，不是第八識眞如心的事啊！那麼想要聽聞 如來說這一段話慰喻於天魔波旬時，同樣是要依止離見聞覺知的第八識來聽聞；也就是說，你要依止於自己身中那個離見聞覺知的如來藏來聽聞，因爲如來藏不知一切法，不了別一切法。所以 如來勸慰天魔波旬說：「不用再生起憂愁和煩惱了，你可以歡喜地離去了。我答應你：現在起將會使一切眾生都不會發起菩提心，沒有一個眾生發菩提心！」

請問眾生的本質是什麼？（有人答話…）是如來藏！爲何答這麼小聲？眾生的本質就是如來藏。那眾生的五陰在發菩提心的時候，他的如來藏有沒有發菩提心？（大眾答：沒有。）沒有啊！如來藏不發菩提心啊，這就是 如來的意思：「我如今將會使令沒有一個眾生發菩提心，也沒有眾生對於眾生界而能去了知這個叫作眾生界，也沒有任何一個眾生會去擾動於眾生界。」比如說了，我現在也許突然下座，拿了棍子往你頭上一敲，然後我再回座。那麼請問：「我有沒有擾動你？有沒有？你有被我擾動嗎？（大眾笑…）到底有沒有啊？」不好答喔？你可以這樣答：「從事相上來講，我被擾動了；從眾生法界分來講，我沒有被擾動。」所以你頭上那個包就白挨了！（聞眾大笑…）對啊！你如果從眾生的本際來看，並沒有被擾動啊！所以 佛陀爲眾生說了很多法，大家都瞭解這個如來藏心以後，發覺祂是離見聞覺知的。

眾生如果以如來藏爲我，這個我才是眞實我，五陰是假我；依於如來藏這個眞實我的時候，雖然 如來教我斷我見等，我也斷了，可是其實我並沒有斷；因爲眞實我如來藏沒有斷我見，所以沒有一個眾生能動於眾生界；因此悟後還是五陰這個人，並不是悟後就會飛天遁地；悟後你還是原來五陰這個人，只是你有實相智慧了。因此 如來安慰他說：「亦無眾生而能動於眾生界者；」天魔波旬聽到這話，他沒眞的聽懂，只是從字面意思來聽，所以心裡就安了。

然後 如來說了很多：沒有一個眾生於色動；也就是說，原來眾生認爲色陰是眞實的，現在悟了菩提以後認爲色陰不眞實，就表示他悟後對於色陰動了、他的心動了。可是當他認爲色陰不眞實的時候，轉依如來藏，而他的如來藏並沒有動心，沒有所謂色陰不眞實這回事。「及受、想、行、識動」，道理也是一樣的；當他知道說我這識陰六識是和合所成，由色陰與識陰和合所以我有受陰，所以我有想陰、我有行陰，這些當然全都虛妄，那我就是於受、想、行、識動。本來我認爲這五陰是眞實法，現在認爲是虛妄法，我就是於受、想、行、識動；可是於受、想、行、識動之後，轉依如來藏時並沒有受、想、行、識動的事，如來藏根本不認爲受、想、行、識是眞，或者認爲受、想、行、識是假，眞與假都是你五陰的事，跟祂如來藏無關！所以 佛說以及沒有人於「受、想、行、識動」，天魔波旬聽到這裡，又更歡喜一點。

「乃至無一眾生於身見、疑、戒取等動；」我們每一梯次禪三上了山去，起三之後，首先開示就是要把你們的身見殺掉；總是從十八界、從五陰的虛妄一一細說分明；那麼五陰死掉了、十八界死掉了，身見就斷了、疑見就斷了、戒禁取見也斷了，這就是於三縛結心動了。可是當你「身見、疑、戒取」三縛結斷的時候，你的如來藏並沒有斷三縛結；因爲祂本來就沒有三縛結，不需要斷！而你斷三縛結這個事情跟祂無關，因爲祂不修行，祂也不知道什麼叫修行，修行是五陰你家的事！那波旬只聽到文字的表義，他不知道這是在講如來藏，所以他聽到如來說：「乃至無一眾生於身見、疑、戒取等動」。他又多歡喜一分了。

然後 佛又說：「亦無眾生於過去、未來、現在想動，」眾生都會想：「現在如何、過去如何、未來如何？」這就是人類的特性；人類會規劃未來，然後以過去爲鑑，來制止自己不要再走錯路等；這是人類的特性啊，有些動物也會這樣，譬如松鼠，當牠有橡樹果實或者其他果實的時候，就會收集起來去藏到某一些地方；這個地方藏滿了，再找另一個地方再藏，牠就會知道：「冬天快來了，我未來要怎麼過日子。」牠先要預備好；少數的動物也有這樣的能力，但這個主要是人類表現得最充分；所以有的人這一計畫，就是計畫到三十年後、五十年後；皇帝還會計畫到幾千年後，說他要當萬歲；可是這些事情都是人的五陰的事情，跟他的如來藏無關。那天魔波旬只從文字表面聽，所以他又加多了一分歡喜。

佛又說：「**無有眾生於殺、盜、淫、妄語、兩舌、惡口、綺語、貪欲、瞋恚、邪見等動，乃至不見眾生於諸邪有而能動者。**」佛陀把犯十重戒的惡業講了，甚至於把邪見能不能搖動的事情都講了，然後作一個比較概括性的函蓋說：「**乃至不見眾生對於各種邪有而能動的人。**」「邪有」是指什麼？人間有很多種「邪有」，開紅燈戶的，或者當午夜牛郎的，或者專門使詐術騙人錢財的，都叫作「邪有」。那麼宗教界也有「邪有」：密宗是佛教界的「邪有」，印順派是佛教界的「邪有」。至於其他的宗教呢？如果從佛法解脫道來看，他們也是「邪有」，因爲有的宗教求欲界有，像一貫道、一神教都是求欲界有；有一些印度古時候的宗教，所求的天界有、是屬於色界天的；有的宗教是求生無色界，也叫作「邪有」；這些宗教從解脫道來看都叫作「邪有」。如來這樣函蓋了所有的修行人，不但他們對於犯十重戒必得惡業，不會起心動念去瞭解、去實行，乃至於對於各種「邪有」不會動心而去檢討改正，那就繼續住於「邪有」之中，犯十重戒的繼續犯十重戒。那天魔波旬想：「這些人一定是我的眷屬！一定永遠留在欲界。」因為下墮三惡道也是在欲界，那欲界眾生全部都是他的眷屬，他就更歡喜了。

如來再從另一個層面來講：「我也不會看見眾生修行布施、持戒、忍辱、精進、禪定、智慧。」意思就是說，我也不會看見有眾生在修學菩薩六度；如果眾生都不修學菩薩六度，就不會有人解脫，那就永遠都在他的欲界境界裡面，全都歸他掌管了，這時候波旬又更多一分歡喜了。最後 如來乾脆全部都講（大眾笑……）：「我也沒看見眾生對於眾生想、壽命想、父母想、兄弟想，」乃至「菩薩想、佛想、法想、僧想、菩提想、無礙想、一切法不動想，我也沒有看見眾生有這一些認知。」想就是認知，有這些認知，他就會努力修行；如果眾生都沒有這些認知，他就不會努力修行，自然就會成為波旬的人。然後 佛作個結論說：「沒有一個眾生對於這種種想而能夠動心。」意思就是所有眾生都不會去檢討這一些，所以他們就不修行了，但這是從如來藏的境界來說的，波旬沒聽懂。

最後 佛勸喻他說：「波旬哪！你不用心生憂惱，可以歡喜地回去了。」你看，佛有沒有騙他？（大眾答：沒有。）諸位都知道 佛沒有騙他，因爲天魔是從文字的表面去聽，然而 佛是從實義上面去講的；所以你如果從如來藏來看的時候，佛都是講眞實語啊！可是天魔波旬只聽到文字的表義，心想：「沒有人會願意再學佛了，沒有人會精進了，也沒有人心中有三寶想……。」他是單從文字表面聽，所以他聽了自己產生誤會，心中很歡喜；因爲 佛是說誠實語者、不二語者，不會騙他，所以他就很歡喜。可是 佛既然說誠實語，到底有沒有騙他？也沒有騙他！因爲 佛是從如來藏本來解脫的境界來講的，說的都是誠實語。佛這麼說完了，那波旬怎麼樣了呢？

經文：【爾時波旬聞是語已離諸憂惱，便大歡喜，即於此處還復壯年，并以天華而散佛上，遶佛三匝，於世尊前而說偈言：

我今心歡喜，救世三佛陀；佛所說無異，眞實不虛妄。

爾時波旬說是偈已，歡喜而去，還於本宮五欲自娛，更不復起擾亂之心。魔去不久，爾時大地六種震動，阿難白佛言：「世尊！今此大地，以何因緣六種震動，

非魔力耶？」佛言：「是我神力。爲遣魔故，今此大地六種震動。」爾時有六十四百千衆生，得無生法忍，是故大地六種震動。】

語譯：【這時候天魔波旬聽聞到世尊說這一些言語之後，心中遠離了各種憂愁與煩惱，因此他就生起了大歡喜之心，就在這個地方還復壯年，並且以天花從空中散在佛上，又遶於佛三匝，在世尊的面前說了這一首偈：

我如今心中很歡喜，救護世間的眞正佛陀；佛所說的一切都沒有不同的意思，眞實而且是不虛妄的。

這時天魔波旬說完了這首偈，歡歡喜喜地離去了，然後回到他天上本來的宮殿中，繼續受用五欲而自己娛樂，再也不會生起擾亂之心了。天魔波旬離去之後不久，這時大地突然有六種震動，阿難就稟白佛陀說：「世尊！如今這個大地，是由於什麼樣的因緣而有六種的震動，是不是魔的力量所致呢？」佛陀說：「這是我的神力。爲了要遣魔回天宮的緣故，所以如今讓這大地產生了六種的震動。」這時候有六十四百千的眾生，得到了無生法忍，所以大地有六種震動。】

講義：佛這麼說，是因爲天魔已經回去了，爲了遣魔回天宮，所以大地六種震動。那天魔爲什麼願意回去呢？因爲他又回復壯年了。回復壯年時就像人類回復到四十歲、三十幾歲的模樣。在人間三十來歲不叫壯年，那都還叫青年；接近四十歲以後，五十歲之前都叫作壯年，這個時候是體力正強盛的時候，所以此時天魔叫作「還復壯年」。那他心中很歡喜，因爲他的那些魔兵、魔將們，魔軍、魔天也都「還復壯年」了，所以他很歡喜。

現在想要回去天宮之前，當然要先遶佛三匝，先用天華供佛，因爲欲界天上別的沒有，天華多的是；那就以天華散佛，然後右遶三匝表示恭敬，就說：「**我如今心裡非常歡喜，**」因爲他也知道自己的歡喜或不歡喜都瞞不了佛，就先說：「**我如今心裡很歡喜，您是救護世間的眞正佛陀！佛所說的一定沒有、也不會有別的意思，一定就是像您語言上所說的這樣子，一定都是眞實而不虛妄的。**」他就這樣認爲，因爲他聽到的文字就是他所希望的這樣，語言上就是這麼說的；但是他聽不懂那些語言背後的意思。

如果是一般人，是沒有修學過如來藏法的人；還不說證悟，說沒有修學過如來藏法，不知道如來藏離見聞覺知的人，他聽完 佛陀說這一段話，也會跟天魔想的一樣，因爲文字的表義就是這樣的。但 佛陀講的其實是如來藏的眞實義，只是他聽不懂。那他聽不懂，不能怪 佛陀，因爲 佛陀依了義法如實說，並沒有歧視他。等他將來哪一天證悟了，也不能來怪 佛陀，因爲那時候他證悟了、聽懂了，一定會說：「也活該我當時聽不懂！」屆時他應該會這樣想。所以他現在認爲：「佛所說無異，眞實不虛妄。」說完了讚佛偈以後，歡喜而去。

天魔波旬在天宮中每天幹什麼事？就是「五欲自娛」，就是在色、聲、香、味、觸裡面繼續「五欲自娛」；「五欲自娛」的時候，他至少會有一、二十年不會想到人間的事，因爲天上時間很長；它的一個時辰，人間就過去多久了！所以他不會想到這個事情。等他五欲享樂過後，想想：「欸！釋迦牟尼佛也許又在說法了吧。」也許他又會下來看看。因此短期間的一、二十年裡面不會再來擾亂了，所以魔離去以後不久，大地六種震動。

這時候阿難看到大地六種震動，他心裡知道一定又有事情了，馬上就問：「世尊！如今這個大地，是什麼樣的因緣而有六種震動？這是不是魔的力量呢？」佛陀說：「這個不是魔的力量，而是我的神力所致。我爲了遣魔回去天宮的緣故，所以使這大地有六種震動。」但是大地產生這六種震動的時候，就有六十四百千眾生（百千就是十萬）、六十四個十萬的眾生得到無生法忍，由於這個緣故大地六種震動。諸位想想，六十四個十萬，也就是六百四十萬眾生得到無生法忍。厲害吧？這麼多人就入地了！

你們看，世尊是這樣度人的。我現在度了增上班這些人，才不過六百多人，其中還有人退轉的呢！太差了吧？（大眾答：不會。）不差喔？很差！（大眾笑⋯）世尊才這麼講一段話，六百四十萬眾生入地了！所以本來心中有疑，證得如來藏以後百千萬年都是心中有疑，一直在疑心：「這到底對不對？這個法對不對？」一直疑著沒有斷除，沒有一天不疑！等到這個時候 佛陀說完這個法，他們心中不疑了，所以心得決定而生起無生法忍。

我這幾年也常常講：「有時候佛陀甚至於沒有說法，說的都是世間相，只是說明佛弟子們的世間相，結果有人聽完了就得無生法忍、得無生忍、得法眼淨不等。」這就是說他們有沒有心得決定？所以我現在倒是想說：那些退轉的人，如果今天晚上有來聽多好！當他們聽完了，心得決定以後就不退轉了；所以一定要信受如來藏離見聞覺知的原則或前提，如來藏不許有一點點六塵中的見聞覺知！所以打三的時候，你們進得小參室，不論是我或者監香老師，聽到你們所悟的心帶有見聞覺知，馬上就把你打回票，因爲那不是如來藏！即使有人證得如來藏，但是跟妄心混雜在一起、分不清楚，我們也是一樣打回票。

所以拿到我的印證的人，下山的時候至少都知道如來藏是怎麼回事；但是有的人體驗不夠，漸漸地記憶模糊了、後來忘光光，到底如來藏是什麼也不記得了！那如果是自己參究出來的人，都叫作印象深刻，再怎麼樣都忘不了！所以會有人退轉是正常的，否則 佛在經中也不會講這麼多從古到今退轉的事情。所以說，你所悟的如來藏一定是離見聞覺知的，不許有七轉識的一絲一毫見聞覺知；否則所悟都不是如來藏，那只是七轉識！說白一點就是六識心；以六識心要來聽聞 佛陀說的這一段法，絕對聽不懂啊！

所以退轉的人說：「**如來藏能了別五塵、能分別五塵。**」能分別五塵的就一定能分別法塵！他們是把離念靈知離開語言文字的境界，當作是不了別法塵。但如來藏離見聞覺知，怎麼可能分別五塵？而能分別五塵的那五個識，如果沒有意識先生起來陪伴著祂們，祂們能分別五塵嗎？才怪！所以能分別五塵的時候，就已經是五轉識了；五轉識現前的時候一定有「俱有依」，五識的俱有依有三個——意識、意根、如來藏。如來藏是因緣，一定有，並且要有意識、意根作為前五識的俱有依，那就表示離念靈知能分別法塵；六塵都能分別的，就表示他落在六識心裡面了！落在六識心裡面的人正是常見外道，卻想要正覺同修會停止弘法，讓他來領導你們，你們願意嗎？（大眾答：不願意。）

好不容易走到證得如來藏這個地步，還要再退回六識心去，說那個叫作如來藏阿賴耶識；他們也眞會發明！這個道理諸位要懂，因為會分別五塵的一定是五識，必然會連同意識存在，而如來藏對六塵離見聞覺知。《維摩詰經》講得夠白了：「**法不可見聞覺知，若行見聞覺知，是則見聞覺知，非求法也。**」想要求法的人，不可以落在見聞覺知裡面；如果他是落在見聞覺知裡面，那叫作運作於見聞覺知之中，他不是眞正的求法。那張先生落於見聞覺知、能分別五塵，你們來看看 佛陀告訴波旬的這一段話，他聽得懂嗎？聽不懂啦！

所以佛法不是一般人想像的那麼容易！而遇到善知識悲心大發、幫助開悟以後，自己還是得要檢點：如果我本來是沒有資格悟的，如今被善知識助悟了，那我要趕快精進修行，福與慧都要努力去修，齊頭並進，不能少了哪一個部分。應當如是，這才是佛弟子應該盡的本分。所以千萬不要落在七轉識當中，我也常常引用祖師的話說：「**見與師齊，減師半德。**」禪師往往這麼講：如果這個弟子悟後見地只跟師父教他的一樣，他所得到的解脫功德、智慧功德只有師父的一半。因爲他是師父幫助才悟入的。接著兩句說：「**見過於師，方堪傳授。**」說這徒弟在師父幫助下悟後，他的見地超過師父教給他的，這才值得師父傳授，因爲悟後還有很多法要學。

所以有的人弄不懂這一點，在我幫助下悟了，然後過個幾年竟敢說他比我厲害。二〇〇三年那一批人發動法難時如是，現在這一批退轉的人也如是，他們都覺得比我厲害，說他比我懂《成唯識論》，那爲什麼不註解出書讓大家來看看？非要逼我全部十輯全都印出來，他再去寫？他張先生這幾年可以先去寫出來，寫多少、印多少也可以，不必一次全部印出來；但我會慢慢來，我不爭前後，我不跟人家爭！我按著自己規劃的腳步慢慢來！

也就是說，就像二〇〇三年發動法難的那批人一樣，他們提出來想要證明自己正確的那些論文，所說都在證明我說的才正確；而他們讀不懂，拿去證明說他們講的正確，結果是證明我說的才正確。唉！還眞是文字障！看來這一批人跟二〇〇三年那批人一樣是文字障，眞的讀不懂！就像釋印順也是一樣文字障，才會亂解釋經典啊！所以修學佛法眞的要小心，很多人抵制正法的時候，自以為是在護持正法、是在摧滅邪說，其實自己才是摧滅正法者。所以你們現在網路上面打上去搜尋「蕭平實」，或者「正覺同修會」，百分之九十是在罵正覺、抵制正覺，罵蕭平實、抵制蕭平實，而他們自以為在護法呢，眞的很可憐！

護法是善心，結果造就的是惡業，而且是地獄業，想來是很可憐，但其實不可憐！因為苦岸比丘那一些人如今還在人間，那四比丘一大票人（苦岸比丘等四個團體）一直到現在，都還在人間；當然他們業障還沒有滅除，就會否定正法，這是正常的事；如果是在 彌勒尊佛成佛的時代就不會這樣，因為人活到八萬四千歲，該受的教訓都受夠了。可是現在的人壽不過百，少出多滅，大部分人活不上百歲，受的教訓不夠多，所以自以為是，什麼都不怕！但是自以為是的結果，不聽善知識勸，等到善知識的書一本一本印出來，比對了以後，發覺自己錯得離譜，那時候再去懺悔吧！懂得死前懺悔都還算是好的，但是往往見不到好相。從這個地方就會知道，這些人都是以前追隨苦岸比丘那四個團體的人。

所以諸位不要以爲說：「**這麼好的法，他們爲什麼要毀謗？**」不要這樣想！因爲苦岸比丘等四個團體的人，如今依舊在人間，業障尚未報盡之前，他們還是會繼續否定及毀謗的；他們什麼時候得順忍？不是 彌勒尊佛的年代可以滅除業障，還要再輪迴很久以後才能得順忍。這是奉勸諸位要把正知見傳播出去，能利益更多的人，使他們未來世不要繼續造作惡業。這些講過了，接下來阿難又如何請示 如來呢？但時間又到了，下週再講。

《不退轉法輪經》上週講到七十七頁，今天要從七十七頁的倒數第一段開始：

經文：【**阿難白佛言：「世尊！頗有衆生起疑惑不？」佛言：「復有十億衆生心生疑惑：『我等今者，無謬聞乎？』各皆迷亂，不識四方、從何而來；以癡冥故，悉不相見。」爾時阿難白佛言：「唯願世尊當疾哀愍，爲彼衆生作大照明，令離疑惑。**

如來所說假名法相若不可知，悉墮地獄。」】

語譯：【阿難稟白佛陀說：「世尊！您說完這一些道理之後，是否會有許多眾生生起疑惑？」佛陀回答說：「另外還會有十億的眾生心中生起疑惑，這樣想：『我們如今這一些人，難道都不是錯謬地聽聞了嗎？』他們心中各自都很迷悶而混亂，乃至急到看不清楚四方、而自己到底是從什麼方向而來的；由於心中有很嚴重的愚癡以及暗冥的緣故，所以互相之間都沒有看見。」這時候阿難稟白佛陀說：「我唯一的祈求就是世尊您要趕快哀愍這一些人，為那一些眾生作出了最大的照明，使他們可以遠離疑惑。因為如來所說的這些假名的法相，如果他們無法了知眞義的話，將會全部下墮地獄。」】

講義：聽到阿難這麼講，才發覺事態嚴重了！當時 如來遣魔回去，本來這是個大圓滿的結局，可是那麼多人得無生法忍、無生忍以後，結果卻另外有十億的眾生心生疑惑，這個事情很麻煩！阿難尊者當然會知道那些眾生有疑惑，因為他知道：凡是凡夫以及二乘種性的人，或者雖然是菩薩種性、但還沒有證眞如的人，他們聽聞 佛陀這麼說一定會產生疑惑，他們心裡一定想：「我到底有沒有聽錯了？

可是明明剛才自己是那樣聽到佛陀說的呀！怎麼可能聽錯？」那麼到底佛法是應該如何才對？他們怎麼想也想不通！

這就像成語講的「百思不得其解」，因爲這是唯證乃知的事，靠意識思惟是永遠無法理解的；所以阿難尊者知道這些人心中的疑惑如果不趕快除去，由於對正法的疑，將來不信正法，捨壽之後將會下墮三惡道；而且是最深的惡道，叫作地獄。所以阿難尊者趕快向 世尊請問，世尊如果聽到他這一問，當然就會重新再作說明；反正魔兵、魔將跟著天魔回天宮去了，就可以再作說明了。所以 佛陀聽了以後就說：「還有十億眾生心生疑惑，他們想：『我們這些人如今在這裡，有沒有錯聞了呢？』」這眞的是大哉問！那他們專精於這個法義上而仍然未曾實證，只能聽到語言表義上的意思，所以認爲這是很嚴重的事；可是自己又解不開這個疑惑，心中很迷悶、很慌亂，這時候急到不辨東西南北，連自己到底從哪個方向來的都忘記了！

諸位想想，末法時代的人聽聞佛法會這樣嗎？會喔？有嗎？應該沒有吧！這是由於他們很重視正法，可是又還沒有悟；現在聽了心生顚倒，因爲以前 如來說的跟現在講的是背反過來啊！那要怎麼說得通呢？這是個大問題啊！所以急著想清楚以致於連自己從哪裡來的都忘了，忘了的緣故是因爲心中癡冥不解其義；這時候就好像被黑暗的愚癡所籠罩一樣，根本只在意這件事情，都沒注意到左鄰右舍怎麼樣。所以說他們互不相見，心中只是專精在這個法上，可是解不開這個疑惑！

這時阿難看見了，趕快向 佛陀稟白說：「**我如今唯一的希望就是祈願世尊您還得趕快地哀愍他們。**」意思就是說不能拖時間，要趕快爲他們作解釋，爲這一些眾生來「**作大照明**」；就是要讓他們理解這個道理，因爲這個道理是法界的實相；如果他們懂這個法界的實相，那麼 世尊的所作就是大照明，目的就是要讓他們離開疑惑。然後阿難尊者解釋爲何要向 佛請求的道理說：「**如來方才所說的這一些假名的法相，他們如果沒辦法了知其中的深義，將來捨壽以後全部都會下墮於地獄之中。**」因爲他們疑惑的時候，私底下就會亂講，亂講就變成誤導眾生及謗佛、謗法，會有重業！然後有的人心中生疑就會想：「**也許我們跟隨如來學的法是有問題的！**」因爲他聽不懂，覺得 如來說法怎麼前後講的不一樣，所以當他覺得「佛說法前後不一」時，就會謗佛！既謗法誤導眾生、又謗佛，那就要下墮地獄了！

末法時代，很多大法師都不知道誤導眾生的嚴重性；我很清楚這一點，所以從來不敢耽誤大家，不知道的就不講；知道的就充分地把它演繹出來，絕對不誤導大家。可是末法時代許多大法師都不懂這個道理；甚至於像法時代就有一些凡夫大法師造論誤導眾生，就像古時候佛護、清辨、勝軍、安惠論師，還有幾個凡夫論師都是一樣，他們不知道誤導眾生的罪業有多重，而且大家都喜歡寫書造論；寫得正確倒也罷了，偏偏寫錯了誤導眾生！寫錯的那些書與論越來越多的時候，就會把正經、正論給淹沒掉，這就是最大的罪了！可是世間難有幾人知道它的嚴重性，那阿難是深知這個嚴重性的，所以趕快請求 世尊來解釋他們的疑惑，讓他們不疑。接下來，阿難又把爲什麼作這樣請求的道理講了出來。

經文：【阿難白佛言：「世尊！如來何故令此魔王心得少惱歡喜而去：『都無一人住於菩提，亦無眾生能動眾生界，於色、受、想、行、識亦無能動，乃至身見一切取相六十二見，過去、未來、現在種種相動者，亦無眾生於殺、盜、淫、妄語、

惡口、兩舌、綺語、貪、瞋、恚、邪見等動者』？何故如來作如是慰喻魔王波旬言：『無眾生修行布施、持戒、忍辱、精進、禪、智，乃至無眾生、壽命、父母、兄弟、妻子、男女、晝夜等想，亦無一月、半月、歲數、時節、諸劫之想』？如來何故作如是說，慰喻波旬少惱而去：『亦無眾生於菩提心想動，於根、力、無畏想動，於覺、意、道想動，無佛想、法想、僧想、菩提想、無礙想動，菩薩想動』？如來何故慰喻波旬少惱而去，復言『當使無一眾生同於法想』？世尊何故作如是說？唯願如來為此等眾作大照明，當使未來一切眾生得蒙照明；得照明已，當令此法次第相續使不斷壞。若有眾生深心信解受持是法者，當為是人演其因緣：如來何故作如是說？」】

語譯：【阿難尊者稟白佛陀說：「世尊！如來您是什麼緣故令這個魔王心中可以少去很多煩惱，然後歡喜地離去而說：『都沒有一個人住於佛菩提中，也沒有眾生能於眾生界心動，於色、受、想、行、識也沒有人能動，乃至以身見一切取相的六十二種見，過去、未來、現在三世之中種種相而動心的人，也沒有眾生對於殺、盜、淫、妄語、惡口、兩舌、綺語、貪、瞋、恚、邪見等法而動的人』呢？是什麼緣故如來作出這樣的慰喻魔王波旬說：『沒有眾生修行布施、持戒、忍辱、精進、禪定、智慧，乃至沒有眾生、壽命、父母、兄弟、妻子、男女、晝夜等等想，也沒有一月、半月、歲數、時節、諸劫之想』？如來您是什麼緣故而作出了這樣的說法呢？慰喻波旬少惱而去故說：『也沒有眾生對於菩提心之想而動心，於五根、五力、無畏想動心，於七覺支、四意端、八正道之想而動心，沒有佛想、沒有法想、沒有僧想、也沒有菩提想、無礙想而動心，更沒有於菩薩想而動心』？如來您是什麼緣故慰喻波旬讓他少惱而去呢，然後又告訴他說『我將會使沒有一個眾生同於正法的想』？世尊您是什麼緣故而作出這樣的說法呢？唯願如來為這一些大眾們作出大照明，應當使未來一切眾生可以承蒙這樣的照明；獲得照明以後，將會使這個法可以次第相續流傳而使祂不會斷壞。如果有眾生從深心之中信解受持這樣的法的人，應當為這樣的人演繹出其中的因緣：如來是什麼緣故而作出這樣的說法？」

講義：阿難問得很詳細，因為他的記憶太好了！我這個人沒什麼別的本事，唯一很行的本事就是記憶力很差（大眾笑…）。所以我說的法不是記來的，我說的法是依自己的現觀、自己的體驗；我看著這個法、現觀這個法跟大家講，因為我記憶很差！年輕的時候、那時我才三十幾歲，曾經去南投竹山看一位老中醫，他一把脈就說：「哇！你記憶這麼差！」（大眾笑…）我答說：「我的記憶還好啊。」他說：「你記憶很差啦！別再跟我爭辯啦！」然後他說要我明天再怎麼樣、怎麼樣處理疾病，我說「好、好、好」，但我同修在旁跟我說：「你明天沒時間，要作某某事，你忘了？」我說：「對喔！我忘記了！」老中醫就說：「你看嘛，記憶差！」可是我說法不會錯，爲什麼呢？因爲是體驗，依據自己的體驗、依據自己的現觀直接來講，當然不會錯，因爲那是「自心現量」的現觀。如果是靠死背、死記的來講，就慘了！那阿難的記憶力非常棒，而且也都有實證故有現觀，所以他可以結集小乘藏、大乘藏都沒問題！

現在問題來了：「世尊爲什麼要使得天魔波旬少惱而去？爲什麼要使他歡喜而去？少惱、歡喜而去不是壞事，但問題是慰喻天魔波旬的時候所說的法，跟平常說的法好像是顚倒啊！」所以一定有很多人聽不懂，心裡生起煩惱來。古時候如此，末法時代更是如此，所以很多人不懂的時候，乾脆把大乘法推翻，就說：「大乘非佛說。」日本人最先追隨歐美學者開始主張「大乘非佛說」，因爲他們專門研究佛學，結果讀不懂，然後來比對四大部阿含諸經（總共兩千多部的阿含諸經）；比對出來時認爲大乘法所說顚倒！因爲他們沒有辦法弄清楚這裡面到底有什麼地方同、異，分不清楚，乾脆把它推翻，說這個不是 佛講的；因爲他們自認聰明才智舉世無匹，結果竟然讀不懂，這樣要跟人家炫耀什麼聰明？炫耀什麼才智呢？所以乾脆把它推翻，問題就解決了。

然後臺灣的釋印順就跟進，他也有同樣的問題，讀《阿含經》以爲自己懂了，因爲《阿含經》講的是現象界的法，而蘊處界都在現象界中，所以講緣起性空時他誤會爲緣生性空而自以爲懂了；可是讀到《般若經》說一切法都是空，看來第二轉法輪《般若經》所講的跟《阿含經》講的不同，所以他後來自己轉一下念頭說：「哎！般若講的就是重新把阿含的法再講一遍，所講的就是一切法的法性都歸於空，所以就只是弄一些名相來重說而已，重說的般若就是阿含講的解脫道。」所以他就把第二轉法輪般若系的經典判爲「性空唯名」，你看他就敢這樣判。

我這一世初學佛，聽到人家說印順是怎麼判前後三轉法輪經教的，我根本就不要聽！我那時候才學佛半年就聽不下去，認爲他的判教錯了，但我那時不敢否定他，因爲還沒有回復往世的所悟，也講不出錯在哪裡。這表示般若不是那麼容易懂的，因此，以前現代禪李元松說：「般若甚深極甚深。」我當時認同他這一句話。可是我出來弘法時，就不認同這一句話了，因爲般若在我看來就是很淺易懂的法，怎麼會是甚深極甚深？然而度眾三十年以後，我重新認同他的話——甚深極甚深！因爲天下諸方大師都不懂，連他李老師自己也不懂，表示般若是個「唯證乃知」的智慧。

可是到底要證什麼才叫作「證得實相般若」？我們出來弘法時，諸家所說莫衷一是，所以佛教界各人悟各人的，不必一樣！當年就是這樣。我出來弘法時說：「般若的實證就是證眞如，眞如就是如來藏、阿賴耶識所顯示的眞實如如的識性。」結果天下譁然，至少臺灣島上整個佛教界都在反對我，說：「你悟你的，何必要求我們也要悟如來藏？」但問題是：「所悟若非如來藏，根本就沒有眞如可證，稱之爲錯悟。」所以我當然要這樣講，可是我沒有要求他們要悟如來藏，他們要悟別的是他們的事情！可是當我說出來：「禪宗的開悟、般若的實證就是悟如來藏。」他們對這一句話受不了，因爲他們不是證悟第八識，落在離念靈知中，等於間接宣示他們都悟錯了，所以私底下各道場最後聯合起來攻擊說：「蕭平實那個法講錯了！」所以我只好走上了「**破邪顯正**」的不歸路。

因為正法要與凡夫大師們和平相處非常困難！你不說他們錯，可是人家聽聞了正法以後，會主動說他們錯，那些否定他們的言語就等於是我說的，所以我就招人嫌、惹人厭了。眞的啊！是招人嫌、惹人厭！在他們多方聯合抵制下，最後我不得不走上「**摧邪顯正**」的路；這一踏上第一步，就是再也不能回頭了！

也就是說，《般若經》所講的是第八識眞如的境界，就是《起信論》講的心眞如的境界。心眞如的境界中，無有一法可得；就好像一面鏡子，鏡子裡面有很多的影像來來去去，有許多人在明鏡如來藏所現的影像中，一世又一世生老病死，有時歡呼、有時哀哭，人生一世過得很精彩；可是明鏡如來藏永遠不動其心，那是鏡中影像的事，而鏡子不管這一些影像的悲歡離合，永遠不動其心！這樣一來，就表示眞如的境界中，無有一法可得。

比如說諸位來到正覺學法，你悟得眞如了，現觀眞如的境界中無有眾生、無有弘法師、無有人、無有師長、無有弟子、無有佛、無有法、無有僧，一切皆悉無有；那你看到這樣的時候就說：「我的眞如境界中沒有這一切法，所以我努力修行的時候，其實眞如也沒有修行；那我是這樣，別人的眞如也是一樣，每一個人的眞如都是一樣。」所以每一個人進了正覺努力修行，證悟了以後，而他的眞如之中什麼都沒有，也沒有人、也沒有證悟者、也沒有般若，無一法可得！

所以證悟之後也沒有智慧、也沒有所得；要從這一個角度來看待般若系列的經典，來閱讀般若系列的經典，才能如實了知其義。可是距離由勝解而得的如實了知卻還有一段距離，因爲聽聞的所得終究只是理解，不得勝解；一定要自己親自證眞如之後來觀察這一切法，才是眞正的勝解；有勝解之後就不會忘記，有勝解之後就會有念心所，就能爲人宣說。所以念心所以何爲體？以勝解爲體。那麼念心所作何行業？祂持什麼業？以明記不忘爲業，所以勝解多麼重要！勝解是念心所的本體，念心所要以勝解爲體；所以如果沒有勝解，念心所不得成就，念心所成就以後就可以造一種業，叫作銘記或是明記不忘，這就是念心所的「持業釋」。

那我說，念心所以勝解爲體，換句話說，勝解就是念心所的所依，這叫作「依主釋」。有人喜歡聽這個依主釋、持業釋，我就來說一說；這個不難，諸位聽我一說也就懂了；這是判教的內容，順便教大家。但張先生他們還不懂，他們誤會了；現在你們懂了，沒有誤會，比他們更強。那我把這個眞如的境界用明鏡和明鏡中的影像作譬喻，告訴大家說：「**大家進了正覺修學佛法等等一切，都是這個五陰人我所作的事；打開了般若智慧也是這個五陰人我所作的事，都不是由心眞如來修，所以跟心眞如無關！**」

那麼當你證悟了以後，轉依第八識心眞如時，心眞如的境界中「無智亦無得」；因爲你發覺：「**我這個五陰人我所證悟而發起的智慧，其實是從心眞如來，所以我這個智慧跟心眞如平等、平等，無二無別！**」這樣就表示你轉依成功，表示你眞的證眞如了；可是你依於眞如的境界來看待這一切法的時候，什麼也沒有，一切皆無！所以證悟之後發現沒有人學佛，沒有人禮佛，沒有人作無相念佛的功夫，沒有人參禪，也沒有人證悟，沒有人發起實相智慧！下山回到家裡，看見了堂上二老，禮拜歸禮拜，可是心裡面想：「**原來這是兩尊如來藏，我也沒有看見父親、母親！**」兒子、女兒來了，又有兩尊如來藏來了，我也沒看見兒子、女兒，一切皆無！

如果老爸、老媽問起來說：「你這一回過關了沒有？」你說：「過關了，也沒過關！」因爲過關是五陰的事，對於你所轉依的如來藏來講，沒有過關這回事！搞不好老爸舉起拳頭來，往你腦門這麼一搥，罵將起來：「我這兒子去打了個禪三回來，精神錯亂了！」這時候你跟他說：「精神錯亂就是沒有錯亂！（大眾笑…）沒有錯亂才是智慧。」欸！還是原來那個人，然而行履、說話都跟以前截然不同。因爲這是你的現量，你看一切法時都是如來藏的自心現量；其實妄心、色陰所作所爲，沒有一件事情不是如來藏的自心現量！

那麼問題就是：「如來藏到底在哪裡？我要如何證明這一切都是如來藏的自心現量？」這才是關鍵。那你爲什麼能這樣講？爲什麼老爸本來以爲你精神錯亂，聽到後來就說：「我這兒子還眞有智慧！」因爲你有念心所，而你之所以能有念心所，是因爲你對第八識眞如有勝解，根源於你對眞如有勝解啊！所以我說：念心所以勝解心所爲體，它要依勝解而生，這就是「依主釋」。那麼有了念心所，可於所造的業就是明記不忘，所以念心所能夠使人明記不忘，這就是祂所行的業；祂持的業就叫作明記不忘，這就是「持業釋」。

那麼這樣，我這一段就不必再解釋了，爲什麼呢？因爲你進了正覺，證悟以後說：「我之前進了正覺，聽聞親教師講五陰色、受、想、行、識，我的心就開始動轉：這個是色陰、這個是受陰，是想、行、識陰，我的想就開始轉動了，我也瞭解這一些動轉；可是我悟後現在來看時，沒有誰對五陰動轉啊！對五陰如是，對於修學六度、佛、法、僧三寶等等莫不如是。所以我眞正的自內我是心眞如，是第八阿賴耶識，因爲我所學的這一切法都沒有動轉過，從來不動其心！動心在修學的是我這個五陰。」那你有了勝解，就可以依這個勝解來對如來藏生起現觀。有了現觀，你要怎麼講都可以，從這個面向看到這個情形，你就講這個情形；從反方向看過來是另一個情形，你又講另一個情形；凡夫們從表面文字上聽起來時，你說的都不一樣；可是證悟者聽你所說的其實全都一樣，沒有差別，只是面向不同！

如果有人下了山以後，拿到我的印證了，結果過沒幾天、沒幾個月忘記了，那就得探討爲什麼會忘記？（大眾答：沒有勝解。）對！沒有勝解。因爲沒有勝解，所以念心所起不來！對這個眞如沒有念心所的時候，他就不能明記不忘；你如果有勝解，打死你也不會忘記；將來你去到中陰的時候，還會知道「我證的眞如是什麼」，所以說打死了也忘不了！所以你證悟以後，將來捨壽去到中陰身時，都還會記得：「**我是證悟的人，我悟得第八識眞如。**」你有念心所，就能明記不忘！可是他們退轉者會忘記，既然會忘記就表示沒有勝解，所以念心所起不來，因此就忘記了；忘了以後憑著思惟、理解的內容來講，就會講錯了。

所以說，打禪三還是別急，按部就班，讓自己可以具足體驗，這個比較重要；否則的話，我提示太早、拉拔太早，結果那個根離開了土，只在水裡，最後水一沖，只要輕輕一沖就好、不用大水！那麼輕輕一漂就漂走，就死掉了！所以這意思就是說，你得要有勝解，有具足的勝解之後念心所生起了，以前所聽聞的法都可以把它放進來作現觀，因此你看到眞如的境界中，無一法可得！而我們這個五陰所作的一切修行，所修集的一切福德，證悟以後所產生的一切智慧，都跟心眞如無關；乃至悟後想要修行成佛，也都跟心眞如無關，都是我五陰家裡的事。

可是現在這話要反過來說，你的修行、你修的福德、你的證悟，乃至悟後你要修行、次第邁向佛地，都是祂的事！你五陰只是配角。諸位增上班的同修們想一想，是不是這樣？你五陰只是配角，祂才是主角！這時候一定有很多人納悶：「這到底是怎麼講的？反面你也講、正面你也講，那麼到底我要聽什麼？」對吧？對啊！可是這事情我不用解釋，等你證悟了以後，你再來想想今晚我說的這一句話；如果你還記得，那時你就會說：「啊！果然如此！」

所以說眞如的境界中無一切法可得，現象上看來有很多人學佛，然後學了五陰、十二處、十八界、外六入、內六入，還修學六度……，然後還告訴你：「你得要有四意端，修行才會進步；然後你才會有七覺支，那你修行的時候，還要有方法，叫作八正道。」這一切法都學了以後，從眞如來看，根本沒有這些事，一法也無！對心眞如來說，這些法完全不存在；而你五陰畢竟學了、也悟了、也實證了、智慧也發起了，所以悟後努力修學的時候發覺：「我不論作什麼，不論修什麼、學什麼，不論我的心地如何轉變次第清淨，從始至終，我不曾一時、一刻、一刹那離開心眞如！原來我的一切所作就是心眞如的所作。」

這時看到五陰的自己全然是假，這時候還有慢嗎？慢都沒有了，更不會有上慢、增上慢了！所以說，如果有誰悟後都用下巴看人，你就知道他悟得不眞，至少是沒有轉依成功。如果悟後一天到晚在搞錢，你要知道他的悟一定有問題！縱使拿到印證當時沒問題，可是他後來一定會忘；所以說當他的勝解消失了，他的悟就沒有轉依成功，就是有問題！所以正覺前後三批法難，我把那些人的悟收回來是正確的；因爲他們得到印證時，當時是沒問題的，他們有那個智慧在；可是後來爲什麼會推翻正法？爲什麼會把所悟的法給否定？因爲他們退轉而沒有勝解了，所以忘記所悟或者不能轉依了！因此說勝解很重要。

那麼這樣看來，阿難稟白 佛陀的這一段，諸位聽到這裡就懂了，因爲 佛陀跟天魔波旬說：「沒有一切人學佛，沒有任何人學佛，沒有任何人得證悟，所以佛想、法想、僧想什麼都不存在！你少惱、歡喜而去吧！」天魔只聽到文字的表義，他想：「佛陀現在准許我了，說沒有一個人可以證悟、沒有一個人會修行，就不會有人脫離我所掌控的境界了。」他就歡喜而去。當時阿難當然懂這個意思，可是他要爲那些人請問；所以阿難一世一世當諸佛的侍者，他都是這樣爲眾生設想。

諸位想想看，他當諸佛的侍者這樣一世又一世下來，利益了多少人？所以諸大弟子中，他第一個成佛，不是沒有緣由啊！因此未來世諸位當法主的時候，千萬不要像中國人那個壞習慣：這個也保留一點，那個也保留一點，不肯全部都放手教下去，結果一代比一代差，後來虎父下來就變犬子！（大眾笑⋯）犬子下來就變老鼠！（大眾笑⋯）結果佛法就滅了！所以不必留一手，因為你都不保留的教，人家也無法全部都得到，那你何不全部都教呢？只要能教得完，你就教！

當然，實際上是教不完的，因為一世只有幾十年，怎麼可能教得完？但是你就盡量教，大家都可以盡力承受你的法乳，法脈越來越雄壯時正法不虞消滅。不必擔心正法消滅，那你所集的福德快，大家道業成就也快，你將來成佛也就快了；到頭來原來是利益自己。當你這樣作的時候根本不會有私心，一切都為利益大眾。所以修學佛法的道理，我都盡量告訴大家，不用保留；那麼諸位進步快，最後利益還是在我身上，因為諸位越往上走得快，我成佛就越快，道理就這樣而已。

我倒要跟諸位講一件事：我每天上了佛堂開電腦的時候，從電腦螢幕上方看出去，那對面的山脈有一頭大象，鼻子露出一段，頭、脖子、身體非常分明！可是我又發現一頭小象，小象的脖子短短的。你們有沒有看過動物片？小象三、四歲，脖子短短的有沒有？我看見那一頭大象的右後方有一頭小象，可是這頭小象的身軀像十八、九歲，明明是三、四歲的小象，看起來像十八、九歲快要成年的象。我就聯想到一個事情：說我就好像四十幾歲，帶著一些「小象」，這些小象有三、四歲，可是現在我把他們養到像十八、九歲那麼大，很有力氣了。我就拿這個來作譬喻，現在諸位就像這樣，雖然從證悟的時間來看，你們只有三、四歲，可是你們現在的智慧、你們修學佛法所產生的力道，能夠破邪顯正、救護眾生等力道，就像十八、九歲快要成爲已經長成的年輕人的樣子。不要認爲說這不可能，因爲這叫作「**化長劫入短劫**」；怎麼樣把三大阿僧祇劫變成三萬大劫、三十大劫，這是我們要計較的事情；《解深密經》就告訴我們這個道理，所以怎麼樣拉拔大家快速地契入及長大，這是我最重要的事。

我們不斷地重複說明這個道理，說眞如於一切法都不動其心；但是如果你還沒有證眞如、還沒有發起智慧，就學著眞如不動其心而認作眞的不動其心，那你也不用來正覺學法，也不用想要成佛；因爲一定永遠都會當凡夫，所以不能把果地的覺悟當作因地的修行！因此第七住位證得第七住眞如時，不能夠把那個眞如拿來因地的十信位、初住位、二住位來用，也不能拿來就要當作初地眞如來用，因爲這是一步一腳印的事。

所以沒有證悟的人在講證悟的事情，他們說：「**根本沒有這些法，也沒證悟的事情，你去正覺學法求什麼悟？**」那就表示他們的知見完全不夠，連入門的資格都沒有。以前聖嚴法師在禪坐會開示時怎麼說的？他說：「**你們都不要求悟！因爲你求悟的時候就是沒有悟；不求悟的時候才是眞正的開悟。**」你不求悟就是眞正的開悟，那麼阿貓、阿狗都應該開悟了，蚯蚓也該悟了，我們是不是每天出門看見阿貓、阿狗都要禮拜？因爲牠們都是聖者啊！那我後來弄懂他爲何這麼說，因爲他認爲：所謂的明心見性就是離念靈知。他所印證的所謂十二位明心見性的比丘、比丘尼們，所悟的內容就是離念靈知，他們是以無念爲開悟。那你求悟的時候就是起心動念了，就是沒有悟；當你不求悟的時候就沒有起心動念，那就是悟境、就是有悟了。這其實是一種誤會，完全落在識陰境界的想像當中。

有的人研經覓論、深究經論的意旨，知道心眞如的境界中沒有任何一法，他就想：「**那我要依止於無一法可得的境界。**」所以十信位也沒修、初住到六住位的六度也沒修，他就這樣安住於什麼都沒有的境界中，自認爲悟；這跟人家證得心眞如、現觀心眞如的境界中無一法可得，然後轉依眞如而遣除一切法完全不同。所以就好像張志成後來又改爲主張說：「大乘的眞見道叫作證得三無性。」可是證三無性之前是要先證三自性以後，再依第八識心眞如而遣除，成爲三無性才能成功呢！但他都還沒有證得三自性，憑什麼遣除三自性、成爲三無性？

就好像老人家教導說：「你要吃午餐，午餐吃完、肚子飽了就不要記掛有沒有吃午餐。」可是有一個人他沒有吃午餐，肚子正餓，聽到老人這麼說，他就說：「喔！我知道了！我不要記掛有沒有吃午餐。」所以他就不吃午餐，最後餓死了；就是這樣，他的法身慧命眞的餓死了！所以這個道理要弄清楚，不能把果地覺悟的境界移來因地當作已經證悟，那不是同一回事。所以雖然說心眞如的境界中沒有佛、法、僧，沒有受戒、不受戒，沒有犯戒、不犯戒，也沒有證悟或任何一法可得；可是你得要先證得心眞如，然後觀察祂的境界是如此，再依如此境界而住，才是眞如境界中的一切法空。不能夠說還沒有證得心眞如，還無法觀察那個境界，然後就想要依那個境界而住，結果就變成妄想再加上大妄語，來世就不在人間了！

所以佛法眞的要弄清楚，因此 佛才說聞、思、修、證、得。因爲你證了以後要如實轉依，如實轉依成功了才叫作「得」，否則還是沒有眞正得到佛法。所以佛法不是那麼簡單的事，不要隨便讀個一、兩部經，讀個一、兩部論，就說「**佛法我全部都懂了**」！所以有人自認爲他懂《成唯識論》，結果現在寫出來質疑正覺時，那內容眞的叫作貽笑大方，人家看了都會說：「**啊？誤會到這麼嚴重！**」因爲連一般唯識學的學者都不會這樣誤會，而琅琊閣、張志成他們能這樣誤會，你說到底荒唐、不荒唐？

然後諸位同修們寫出來論證的那些文章，《正覺電子報》刊載的文章，那些研究唯識的學術界人士都不會犯的那個錯誤，而他們全都犯了！所以隨著《正覺電子報》一個月、又一個月這樣連載出來，諸位慢慢讀就會看到說：張先生眞的錯得很離譜！在此之前我就講過了，我說：「**如果不是實證的人，自以爲實證、自以爲懂，這樣的人叫作沒有自知之明。**」有自知之明的人都懂得要遮醜，衣服破了就摀著肚子說話，無論如何都不要放下來；如果這一隻手瘦了，換另一隻手遮著繼續講，一定繼續遮住破處，這叫作遮醜；可是沒有自知之明的人不懂遮醜，因爲他沒有看見自己那個地方衣服破了，他看不見，眼睛瞪著也是看不見！所以他就繼續寫，寫得越多、敗闕越多。

如果你是依現觀而寫的，寫再多都沒問題；我現在已經有一百來冊的書了，都沒問題！「萊就補！」（師說日語，大眾笑…）意思就是說這是現量。所以我書中寫了很多經教上沒有說過的法，那是依我的現量而說的；有一些法是經論上沒有寫過的，就是我的現量；可是退轉的人就說：「那是他自己胡謅！」然而是不是胡謅？親教師們、大部分增上班的同修們都知道，乃至將來你們證悟以後，用自己的現觀去比對，也會知道說：「啊！果然是這樣！」所以實證之後，有現觀再來寫比較安全；如果忘記所證的眞如是什麼，就不要寫跟眞如有關的事，只要依文解義就好了。

但如果不安分，想要出來扳倒善知識，結果就會自暴其醜，把自己的過失顯露得越來越多！現在正好在這個狀況中，而且這個狀況是 ing！（大眾笑…）唉，也不曉得該怎麼救啦，這還得看因緣，要看諸位同修的因緣；因爲我再講什麼都沒用，但是諸位同修寫的呢，可能會對他有些啓發，也許哪一天轉念一想說：「唉！算了！同修們都不聽我的，可能我眞的錯了！」那就有救了。注意哦：「救人一命，勝造七級浮屠。」那麼如果救一個人不墮三惡道，請問那是未來幾世多長的時間、等於救了多少命？無量命呢！那是造了多少舍利塔？諸位想想看！所以諸位也一同來努力吧，看看能救多少人。那麼這樣子，這一段經文中，阿難最後一句說：「如來何故作如是說？」這一段我不用解釋了吧？因爲諸位都懂了。那接著 世尊就爲大眾說偈了：

經文：【爾時世尊即爲無數百千衆生除諸疑惑，重說偈言：

菩提無住處，亦無能住者，以是因緣故，說無住菩提；
菩提及衆生，非一亦非異，以是因緣故，說無住菩提。
衆生本不動，其界亦復然，是法無成就，究竟無所得；
衆生體相空，其界難思議，無有能動者，唯一切智知。
如所說諸陰，衆生無動相，陰即是衆生，無二無住相；
陰以空爲體，性相即不動，若無相可取，云何有動者？
是故知諸陰，亦無有動相，言說永寂滅，無相亦無體；

身即是陰相，陰即名行處；非行處而行，說陰名爲空。
所說空界者，不生亦不起，如是同於陰，是名不可動；
身見相無體，亦無法可得，不得故無動，我今如是說。
不取眾生相，究竟無所住，亦無有心相，形處不可得。
若說於諸見，現示六十二；如是眾生等，亦如水中像；
諸見同水像，六十二亦然，無我無所有，其性不可動。
過去及未來，現在亦復爾，無相無所有，皆如炎水像，
是名爲無我，不得眾生想。眾生不可動，亦無能動者；
譬如殺生者，處生死曠野，亦住於寂滅，是名爲不動。
欲令眾生動，眾生不可得，實無有眾生，是名說不動。
菩提無有斷，亦無有能度，是故當勤修，不得於動者。
法施不思議，度過去眾生，應當勤修習，是名不可動。
度脫於邪欲，亦不得邪想，應當勤修習，是名不可動。
妄語諸眾生，爲令得解脫，當發大精進，如彼不動相；

惡口及兩舌，綺語亦復然，如是平等相，如炎無所有。
諸法皆如是，亦無依止處，猶如呼聲響，善知寂滅相；
過去諸無明，著我故生憂，若證於無我，是名爲不動。
能知煩惱害，體性本無相，無相即菩提，是名爲不動；
深證諸邪見，得修於正智，離邪見叢林，是名爲不動。
若心得無欲，現受寶女抱，乃至諸童子，智者所遠離；
以邪相持戒，而不捨正法，智者無心意，惟求於聖道；
是名修法忍，顯示於外道；無心而行忍，亦不近涅槃。
外道自顯異，五熱爲精進，非智所修學，苦行非菩提；
外道所說定，取相爲行處，非佛所讚歎，亦不令他學；
菩薩無所畏，能攝諸眾生，以是因緣說，取相所不動。
非取著所攝，能生菩提心，菩提不取相，是故不能動；
父母兄弟等，姊妹及妻子，譬如於幻化，是故不能動。
一切取法相，皆悉無所有，若住無所有，是故不能動；

若有晝夜想，一月及半月，如是一切想，如炎水中像；
布施及持戒，修忍辱精進，皆起於取著，是想則爲動；
菩薩大勢力，禪定修智慧，若有無畏想，一切想非想；
覺意及正道，本有菩提想，愚癡之所起，智者則遠離。
佛及眾法想，乃至有僧想，如是種種想，皆說爲動想；
菩提名無想，種智即菩提，遠離如是想，菩提難思議，
是故作是說：求者如水像。若動彼想已，則不遠菩提。
菩提與眾生，一切法如如，故我如是說：不知惡魔心。

語譯：【這時候世尊就爲了無數百千眾生滅除各種的疑惑，重新以偈頌這麼說：
覺悟這個菩提是沒有住處的，其中也沒有能住的人，由於這樣的緣故，而演說無住的菩提：
菩提覺悟以及眾生，不是同一件事情、也不能夠說祂是不同，由於這樣因緣的關係，而演說無住的菩提。
眾生本來沒有動轉，眾生的法界也同樣如此，這樣的法沒有所謂的成就，祂

是究竟而且是沒有所得的；

眾生之體祂的法相本來就是空，這個空界難可思議，空界之中是沒有什麼能動的人，這個唯有一切智才能了知。

猶如所說的五種陰，而眾生其實沒有動相，這五陰也就是眾生，與空其實無二也沒有住相；

五陰都以空性作爲主體，而空性的法相就是不動，如果沒有任何的法相可以執取，怎麼還會有動轉的人呢？

由於這個緣故而了知各種的陰，其實也沒有動相，一切的言說永遠都是寂滅，無相也沒有自體；

而這個五蘊身也就是五陰的法相，這五陰又叫作行處；然而在行處當中卻於非行處而行，如是修證就說五陰叫作空。

所說空的功能差別，不曾有生也不曾現起，像這樣子而同於五陰，就叫作不可動；

而身見的行相其實也沒有自體，也沒有什麼法可得，不可得的緣故所以就沒有動轉，我釋迦牟尼如今就像這樣來演說。

不執取衆生的法相，究竟而無所住，也沒有覺知心的行相，形狀與處所都不可得。

如果爲大衆演說於各種邪見，顯現而且表示出來的總共有六十二種；像這樣衆生的各種邪見，也猶如水中倒影的影像一樣；

種種的邪見如同水中的影像，六十二種外道見也像是這樣，而其實都無我也無所有，這個空性的法性是不可動搖的。

過去以及未來，乃至現在的諸事也都像是這樣，全都無相也沒有所有，都猶如遠處熱砂地上好似流動的水之影像一樣，

能如是現觀就稱之爲無我，這樣實證無我的人心中完全沒有衆生之想。衆生本來都不可動，也沒有一個能動的人；

就好像是殺生的人，他處於生死的曠野之中造業，但他同時也住於寂滅之中，這樣就稱之爲不動。

想要令衆生動心，可是衆生根本就不可得，事實上本來就沒有衆生，這樣現

觀就說叫作不動。

覺悟菩提這件事情並沒有斷滅，也沒有誰能夠得度，由於這個緣故應當精勤修學，要實證而不得於動轉的人。

佛法的布施不可思議，能度已經過去的眾生，應當要精勤地修學熏習，這樣叫作不可動。

度脫於各種偏邪的欲望，同時也沒有偏邪之想可得，應當如此精勤修學熏習，這樣就稱之爲不可動。

打妄語的種種眾生，爲了使令他們證得解脫，應當要發起大精進，就像他們一樣不動的法相；

發起惡口以及兩舌之業，乃至言說綺語也是同樣的道理，就像是這樣平等的法相，猶如遠處地上的熱焰一樣都無所有。

一切諸法全部都像是這樣子，也沒有依止的處所，猶如大呼而產生了聲音響動，同時卻善於了知寂滅的法相；

過去種種的無明，由於執著五陰我的緣故而產生了憂愁，如果實證到了無我，這樣就稱之爲不動。

能了知煩惱的災害，而煩惱與災害其實本來沒有法相，這樣的無相也就是菩提，這樣就稱之爲不動；

深入地證知各種的邪見，而能夠修得正確的智慧，遠離了邪見的叢林，這樣就稱之爲不動。

如果心中已經證得了無欲的境界，現前接受寶女的擁抱，乃至於諸童子的擁抱，這都是有智慧的人所遠離的；

由於墮入邪相而持戒，卻是不捨棄正法，有智慧的人沒有心也沒有意，只是純粹求於神聖之道；

這樣便稱之爲修學法忍，而顯示給外道看見；如是無心而行於忍辱，也不親近於涅槃。

外道自己總是不斷地顯示各種異說異見，乃至以五熱炙身作爲精進，這不是智慧上所應該修學的，因爲苦行並不是菩提；

外道們所說的定，是攝取各種法相作爲他的行處，這不是佛所讚歎的，也不教令別人像外道這樣子修學；

菩薩無所畏懼，能攝受各類的眾生，就以這樣的因緣為大眾演說，雖然現象上有所取相而其心卻是不動的。

不是被種種取著所攝受，能出生菩提心，而菩提就是不取之相，由於這個緣故所以不能動；

父母兄弟等人，姊妹以及妻、子，都好像是幻化出來的一樣，由於這個緣故所以不能動。

一切執取的法相，其實全部都無所有，如果能住於無所有之中，由這個緣故就說是不能動；

如果有晝想夜想，一月想以及半月想，像是這樣的一切想，猶如遠處熱砂地上似有流水中的影像一樣；

布施以及持戒，修學忍辱和精進，全部都因為生起於取著，這樣的想就說他已經動心了；

菩薩的大勢力，經由禪定作基礎而修得智慧，如果有了無畏想，其實這一切想也都不是想；

七覺支、四意端以及八正道，乃至本有的覺悟菩提之想，其實都是愚癡之所生起，有智慧的人可就遠離了。

佛想以及種種法想，乃至於心中有僧眾之想，像這樣的種種想，全部都說叫作動想；

而菩提之中名爲無想，一切種智其實就是菩提，也遠離於這一切的想，菩提是難可思議的，

由於這個緣故而這樣子說：追求菩提的人猶如水中示現出來的影像一樣。如果動轉了那樣的想之後，這個人其實就不會遠離菩提了。

從菩提與眾生來看，一切法都是如如不動的，所以我這樣子說：我不知道惡魔的心。】

講義：語譯完了，講解之前，要先跟大家講一段《成唯識論》中的論文。這一段是《成唯識論》的字句：『及涅槃證得』者，由有此識故，有涅槃證得。謂由有此第八識故，執持一切順還滅法，令修行者證得涅槃。」這一段論是解釋「及

涅槃證得」，「及涅槃證得」一句，是《大乘阿毘達磨》契經中的一句話。那《成唯識論》這段文字是解釋《大乘阿毘達磨》這一句的意思：「由於有這個第八阿賴耶識的緣故，所以能有涅槃的證得。」所以《成唯識論》裡面舉出「及涅槃證得」這一句來告訴大家說：《大乘阿毘達磨》所說之意，就是由於有這個第八識的緣故，才能有涅槃的證得。

我們講解過很多次，涅槃有四種，二乘聖人所證的有餘涅槃、無餘涅槃，也是因爲這個第八識的眞實不壞性而施設；如果他們入了無餘涅槃以後，沒有這個第八識眞實的存在，那麼二乘涅槃就變成斷滅空，同於斷見外道。所以我也依照自己的現觀，二十多年來常常告訴大眾說：「阿羅漢沒有證得涅槃！阿羅漢死後所入的無餘涅槃，其實就是這個第八識如來藏本有的不生不死境界；所以他們入了無餘涅槃以後，不是斷滅空。」《阿含經》說二乘聖人所入的無餘涅槃叫作「常住不變」，因爲第八識如來藏是「常」，永遠不消滅、永遠不會轉變，祂永遠不生不滅，所以叫作涅槃。

二乘涅槃就是依於第八識如來藏的不生不滅、離見聞覺知而如如不動，依於祂的眞如法性來施設二乘涅槃；而第八識從來不了知六塵，所以就說「涅槃寂靜」這個法印。那麼大乘菩薩們所證的涅槃亦復如是，依於第八識而施設；換句話說，阿羅漢死後所入的無餘涅槃既然是如來藏的不生不滅、既然是如來藏的離六識見聞覺知的境界，那麼諸位增上班的同修們請現前觀照一下你的第八識：你的第八識現在不就離見聞覺知嗎？不就是不生不滅嗎？而阿羅漢把他生滅的五蘊滅了，所入的如來藏那個境界叫作無餘涅槃，不正是你現前如來藏的境界嗎？所以大乘菩薩們所證的本來自性清淨涅槃，同樣是依這個阿賴耶識而證的。

那麼入地之前證阿羅漢果，有了二乘涅槃——有餘及無餘兩種涅槃；現在證得第八識的本來自性清淨涅槃，入地了再起惑潤生，終於修學到佛地，又多了個無住處涅槃；因爲到了佛地以後不住於生死、亦不住於涅槃，利樂眾生永無窮盡，所以叫作無住處涅槃。那麼這個無住處涅槃還是依第八識（改名無垢識）來建立的啊。

菩薩因地所證的本來自性清淨涅槃已經現觀，入地之前二乘涅槃也已經證得，所以成佛時具足四種涅槃；而這四種涅槃都是依第八識而建立，所以《成唯識論》說：「由有此識故，有涅槃證得。」這意思就是說：由於有這個第八識的緣故，祂能執持一切「順還滅法」，悟前、證阿羅漢前祂還執持一切「順流轉法」；那悟後努力精進修行，這個順還滅法成就了，這五蘊身心修行轉變成就了一切清淨法以後，不就是回歸阿賴耶識眞如的境界嗎？

第八阿賴耶識本來就是眞實而如如，不動於一切法；從來對於一切法都無所動心，任何煩惱都不能動轉祂；你依止祂而這樣修行叫作「順還滅法」。那麼這樣順還滅法的修行就可以使修行者證得涅槃，不論你是證得二乘涅槃或者大乘菩薩的涅槃，乃至三大阿僧祇劫後證得的佛地「無住處涅槃」，莫不如是；所以說佛法的修證，無論是三乘菩提中的哪一乘，都不能離開第八阿賴耶識。這阿賴耶識又名異熟識、無垢識，還有許多其他的名字。

現在張志成先生改口告訴你說：「佛法的見道不是證阿賴耶識，而是要證三無性。」那問題來了：「如果不是證阿賴耶識稱爲見道，如果不是以阿賴耶識爲所依的法而次第修行到佛地，那麼如來三乘菩提、三轉法輪諸經，爲什麼一直都繞著這第八識而講？」那《成唯識論》爲什麼一開始就跟諸位辨正說：什麼是萬法的根源？卷一、卷二、卷三、卷四都在講這個；所以不斷地舉出各種外道說的怎麼樣叫作萬法的根源、怎麼樣是生命的本源，那些外道都講錯了！又是爲什麼講錯了，一一把外道那些說法都舉出來辨正說，他們都說錯了！最後提出來說：「**一切法本源的正確講法叫作阿賴耶識。**」

然後才告訴你唯識性，說明阿賴耶識的心體、自性、心所法，互相之間是怎麼樣相應的？爲什麼阿賴耶識跟五別境不相應？爲什麼跟二十一個煩惱心所不相應？又爲什麼跟六個根本煩惱不相應？祂又爲什麼跟四個不定法不相應？不斷的告訴你第八識的這些唯識性，然後又跟你分辨說：「**這阿賴耶識到底是善性、惡性、還是無記性？**」都跟你討論。討論完了覺得還不夠，再來討論祂的覺受是什麼？阿賴耶識會不會有苦受、會不會有樂受？最後結論說：「**阿賴耶識只有捨受，沒有那兩種受！**」全都在告訴你第八識的唯識性。

然後再接著討論說：「**阿賴耶識爲什麼堅固不壞？爲什麼祂可以受熏？爲什麼祂可以執持種子？爲什麼祂還有阿陀那性……等。**」從卷一開始直到卷十圓滿，講了一大堆，都在講阿賴耶識的識性。然後告訴你說：「**祂可以出生七轉識，七轉**

識中的意根叫作第二能變識；阿賴耶識是第一種能變識，因為要有祂了別六塵外的諸法，才能有第二個能變識的意根；有了第二個能變識的意根，祂有這個動力可以促使如來藏顯現諸法，才會有第三能變識的前六識。」因為意根有這個能力，有這個功能促使如來藏變現一切諸法，所以《楞伽阿跋多羅寶經》把這個意根叫作現識。

然後再說明這意根又有什麼自性？祂到底跟善性、惡性相應不相應呢？祂到底是有記性、還是無記性？那意根會不會有苦受、樂受？會不會有捨受？祂跟心所法是怎麼相應的？祂除了五遍行心所法以外，五別境心所法祂跟其中的哪個部分相應？祂跟六個根本煩惱、二十個隨煩惱、跟不定心所會不會相應？說完了，再來講阿賴耶識所變生的前六識。因為前六識被意根促使阿賴耶識變生出來之後，這前六識到底有哪些心所法？祂有五遍行以外，有沒有五別境心所呢？有沒有六根本煩惱？有沒有二十隨煩惱？有沒有四個不定心所法呢？然後再討論這六個識祂們到底是善性、惡性、還是無記性？祂們於三種受裡面，到底有沒有苦受？有沒有樂受？有沒有不苦不樂受？

然後，在最後把七轉識歸結到阿賴耶識心體來，最後才告訴大家說：「你要證一切種智才能成佛，可是證一切種智成佛之前，你得要先見道；你見道的時候要分爲三個位階，就是眞見道、相見道、通達位；而你想要進到這三個位階之前，必須要先修六度；六度修完了終於修四加行，四加行修完了，你懂得四加行的內容，已經知道大乘見道所證是要證什麼，於是你才能證第八識而得到眞見道。」至於眞見道是什麼？就告訴你：眞見道叫作證得阿賴耶識而產生根本無分別智。《成唯識論》已經明白這麼講出來了：「眞見道就是證阿賴耶識而發起『根本無分別智』。」張先生怎能說大乘見道不是證阿賴耶識？

然後告訴諸位說：「眞見道之後還要有相見道，相見道非安立諦三品心修學完成，還沒有完成相見道位哦！相見道位的第二個部分叫安立諦十六品心及九品心。這個十六品心和九品心修學完成就是阿羅漢，這時候要起惑潤生、發十大無盡願。」這十大無盡願你每天發願，一直發到你究竟清淨、這個十大無盡願眞的清淨了。要怎麼樣叫作清淨？就是「我將來出來弘法、救護眾生，不求一己之私，不追求個人得到什麼世間利益，純粹爲眾生奉獻；而且這十大願要如虛空一樣永遠無盡」。所以要成就這十大無盡願時要怎麼發願？猶如虛空無窮無盡，我願亦復如是無窮無盡。所以這十大無盡願是沒有盡期的，不是成佛以後就享受人家的供養，什麼都不作；而是要繼續度眾生，不怕辛苦、不怕生死，這樣才算發願清淨，這叫作「**增上意樂清淨**」，這個增上意樂發到清淨了，才能入地。

所以你看入地有多難！眞見道、相見道完成了，成爲阿羅漢了還進不了初地！在這之前，你要修集多少福德才能到這個地步？然後還要每天發十大無盡願，發到你這個增上意樂清淨了，再也不爲自己的利益去弘法，完全是爲眾生；這樣你才能得到佛的加持而發起大乘照明三昧，才算是通達位的菩薩。這時很厲害了吧？不厲害！通達位才是剛剛入地，後面還有兩大阿僧祇劫在等你，這時候才算是佛的兒子；在這之前，佛不承認你是祂的眞正兒子！那麼你說當菩薩可憐吧？可憐哪！悟了都還不是佛的兒子，要入地時才算，這時候叫作「**生如來家，成佛子住**」。好了，這時候就沒有私心了。

然後《成唯識論》接著再告訴你說：「**接下來，你要修十地之法，十地之中每一地要斷障，也要證無生法忍；每一地都有，都不相同，從初地一直修到十地，**

總共就是十度波羅蜜多。」修完了，要再檢查：「我這二十二根是不是具足？我的增上緣是不是符合十地滿心的境界？」你看，《成唯識論》的全部法義全都繞著這個第八識轉，這一切法全都圍繞在第八識的旁邊，應該修行的各種福德、各種智慧，應該斷除的性障等，都繞著第八識在講，而且也明白告訴你說：「你證得這個空性心如來藏了，然後你發起無分別智，這個無分別智只是根本無分別智。」說這樣叫作眞見道。

現在有人說：「大乘的見道不是證第八識，是證得三無性。」好了！問題是三無性要怎麼來？要依據三自性的實證而來呀！而三自性裡面最重要的就是「圓成實性」，「圓成實性」就是第八識的自性，得現觀第八識的識性時才能證得「圓成實性」；結果張先生說證得第八識時不叫作眞見道，要證三無性才叫見道，那是不是說：「你要了知死亡才算是出生，你出生時不能算是出生！」等於是這個道理，可是天下沒有這個道理啊！這樣諸位瞭解這個意思了。那麼種下這些正理以後，《不退轉法輪經》再來聽，也就比較能懂了。

《不退轉法輪經》我們上週把七十八頁、最末後那一大段的偈語譯完了。我們也說過佛法的根本是什麼，如果佛法沒有一個實證的根本，而只有一些名相、名詞的理論去堆砌出來，然後去思惟、去整理成爲一個或三個體系，那個結果就變成玄學，只是思想而不是義學了！所證若只是思想，就會隨著意識的消滅而滅失；所證若是義學——第八識眞如，則是常住不滅而永無斷絕。

特別是三乘菩提的所有經典，全都依八識論來解說。從將近三十年前我開始弘法，我就說了：「**證得佛菩提的人，腳跟著地，很踏實，不會覺得虛幻。**」所以我們那本《禪—悟前與悟後》的封面，我就是這樣寫的：「**明心證眞，眞覺踴躍；眼見佛性，生機澎湃。**」都是可以親自現前體驗的。如果像釋印順、張志成那樣，以六識論爲基礎，他們對佛法的理解就只能是「**一切法緣生性空**」，就變成一切法空無，同於斷滅，那樣思惟所得的思想會隨著意識的中斷而滅失，不能像我們所證的眞如心一樣去到未來世，那他們到底要依止什麼來次第邁向佛地？

因爲「**緣生性空、一切法空**」的結果，很顯然的是這六識心不能去到後世，便成爲斷滅空；而他們死了之後，所學的一切法與思想全部都將歸於烏有，那麼人就應該只有一世，不該有三世輪迴了。可是爲什麼人常常定中、或夢中看見往世的事？顯然人不只有一世。可是眼前現見分明的是：每一個人出生的時候懵懂無知，都還不曉得這是父親、這是母親，一直到養了半年、一年以後，才終於認識清楚：「**這是我媽媽，這是我爸爸。**」這表示每一世的意識都不從前世來，既然意識不從前世來，那麼依於意識而能生起的前五識，當然同樣不從前世來；既不從前世來，就不能去後世，道理一定是這樣。

既然依於釋印順、張志成的六識論來學佛，而學佛的過程不輕鬆，要遠離五欲等；結果辛苦學佛一世之後死了，六識都不去未來世，又沒有七、八二識，那結果呢？所學唐捐其功。那不如去世間法中享樂算了，不用再學佛了，這就是釋印順等人的盲點。所以釋印順不得不發明一個說法：「**業造了以後，可以自然存在，也能自己去到未來世。**」那麼未來世繼承他所造業種的人不就倒楣了嗎？這就不是自作自受，成爲自作他受了，那還有因果嗎？所以學釋印順的法，結果呢？學完了以後不曉得一生精進所修所學的結果會由誰來繼承。這是因爲沒有七、八二識，那就是來世不曉得誰倒楣，繼承到釋印順那些業種。

所以他怕人家責備就發明這個說法，他又怕人家指責說他是斷滅見，怕人家說他變成斷見外道，於是又拉回來，從意識切割了一小分說：「這個叫作細意識，細意識常住不滅。」那你這個細意識到底是不是意識？是跟如來藏一樣、不一樣？是不一樣！好！諸位說不一樣，是因爲祂叫作意識；細意識也是意識、粗意識也是意識，那他發明了細意識，結果意識卻沒有持種的功能，不能執持各種所學所修的業種，那他發明那個細意識要幹嘛？就變成沒有意義了！他只是爲了避免人家攻訐，說他是斷見外道，所以發明一個細意識常住的邪說；但細意識事實上是一個生滅心，跟持種無關；而他也沒有說細意識可以持種，他說的是業種可以自己存在，細意識與業種互不相干。

那麼六識不去到未來世，細意識又不持種，下一輩子那個業種要現行時，誰不小心遇到那個業種就……（大眾笑……）諸位覺得好笑，對不對？那個業種就變成誰倒楣、誰接到；那就會變成人沒有前世，跟唯物論外道的邪見一樣了，因爲不能去到後世，也不從前世來；更何況一切粗細意識都是生滅心，沒有持種的功能，是根與塵爲緣才能從第八識中出生的。意識如果從前世來，前世學了很多世間法，必然一出生就懂得這是父親、這是母親，至少也知道這是母親吧？如果前世是美國人，他這一世一出生就應該開口先招呼說：「Mother!」（大眾笑…）但嬰兒全都不懂啊！所以那裡面的過失，你繼續把它思惟下去，過失非常多的！結果他們渾然不覺！

這渾然不覺的釋印順死了，他生前判教說：這是什麼阿含系、般若系、唯識系，切割成所謂的「**性空唯名**」等三系，這三系的法義是沒有互相關聯的，那佛法就變成支離破碎了。太虛大師就罵他這一點說：「**我這個弟子釋印順，把佛法割裂到支離破碎了。**」窮其一生，他也無法辯解，竟然還敢恬不知恥去繼承太虛法師的名氣，自稱是他的弟子！所以那其中的問題非常多，而且就算他自稱成佛了，但他的中心思想就是斷滅見加上常見的思想。他說一切法最後全部緣生性空，認為 佛講的般若也就是緣生性空，只是將阿含部諸經的那些法再重講一遍；所以講了《大般若經》、《小品般若經》中那一些法其實都沒有自性，就是把阿含的說法以不同的名相重新再講一遍，不過是一些名相罷了，所以叫作「**性空唯名**」；那性空唯名不就是戲論嗎？所以他其實是在謗佛。

所以當他判第二轉法輪是「**性空唯名**」的時候，他已經是謗佛，因為 佛從來無戲語；戲論的話從來不說，凡有所說皆有實義。然後他又判第三轉法輪，說那叫作「**虛妄唯識**」，因爲他只認定有六個識；意根他不懂，他說意根是腦神經。不曉得他這一世來投胎時，有沒有帶著前世的腦神經來投胎？因爲意根是打從無始以來就不曾斷滅過，是連貫三世的心。那他上一輩子死了，應該先把腦神經抽出來再死吧，否則他如何投胎到這一世來？但他也沒有抽來前世的腦神經啊！

然後釋印順又不承認有第八識，說第八識阿賴耶識如來藏叫作「外道神我」，那就是謗佛！因爲　佛在諸經中有說：「**唯識有二：一個是虛妄唯識，叫作七轉識；另一個叫作眞實唯識，能生萬法，叫作眞如、叫作如來藏，又名阿賴耶識。**」如果能親證阿賴耶識就可以現觀眞實唯識與虛妄唯識，可以現觀時心裡就很篤定；叫我要建立梵行，我就離欲；叫我不要貪瞋癡，我就不貪瞋癡；我依止於第八識眞如，便可以次第邁向佛地。可是如果是六識論，說一切法都是緣生性空，那他死了就死了，變成斷滅。所以他的問題非常多，可是他和所有繼承人完全不知道。

現在張志成來到會裡，我們幫他證悟第八識如來藏，結果他忘記了，然後又回到釋印順的思想上，如今弄得自己倒退幾十里地了；不是只退一步，是退回幾十里地之外。我也常常說：「如果法有錯誤，那就藏拙，少說一點兒，人家知道你的敗闕就會少一點。」可是有的人不這樣，結果他越寫越多，那敗闕就越來越多，他貼上網的每一篇文字都是一個把柄；所以我們會裡面許多人到後來是看不下去了，就開始寫文章評論。我本來不想理會，因為我覺得他不成氣候；沒想到他越寫越有勁兒，如今已經寫很多了，那我看看說：「差不多時候到了。」因為如果回應了，以後那些文章就可以出書，可以世諦流布救護眾生……。

（未完，詳後第八輯續說。）

佛菩提二主要道次第概要表——二道並修，以外無別佛法

佛菩提道——大菩提道

十信位修集信心——一劫乃至一萬劫

資糧位

初住位修集布施功德（以財施爲主）。
二住位修集持戒功德。
三住位修集忍辱功德。
四住位修集精進功德。
五住位修集禪定功德。
六住位修集般若功德（熏習般若中觀及斷我見，加行位也）。

外門廣修六度萬行

七住位明心般若正觀現前，親證本來自性清淨涅槃。
八住位起於一切法現觀般若中道。漸除性障。
十住位眼見佛性，世界如幻觀成就。

見道位

一至十行位，於廣行六度萬行中，依般若中道慧，現觀陰處界猶如陽焰，至第十行滿心位，陽焰觀成就。

一至十迴向位熏習一切種智；修除性障，唯留最後一分思惑不斷。第十迴向滿心位成就菩薩道如夢觀。

內門廣修六度萬行

遠波羅蜜多

初地：第十迴向位滿心時，成就道種智一分（八識心王一一親證後，領受五法、三自性、七種第一義、七種性自性、二種無我法）復由勇發十無盡願，成通達位菩薩。復又永伏性障而不具斷，能證慧解脫而不取證，由大願故留惑潤生。此地主修法施波羅蜜多及百法明門。證「猶如鏡像」現觀，故滿初地心。

二地：初地功德滿足以後，再成就道種智一分而入二地；主修戒波羅蜜多及一切種智。滿心位成就「猶如光影」現觀，戒行自然清淨。

解脫道：二乘菩提

→ 斷三縛結，成初果解脫

→ 薄貪瞋癡，成二果解脫

→ 斷五下分結，成三果解脫

入地前的四加行令煩惱障現行悉斷，成四果解脫，留惑潤生。分段生死已斷，煩惱障習氣種子開始斷除，兼斷無始無明上煩惱。

近波羅蜜多　　大波羅蜜多　　圓滿波羅蜜多

修道位　　究竟位

心、五神通。能成就俱解脫果而不取證，留惑潤生。滿心位成就「猶如谷響」現觀及無漏妙定意生身。

四地：由三地再證道種智一分故入四地。主修精進波羅蜜多，於此土及他方世界廣度有緣，無有疲倦。進修一切種智，滿心位成就「如水中月」現觀。

五地：由四地再證道種智一分故入五地。主修禪定波羅蜜多及一切種智，斷除下乘涅槃貪。滿心位成就「變化所成」現觀。

六地：由五地再證道種智一分故入六地。此地主修般若波羅蜜多——依道種智現觀十二因緣一一有支及意生身化身，皆自心眞如變化所現，「非有似有」，成就細相觀，不由加行而自然證得滅盡定，成俱解脫大乘無學。

七地：由六地「非有似有」現觀，再證道種智一分故入七地。此地主修一切種智及方便波羅蜜多，由重觀十二有支一一支中之流轉門及還滅門一切細相，成就方便善巧，念念隨入滅盡定。滿心位證得「如犍闥婆城」現觀。

八地：由七地極細相觀成就故再證道種智一分而入八地。此地主修一切種智及願波羅蜜多。至滿心位純無相觀任運恆起，故於相土自在，滿心位復證「如實覺知諸法相意生身」故。

九地：由八地再證道種智一分故入九地。主修力波羅蜜多及一切種智，成就四無礙，滿心位證得「種類俱生無行作意生身」。

十地：由九地再證道種智一分故入此地。此地主修一切種智——智波羅蜜多。滿心位起大法智雲，及現起大法智雲所含藏種種功德，成受職菩薩。

等覺：由十地道種智成就故入此地。此地應修一切種智，圓滿等覺地無生法忍；於百劫中修集極廣大福德，以之圓滿三十二大人相及無量隨形好。

妙覺：示現受生人間已斷盡煩惱障一切習氣種子，並斷盡所知障一切隨眠，永斷變易生死無明，成就大般涅槃，四智圓明。人間捨壽後，報身常住色究竟天利樂十方地上菩薩；以諸化身利樂有情，永無盡期，成就究竟佛道。

七地滿心斷除故意保留之最後一分思惑時，煩惱障所攝色、受、想三陰有漏習氣種子全部斷盡。

←

煩惱障所攝行、識二陰無漏習氣種子任運漸斷，所知障所攝上煩惱任運漸斷。

←

斷盡變易生死
成就大般涅槃

圓滿成就究竟佛果

佛子蕭平實　謹製
（二〇〇九、〇二　修訂）
（二〇一二、〇二　增補）

佛教正覺同修會〈修學佛道次第表〉

第一階段

＊以憶佛及拜佛方式修習動中定力。
＊學第一義佛法及禪法知見。
＊無相拜佛功夫成就。
＊具備一念相續功夫—動靜中皆能看話頭。
＊努力培植福德資糧，勤修三福淨業。

第二階段

＊參話頭，參公案。
＊開悟明心，一片悟境。
＊鍛鍊功夫求見佛性。
＊眼見佛性〈餘五根亦如是〉親見世界如幻，成就如幻觀。
＊學習禪門差別智。
＊深入第一義經典。
＊修除性障及隨分修學禪定。
＊修證十行位陽焰觀。

第三階段

＊學一切種智真實正理—楞伽經、解深密經、成唯識論…。
＊參究末後句。
＊解悟末後句。
＊透牢關—親自體驗所悟末後句境界，親見實相，無得無失。
＊救護一切衆生迴向正道。護持了義正法，修證十迴向位如夢觀。
＊發十無盡願，修習百法明門，親證猶如鏡像現觀。
＊修除五蓋，發起禪定。持一切善法戒。親證猶如光影現觀。
＊進修四禪八定、四無量心、五神通。進修大乘種智，求證猶如谷響現觀。

佛教正覺同修會 共修現況 及 招生公告　　2024/12/11

一、共修現況：（請在共修時間來電，以免無人接聽。）

台北正覺講堂 103 台北市承德路三段 277 號九樓 捷運淡水線圓山站旁

Tel..總機 02-25957295（晚上）（**分機：九樓**辦公室 10、11；知客櫃檯 12、13。 **十樓**知客櫃檯 15、16；書局櫃檯 14。 **五樓**辦公室 18；知客櫃檯 19。**二樓**辦公室 20；知客櫃檯 21。）

Fax..25954493

第一講堂　台北市承德路三段 277 號九樓

禪淨班：週一晚班、週三晚班、週四晚班、週五晚班、週六下午班（共修期間二年半，全程免費。皆須報名建立學籍後始可參加共修，欲報名者詳見本公告末頁。）

進階班：週六早班。

增上班：成唯識論釋：單週六晚班。雙週六晚班（重播班）。17.50～20.50。平實導師講解，2022 年 2 月末開講，預定六年內講完，僅限已明心之會員參加。

禪門差別智：每月第一週日全天　平實導師主講（事冗暫停）。

菩薩瓔珞本業經　本經說明菩薩道六度、十度波羅蜜多之修行，要先修十信位，於因位中熏習百法明門，再轉入初住位起修六種瓔珞，總共四十二位，即是十住位、十行位、十迴向位、十地位、等覺位、妙覺位，方得成就六種瓔珞成爲一生補處，然後成就佛道，名爲習種性、性種性、道種性、聖種性、等覺性、妙覺性；連同習種性前的十信位，共爲五十二階位實修完畢，方得成佛。於本經中亦說明大乘初見道的證眞如、發起般若現觀時，若有佛菩薩護持故，即得進第七住位常住不退，然後向上進發，速修佛菩提道。如是實修佛菩提道方是義學，而非學術界所說的相似佛法等玄學，皆是可修可證之法，全都屬於現法樂證樂住並且是現觀的佛法，顯示佛法眞是義學而非玄談或思想。本經已於 2024 年一月上旬起開講，由平實導師詳解。每逢週二晚上開講，第一至第七講堂都可同時聽聞，歡迎菩薩種性學人，攜眷共同參與此殊勝法會現場聞法，不限制聽講資格。本會學員憑上課證進入第一至第四、第七講堂聽講，會外學人請以身分證件換證進入聽講（此爲大樓管理處安全管理規定之要求，敬請諒解）；第五及第六講堂（B1、B2）對外開放，不需出示任何證件，請由大樓側門直接進入。

第二講堂　台北市承德路三段 267 號十樓。

禪淨班：週一晚班。

進階班：週三晚班、週四晚班、週五晚班、週六下午班。禪淨班結業後轉入共修。

增上班：成唯識論釋：單週六晚班，影音同步傳播。雙週六晚班（重播班）

菩薩瓔珞本業經：平實導師講解。每週二 18.50~20.50 影像音聲即時傳輸。

第三講堂　台北市承德路三段 277 號五樓。

增上班：成唯識論釋：單週六晚班，影音同步傳播。雙週六晚班（重播班）

進階班：週一晚班、週三晚班、週四晚班、週五晚班、週六下午班。

菩薩瓔珞本業經：平實導師講解。每週二 18.50~20.50 影像音聲即時傳輸。

第四講堂　台北市承德路三段 267 號二樓。

進階班：週一晚班、週三晚班、週四晚班（禪淨班結業後轉入共修）。

菩薩瓔珞本業經：平實導師講解。每週二 18.50~20.50 影像音聲即時傳輸。

第五、第六講堂　台北市承德路三段 267 號地下一樓、地下二樓

進階班：週一晚班、週三晚班、週四晚班。

菩薩瓔珞本業經：平實導師講解。每週二 18.50~20.50 影像音聲即時傳輸。第五、第六講堂爲**開放式講堂**，不需以身分證件換證即可進入聽講，台北市承德路三段 267 號地下一樓、地下二樓。每逢週二晚上講經時段開放給會外人士自由聽經，請由大樓側面梯階逕行進入聽講。**聽講者請尊重講者的著作權及肖像權，請勿錄音錄影，以免違法；若有錄音錄影被查獲者，將依法處理。**

第七講堂　台北市承德路三段 267 號六樓。

菩薩瓔珞本業經：平實導師講解。每週二 18.50~20.50 影像音聲即時傳輸。

正覺祖師堂　大溪區美華里信義路 650 巷坑底 5 之 6 號（台 3 號省道 34 公里處 妙法寺對面斜坡道進入）電話 03-3886110　傳眞 03-3881692 本堂供奉 克勤圓悟大師，專供會員每年四月、十月各兩次精進禪三共修，兼作本會出家菩薩掛單常住之用。開放參訪日期請參見本會公告。教內共修團體或道場，得另申請其餘時間作團體參訪，務請事先與常住確定日期，以便安排常住菩薩接引導覽，亦免妨礙常住菩薩之日常作息及修行。

桃園正覺講堂（第一、第二講堂）：桃園市介壽路 286、288 號 10 樓（陽明運動公園對面）電話：03-3749363（請於共修時聯繫，或與台北聯繫）

禪淨班：週一晚班（1）、週一晚班（2）、週三晚班、週四晚班、週五晚班。

進階班：週三晚班、週四晚班、週五晚班、週六上午班。

增上班：成唯識論釋。雙週六晚班（增上重播班）。

菩薩瓔珞本業經：平實導師講解。每週二晚上，以台北正覺講堂所錄 DVD 放映；歡迎會外學人共同聽講，不需出示身分證件。

新竹正覺講堂 新竹市東光路 55 號二樓之一　電話 03-5724297（晚上）

第一講堂：

禪淨班：週五晚班。

進階班：週三晚班、週四晚班、週六上午班。由禪淨班結業後轉入共修

增上班：成唯識論釋。單週六晚班。雙週六晚班（重播班）。

菩薩瓔珞本業經：平實導師講解。每週二晚上，以台北正覺講堂所錄 DVD 放映。歡迎會外學人共同聽講，不需出示身分證件。

第二講堂：

禪淨班：週一晚班、週三晚班、週四晚班、週六上午班。

菩薩瓔珞本業經：每週二晚上與第一講堂同步播放講經 DVD。

第三、第四講堂：裝修完畢，已經啓用。

台中正覺講堂 04-23816090（晚上）

第一講堂 台中市南屯區五權西路二段 666 號 13 樓之四（國泰世華銀行樓上。鄰近縣市經第一高速公路前來者，由五權西路交流道可以快速到達，大樓旁有停車場，對面有素食館）。

禪淨班：週四晚班、週五晚班。

進階班：週一晚班、週三晚班、週六上午班（由禪淨班結業後轉入共修）。

增上班：成唯識論釋。單週六晚班。雙週六晚班（重播班）。

菩薩瓔珞本業經：平實導師講解。每週二晚上，以台北正覺講堂所錄 DVD 放映。歡迎會外學人共同聽講，不需出示身分證件。

第二講堂 台中市南屯區五權西路二段 666 號 4 樓

禪淨班：週一晚班、週三晚班。

第三講堂台中市南屯區五權西路二段 666 號 4 樓

禪淨班：週一晚班。

第四講堂台中市南屯區五權西路二段 666 號 4 樓。

進階班：週一晚班、週三晚班、週四晚班、週五晚班、週六上午班，由禪淨班結業後轉入共修

菩薩瓔珞本業經：每週二晚上與第一講堂同步播放講經 DVD。

嘉義正覺講堂 嘉義市友愛路 288 號八樓之一　電話：05-2318228

第一講堂：

禪淨班：週四晚班、週五晚班、週六上午班。

進階班：週一晚班、週三晚班（由禪淨班結業後轉入共修）。

增上班：成唯識論釋。單週六晚班。雙週六晚班（重播班）。

菩薩瓔珞本業經：平實導師講解。每週二晚上，以台北正覺講堂所錄 DVD 放映。歡迎會外學人共同聽講，不需出示身分證件。

第二講堂 嘉義市友愛路 288 號八樓之二。

第三講堂　嘉義市友愛路 288 號四樓之七。

禪淨班：週一晚班、週三晚班。

台南正覺講堂

第一講堂　台南市西門路四段 15 號 4 樓。06-2820541（晚上）

禪淨班：週一晚班、週四晚班、週五晚班、週六下午班。

增上班：成唯識論釋。單週六晚班。雙週六晚班（重播班）。

菩薩瓔珞本業經：平實導師講解。每週二晚上，以台北正覺講堂所錄 DVD 放映。歡迎會外學人共同聽講，不需出示身分證件。

第二講堂　台南市西門路四段 15 號 3 樓。

菩薩瓔珞本業經：每週二晚上與第一講堂同步播放講經 DVD。

第三講堂　台南市西門路四段 15 號 3 樓。

進階班：週一晚班、週三晚班、週四晚班、週五晚班（由禪淨班結業後轉入共修）。

菩薩瓔珞本業經：每週二晚上與第一講堂同步播放講經 DVD。

高雄正覺講堂　高雄市新興區中正三路 45 號五樓 07-2234248（晚上）

第一講堂（五樓）：

禪淨班：週一晚班、週三晚班、週四晚班、週五晚班、週六上午班。

進階班：週六下午班（由禪淨班結業後轉入共修）。

增上班：成唯識論釋。單週六晚班。雙週六晚班（重播班）。

菩薩瓔珞本業經：平實導師講解。每週二晚上，以台北正覺講堂所錄 DVD 放映。歡迎會外學人共同聽講，不需出示身分證件。

第二講堂（四樓）：

進階班：週三晚班、週四晚班（由禪淨班結業後轉入共修）。

菩薩瓔珞本業經：每週二晚上與第一講堂同步播放講經 DVD。

第三講堂（三樓）：

進階班：週四晚班（由禪淨班結業後轉入共修）。

二、招生公告　**本會台北講堂及全省各講堂，每逢四月、十月下旬開新班，每週共修一次**（每次二小時。開課日起三個月內仍可插班）；**各班共修期間皆爲二年半，全程免費，欲參加者請向本會函索報名表**（各共修處皆於共修時間方有人執事，非共修時間請勿電詢或前來洽詢、請書），**或直接從本會官方網站(http://www.enlighten.org.tw/newsflash/class)或成佛之道網站下載報名表**。共修期滿時，若經報名禪三審核通過者，可參加四天三夜之禪三精進共修，有機會明心、取證如來藏，發起般若實相智慧，成爲實義菩薩，脫離凡夫菩薩位。

三、新春禮佛祈福 農曆**年假**期間停止共修：自農曆新年前七天起停止共修與弘法，正月 8 日起回復共修、弘法事務。新春期間正月初一～初七 9.00～17.00 開放台北講堂、正月初一~初三開放新竹、台中、嘉義、台南、高雄講堂，以及大溪禪三道場（正覺祖師堂），方便會員供佛、祈福及會外人士請書。

密宗四大派修雙身法，是外道性力派的邪法；又以生滅的識陰作為常住法，是常見外道，是假的藏傳佛教。

西藏覺囊巴以他空見弘揚第八識如來藏勝法，才是真藏傳佛教

佛教正覺同修會　弘法行事表　　2024/1/2

1、**禪淨班**　以無相念佛及拜佛方式修習動中定力，實證一心不亂功夫。傳授解脫道正理及第一義諦佛法，以及參禪知見。共修期間：二年六個月。每逢四月、十月開新班，詳見招生公告表。

2、**進階班**　禪淨班畢業後得轉入此班，進修更深入的佛法，期能證悟明心。各地講堂各有多班，繼續深入佛法、增長定力，悟後得轉入增上班修學道種智，期能證得無生法忍。

3、**增上班 成唯識論釋**　詳解八識心王的唯識性、唯識相、唯識位，分說八識心王及其心所各別的自性、所依、所緣、相應心所、行相、功用等，並闡述緣生諸法的四緣：因緣、等無間緣、所緣緣、增上緣等四緣，並論及十因五果等。論中闡釋**佛法實證及成就的根本法即是第八識，由第八識成就三界世間及出世間的一切染淨諸法，方有成佛之道可修、可證、可成就，名爲圓成實性**。然後詳解末法時代學人極易混淆的見道位所函蓋的眞見道、相見道、通達位等內容，指正末法時代高慢心一類學人，於見道位前後不斷所墮的同一邪謬處。末後開示修道位的十地之中，各地所應斷的二愚及所應證的一智，乃至佛位的四智圓明及具足四種涅槃等一切種智之眞實正理。由平實導師講述，每逢一、三、五週之週末晚上開示，每逢二、四週之週末爲重播班，供作後悟之菩薩補聞所未聽聞之法。增上班課程僅限已明心之會員參加。未來每逢講完十分之一內容時，便予出書流通；總共十輯，敬請期待。（註：《瑜伽師地論》從 2003 年二月開講，至 2022 年 2 月 19 日已經圓滿，爲期 18 年整。）

4、**菩薩瓔珞本業經**　本經說明菩薩道六度、十度波羅蜜多之修行，要先修十信位，於因位中熏習百法明門，再轉入初住位起修六種瓔珞，總共四十二位，即是十住位、十行位、十迴向位、十地位、等覺位、妙覺位，方得成就六種瓔珞成爲一生補處，然後成就佛道，名爲習種性、性種性、道種性、聖種性、等覺性、妙覺性；連同習種性前的十信位，共爲五十二階位實修完畢，方得成佛。於本經中亦說明大乘初見道的證眞如、發起般若現觀時，若有佛菩薩護持故，即得進第七住位常住不退，然後向上進發，速修佛菩提道。如是實修佛菩提道方是義學，而非學術界所說的相似佛法等玄學，皆是可修可證之法，全都屬於現法樂證樂住並且是現觀的佛法，顯示佛法眞是義學而非玄談或思想。本經已於 2024 年一月上旬起開講，由平實導師詳解。不限制聽講資格。

5、**精進禪三**　主三和尚：平實導師。於四天三夜中，以克勤圓悟大師及大慧宗杲之禪風，施設機鋒與小參、公案密意之開示，幫助會員剋期取證，親證不生不滅之眞實心——人人本有之如來藏。每年四月、十月各舉辦三個梯次；平實導師主持。僅限本會會員參加禪淨班共修期滿，報名審核通過者，方可參加。並選擇會中定力、慧力、福德三條件皆已具足之已明心會員，給以指引，令得眼見自己無形無相之佛性遍佈山河大地，眞實而無障礙，得以肉眼現觀世界身心悉皆如幻，具足成就如幻觀，圓滿十住菩薩之證境。

6、**阿含經**詳解　選擇重要之阿含部經典，依無餘涅槃之實際而加以詳解，令大眾得以現觀諸法緣起性空，亦復不墮斷滅見中，顯示經中所隱說之涅槃實際—如來藏—確實已於四阿含中隱說；令大眾得以聞後觀行，確實斷除我見乃至我執，證得**見到**眞現觀，乃至**身證**……等眞現觀；已得大乘或二乘見道者，亦可由此聞熏及聞後之觀行，除斷我所之貪著，成就慧解脫果。由平實導師詳解。不限制聽講資格。

7、**精選如來藏系經典**詳解　精選如來藏系經典一部，詳細解說，以此完全印證會員所悟如來藏之眞實,得入不退轉住。另行擇期詳細解說之，由平實導師講解。僅限已明心之會員參加。

8、**禪門差別智**　藉禪宗公案之微細淆訛難知難解之處，加以宣說及剖析，以增進明心、見性之功德，啓發差別智，建立擇法眼。每月第一週日全天,由平實導師開示,僅限破參明心後,復又眼見佛性者參加(事冗暫停)。

9、**枯木禪**　先講智者大師的《小止觀》，後說《釋禪波羅蜜》，詳解四禪八定之修證理論與實修方法，細述一般學人修定之邪見與岔路，及對禪定證境之誤會，消除枉用功夫、浪費生命之現象。已悟般若者，可以藉此而實修初禪，進入大乘通教及聲聞教的三果心解脫境界，配合應有的大福德及後得無分別智、十無盡願，即可進入初地心中。親教師：平實導師。未來緣熟時將於正覺寺開講。不限制聽講資格。

註：本會例行年假，自 2004 年起，改爲每年農曆新年前七天開始停息弘法事務及共修課程，農曆正月 8 日回復所有共修及弘法事務。新春期間（每日 9.00～17.00)開放台北講堂,方便會員禮佛祈福及會外人士請書。大溪區的正覺祖師堂，開放參訪時間，詳見〈正覺電子報〉或成佛之道網站。本表得因時節因緣需要而隨時修改之，不另作通知。

佛教正覺同修會　贈閱書籍 目錄　　2024/8/20

1.**無相念佛**　平實導師著　回郵 36 元
2.**念佛三昧修學次第**　平實導師述著　回郵 52 元
3.**正法眼藏—護法集**　平實導師述著　回郵 76 元
4.**真假開悟簡易辨正法&佛子之省思**　平實導師著　回郵 26 元
5.**生命實相之辨正**　平實導師著　回郵 31 元
6.**如何契入念佛法門 (附**：印順法師否定極樂世界)平實導師著　回郵 26 元
7.**平實書箋**—答元覽居士書　平實導師著　回郵 52 元
8.**三乘唯識**—如來藏系經律彙編　平實導師編　回郵 80 元
（精裝本　長 27 ㎝　寬 21 ㎝　高 7.5 ㎝　重 2.8 公斤）
9.**三時繫念全集**—修正本　回郵掛號 52 元（長 26.5 ㎝×寬 19 ㎝）
10.**明心與初地**　平實導師述　回郵 31 元
11.**邪見與佛法**　平實導師述著　回郵 36 元
12.**甘露法雨**　平實導師述　回郵 36 元
13.**我與無我**　平實導師述　回郵 36 元
14.**學佛之心態**—修正錯誤之學佛心態始能與正法相應 孫正德老師著 回郵52元
附錄：平實導師著**《略說八、九識並存…等之過失》**
15.**大乘無我觀**—《悟前與悟後》別說　平實導師述著　回郵 36 元
16.**佛教之危機**—中國台灣地區現代佛教之真相（附錄：公案拈提六則）
平實導師著　回郵 52 元
17.**燈 影**—燈下黑（覆「求教後學」來函等）　平實導師著　回郵 76 元
18.**護法與毀法**—覆上平居士與徐恒志居士網站毀法二文
張正圜老師著　回郵 76 元
19.**淨土聖道**—兼評**選擇本願念佛**　正德老師著　**由正覺同修會購贈** 回郵 52 元
20.**辨唯識性相**—對「紫蓮心海《辯唯識性相》書中否定阿賴耶識」之回應
正覺同修會 台南共修處法義組 著　回郵 52 元
21.**假如來藏**—對法蓮法師《如來藏與阿賴耶識》書中否定阿賴耶識之回應
正覺同修會 台南共修處法義組 著　回郵 76 元
22.**入不二門**—公案拈提集錦 第一輯（於平實導師公案拈提諸書中選錄約二十則，
合輯為一冊流通之）平實導師著　回郵 52 元
23.**真假邪說**—西藏密宗索達吉喇嘛《破除邪說論》真是邪說
釋正安法師著　上、下冊回郵各 52 元
24.**真假開悟**—真如、如來藏、阿賴耶識間之關係　平實導師述著　回郵 76 元

25.**真假禪和**—辨正釋傳聖之謗法謬說　孫正德老師著　回郵 76 元

26.**眼見佛性**—駁慧廣法師**眼見佛性的含義**文中謬說 游正光老師著 回郵 52 元

27.**普門自在**—公案拈提集錦 第二輯（於平實導師公案拈提諸書中選錄約二十則，合輯爲一冊流通之）平實導師著　回郵 52 元

28.**印順法師的悲哀**—以現代禪的質疑為線索　恒毓博士著　回郵 52 元

29.**識蘊真義**—現觀識蘊內涵、取證初果、親斷三縛結之具體行門。

—依《成唯識論》及《唯識述記》正義，略顯安慧《大乘廣五蘊論》之邪謬

平實導師著 回郵 76 元

30.**正覺電子報** 各期紙版本　免附回郵　每次最多函索三期或三本。

(已無存書之較早各期，不另增印贈閱)

31.**現代人應有的宗教觀**　蔡正禮老師 著　回郵 31 元

32.**遠惑趣道**—正覺電子報般若信箱問答錄　第一輯　回郵 52 元

33.**遠惑趣道**—正覺電子報般若信箱問答錄　第二輯　回郵 52 元

34.**正覺教團電視弘法三乘菩提 DVD 光碟 (一)**

由正覺教團多位親教師共同講述錄製 DVD 8 片，MP3 一片，共 9 片。有二大講題：一爲「三乘菩提之意涵」，二爲「學佛的正知見」。內容精闢，深入淺出，精彩絕倫，幫助大眾快速建立三乘法道的正知見，免被外道邪見所誤導。有志修學三乘佛法之學人不可不看。(製作工本費 100 元，回郵 52 元)

35.**正覺教團電視弘法 DVD 專輯 (二)**

總有二大講題：一爲「三乘菩提之念佛法門」，一爲「學佛正知見(第二篇)」，由正覺教團多位親教師輪番講述，內容詳細闡述如何修學念佛法門、實證念佛三昧，以及學佛應具有的正確知見，可以幫助發願往生西方極樂淨土之學人，得以把握往生，更可令學人快速建立三乘法道的正知見，免於被外道邪見所誤導。有志修學三乘佛法之學人不可不看。(一套 17 片，工本費 160 元。回郵 76 元)

36.**喇嘛性世界**—揭開假藏傳佛教譚崔瑜伽的面紗　張善思 等人合著

由正覺同修會購贈 回郵 52 元

37.**假藏傳佛教的神話**—性、謊言、喇嘛教　張正玄教授編著

由正覺同修會購贈 回郵 52 元

38.**隨 緣**—理隨緣與事隨緣　平實導師述　回郵 52 元。

39.**學佛的覺醒**　正枝居士 著　回郵 52 元

40.**意識虛妄經教彙編**—實證解脫道的關鍵經文　正覺同修會編印　回郵 36 元

41.**邪箭囈語**—破斥藏密外道多識仁波切《破魔金剛箭雨論》之邪說

陸正元老師著　上、下冊回郵各 52 元

42.**真假沙門**—依 佛聖教闡釋佛教僧寶之定義

蔡正禮老師著　俟正覺電子報連載後結集出版

43.**真假禪宗**—藉評論釋性廣《印順導師對變質禪法之批判
及對禪宗之肯定》以顯示真假禪宗
附論一：凡夫知見 無助於佛法之信解行證
附論二：世間與出世間一切法皆從如來藏實際而生而顯
余正偉老師著　俟正覺電子報連載後結集出版　回郵未定

★ 上列贈書之郵資，係台灣本島地區郵資，大陸、港、澳地區及外國地區，請另計酌增（大陸、港、澳、國外地區之郵票不許通用）。尚未出版之書，請勿先寄來郵資，以免增加作業煩擾。

★ 本目錄若有變動，唯於後印之書籍及「成佛之道」網站上修正公佈之，不另行個別通知。

函索書籍請寄：佛教正覺同修會　103 台北市承德路 3 段 277 號 9 樓
台灣地區函索書籍者請附寄郵票，無時間購買郵票者可以等值現金抵用，但不接受郵政劃撥、支票、匯票。大陸地區得以人民幣計算，國外地區請以美元計算（請勿寄來當地郵票，在台灣地區不能使用）。欲以掛號寄遞者，請另附掛號郵資。

親自索閱：正覺同修會各共修處。　★請於共修時間前往取書，餘時無人在道場，請勿前往索取；共修時間與地點，詳見書末正覺同修會共修現況表（以近期之共修現況表爲準）。

註：正智出版社發售之局版書，請向各大書局購閱。若書局之書架上已經售出而無陳列者，請向書局櫃台指定洽購；若書局不便代購者，請於正覺同修會共修時間前往各共修處請購，正智出版社已派人於共修時間送書前往各共修處流通。 郵政劃撥購書及 大陸地區 購書，請詳別頁正智出版社發售書籍目錄最後頁之說明。

成佛之道 網站：http://www.a202.idv.tw　正覺同修會已出版之結緣書籍，多已登載於 成佛之道 網站，若住外國、或住處遙遠，不便取得正覺同修會贈閱書籍者，可以從本網站閱讀及下載。

＊＊ 假藏傳佛教修雙身法，非佛教 ＊＊

正覺口袋書 目錄

2024/12/11

1.**如何契入念佛法門** 平實導師著 回郵 26 元
2.**明心與初地** 平實導師述著 回郵 31 元
3.**生命實相之辨正** 平實導師述著 回郵 31 元
4.**真假開悟簡易辨正法&佛子之省思** 平實導師著 回郵 26 元
5.**現代人應有的宗教觀** 蔡正禮老師著 回郵31 元
6.**確保您的權益**—器官捐贈應注意自我保護 游正光老師 著 回郵31 元
7.**甘露法門—解脫道與佛菩提道** 佛教正覺同修會著 回郵 31 元
8.**概說密宗(一)**—認清西藏密宗(喇嘛教)的底細 正覺教育基金會著 回郵 36 元
9.**概說密宗(二)**—藏密觀想、明點、甘露、持明的真相
正覺教育基金會著回郵 36 元
10.**概說密宗(三)**—密教誇大不實之神通證量 正覺教育基金會著 回郵 36 元
11.**概說密宗(四)**—密宗諸餘邪見(恣意解釋佛法修證上之名相)之一
正覺教育基金會著 回郵 36 元
12.**概說密宗(五)**—密宗之如來藏見及般若中觀 正覺教育基金會著 回郵 36 元
13.**概說密宗(六)**—無上瑜伽之雙身修法 正覺教育基金會著 回郵 36 元
14.**成佛之道** 正覺教育基金會著 回郵 36 元
15.**淨土奇特行門**—禪淨法門之速行道與緩行道 正覺教育基金會著 回郵 36 元
16.**如何修證解脫道** 正覺教育基金會著 回郵 36 元
17.**淺談達賴喇嘛之雙身法**—兼論解讀「密續」之達文西密碼
正覺教育基金會著 回郵 36 元
18.**密宗真相**—來自西藏高原的狂密 正覺教育基金會著 回郵 36 元
19.**導師之真實義** 正禮老師著 回郵 36 元
20.**如來藏中藏如來** 正覺教育基金會著 回郵 36 元
21.**觀行斷三縛結**—實證初果 正覺教育基金會著 回郵 36 元
22.**破羯磨僧真義** 佛教正覺同修會著 回郵 36 元
23.**一貫道與開悟** 正覺教育基金會著 回郵 36 元
24.**出家菩薩首重**—虛心求教 勤求證悟 正覺教育基金會著 回郵 36 元
25.**博愛 —愛盡天下女人** 正覺教育基金會著 回郵 36 元
26.**邁向正覺(一)** 作者趙玲子等合著 回郵 36 元
27.**邁向正覺(二)** 作者張善思等合著 回郵 36 元
28.**邁向正覺(三)** 作者許坤田等合著 回郵 36 元

29.**邁向正覺(四)**　　作者劉俊廷等合著　回郵 36 元
30.**邁向正覺(五)**　　作者林洋毅等合著　回郵 36 元
31.**繫念思惟念佛法門**　　正覺教育基金會著　回郵 36 元
32.**邁向正覺(六)**　　作者倪式谷等合著　回郵 36 元
33.**廣論之平議(一)~(七)**—宗喀巴《菩提道次第廣論》之平議
作者正雄居士　每冊回郵 36 元
34.**俺曚你把你哄**—六字大明咒揭密　　作者正玄教授　回郵 36 元
35.**如何契入念佛法門(中英日文版)**　　平實導師著　回郵 36 元
36.**明心與初地(中英文版)**　　平實導師述著　回郵 36 元
37.**您不可不知的事實**—揭開藏傳佛教真實面之報導(一)
正覺教育基金會著　回郵 36 元
38.**外道羅丹的悲哀(一)~(三)**—略評外道羅丹等編《佛法與非佛法判別》之邪見 正覺教育基金會著　每冊回郵 36 元
39.**與《廣論》研討班學員談心**　　正覺教育基金會著　回郵 36 元
40.**證道歌略釋**　　平實導師著　回郵 36 元
41.**甘願做菩薩**　　郭正益老師　回郵 36 元
42.**恭祝達賴喇嘛八十大壽**一做賊心虛喊抓賊~喇嘛不是佛教徒
張正玄教授著　回郵 36 元
43.**從一佛所在世界談宇宙大覺者**　　高正齡老師著　回郵 36 元
44.**老去人間萬事休，應須洗心從佛祖**—達賴權謀，可以休矣
正覺教育基金會編印　回郵 36 元
45.**表相歸依與實義歸依**一真如為究竟歸依處
正覺同修會編印　回郵 36 元
46.**我為何離開廣論？**　　正覺同修會編印　回郵 36 元
47.**三乘菩提之佛典故事(一)**　　葉正緯老師講述　回郵 36 元
48.**佛教與成佛—總說**　　師子苑居士著　回郵 36 元
49.**三乘菩提概說(一)**　　余正文老師講述　回郵 36 元
50.**一位哲學博士的懺悔**　　泰洛著　回郵 36 元
51.**三乘菩提概說（二）**　　余正文老師講述　回郵 36 元
52.**三乘菩提之佛典故事(二)**　　郭正益老師講述　回郵 36 元
53.**尊師重道**　　沐中原著　回郵 50 元
54.**心經在說什麼？**　　平實導師講述　回郵 36 元
55.**佛典故事集**　　正覺教育基金會編 回郵 36 元
56.**正覺總持咒的威德力**　　游宗明老師等 回郵 36 元

正智出版社 籌募弘法基金發售書籍目錄 2024/04/10

1.**宗門正眼**—公案拈提 第一輯 重拈 平實導師 著 500 元

因重寫內容大幅度增加故，字體必須改小，並增為 576 頁 主文 546 頁。比初版更精彩、更有內容。初版《禪門摩尼寶聚》之讀者，可寄回本公司免費調換新版書。免附回郵，亦無截止期限。（2007 年起，每冊附贈本公司精製公案拈提〈超意境〉CD 一片。市售價格 280 元，多購多贈。）

2.**禪淨圓融** 平實導師 著 200 元（第一版舊書可換新版書。）

3.**真實如來藏** 平實導師 著 400 元

4.**禪—悟前與悟後** 平實導師 著 上、下冊，每冊 250 元

5.**宗門法眼**—公案拈提 第二輯 平實導師 著 500 元

（2007 年起，每冊附贈本公司精製公案拈提〈超意境〉CD 一片）

6.**楞伽經詳解** 平實導師 著 全套共 10 輯 每輯 250 元

7.**宗門道眼**—公案拈提 第三輯 平實導師 著 500 元

（2007 年起，每冊附贈本公司精製公案拈提〈超意境〉CD 一片）

8.**宗門血脈**—公案拈提 第四輯 平實導師 著 500 元

（2007 年起，每冊附贈本公司精製公案拈提〈超意境〉CD 一片）

9.**宗通與說通**—成佛之道 平實導師 著 主文 381 頁 全書 400 頁售價 300 元

10.**宗門正道**—公案拈提 第五輯 平實導師 著 500 元

（2007 年起，每冊附贈本公司精製公案拈提〈超意境〉CD 一片）

11.**狂密與真密 一～四輯** 平實導師 著 西藏密宗是人間最邪淫的宗教，本質不是佛教，只是披著佛教外衣的印度教性力派流毒的喇嘛教。此書中將西藏密宗密傳之男女雙身合修樂空雙運所有祕密與修法，毫無保留完全公開，並將全部喇嘛們所不知道的部分也一併公開。內容比大辣出版社喧騰一時的《西藏慾經》更詳細。並且函蓋藏密的所有祕密及其錯誤的中觀見、如來藏見……等，藏密的所有法義都在書中詳述、分析、辨正。每輯主文三百餘頁 每輯全書約 400 頁 售價每輯 300 元

12.**宗門正義**—公案拈提 第六輯 平實導師 著 500 元

（2007 年起，每冊附贈本公司精製公案拈提〈超意境〉CD 一片）

13.**心經密意**—心經與解脫道、佛菩提道、祖師公案之關係與密意 平實導師述 300 元

14.**宗門密意**—公案拈提 第七輯 平實導師 著 500 元

（2007 年起，每冊附贈本公司精製公案拈提〈超意境〉CD 一片）

15.**淨土聖道**—兼評「選擇本願念佛」 正德老師 著 200 元

16.**起信論講記** 平實導師 述著 共六輯 每輯三百餘頁 售價各 250 元

17.**優婆塞戒經講記**　平實導師 述著　共八輯 每輯三百餘頁 售價各 250 元
18.**真假活佛**—略論附佛外道盧勝彥之邪說（對前岳靈犀網站主張「盧勝彥是證悟者」之修正）　正犀居士（岳靈犀）著　流通價 140 元
19.**阿含正義**—唯識學探源　平實導師 著　共七輯　每輯 300 元
20.**超意境 CD** 以平實導師公案拈提書中超越意境之頌詞，加上曲風優美的旋律，錄成令人嚮往的超意境歌曲，其中包括正覺發願文及平實導師親自譜成的黃梅調歌曲一首。詞曲雋永，殊堪翫味，可供學禪者吟詠，有助於見道。內附設計精美的彩色小冊，解說每一首詞的背景本事。每片 280 元。【每購買公案拈提書籍一冊，即贈送一片。】
21.**菩薩底憂鬱 CD** 將菩薩情懷及禪宗公案寫成新詞，並製作成超越意境的優美歌曲。 1.主題曲〈菩薩底憂鬱〉，描述地後菩薩能離三界生死而迴向繼續生在人間，但因尚未斷盡習氣種子而有極深沈之憂鬱，非三賢位菩薩及二乘聖者所知，此憂鬱在七地滿心位方才斷盡；本曲之詞中所說義理極深，昔來所未曾見；此曲係以優美的情歌風格寫詞及作曲，聞者得以激發嚮往諸地菩薩境界之大心，詞、曲都非常優美，難得一見；其中勝妙義理之解說，已印在附贈之彩色小冊中。 2.以各輯公案拈提中直示禪門入處之頌文，作成各種不同曲風之超意境歌曲，值得玩味、參究；聆聽公案拈提之優美歌曲時，請同時閱讀內附之印刷精美說明小冊，可以領會超越三界的證悟境界；未悟者可以因此引發求悟之意向及疑情，眞發菩提心而邁向求悟之途，乃至因此眞實悟入般若，成眞菩薩。 3.正覺總持咒新曲，總持佛法大意；總持咒之義理，已加以解說並印在隨附之小冊中。本 CD 共有十首歌曲，長達 63 分鐘。每盒各附贈二張購書優惠券。每片 320 元。
22.**禪意無限 CD** 平實導師以公案拈提書中偈頌寫成不同風格曲子，與他人所寫不同風格曲子共同錄製出版，幫助參禪人進入禪門超越意識之境界。盒中附贈彩色印製的精美解說小冊，以供聆聽時閱讀，令參禪人得以發起參禪之疑情，即有機會證悟本來面目而發起實相智慧，實證大乘菩提般若，能如實證知般若經中的眞實意。本 CD 共有十首歌曲，長達 69 分鐘，每盒各附贈二張購書優惠券。每片 320 元。
23.**我的菩提路**第一輯　釋悟圓、釋善藏等人合著　售價 300 元
24.**我的菩提路**第二輯　郭正益等人合著　售價 300 元
（初版首刷至第四刷，都可以寄來免費更換爲第二版，免附郵費）
25.**我的菩提路**第三輯　王美伶等人合著　售價 300 元

26.**我的菩提路**第四輯　陳晏平等人合著　售價 300 元
27.**我的菩提路**第五輯　林慈慧等人合著　售價 300 元
28.**我的菩提路**第六輯　劉惠莉等人合著　售價 300 元
29.**我的菩提路**第七輯　余正偉等人合著　售價 300 元
30.**鈍鳥與靈龜**—考證後代凡夫對大慧宗杲禪師的無根誹謗。

平實導師 著 共 458 頁 售價 350 元

31.**維摩詰經講記**　平實導師 述　共六輯　每輯三百餘頁　售價各 250 元
32.**真假外道**—破劉東亮、杜大威、釋證嚴常見外道見　正光老師 著　200 元
33.**勝鬘經講記**—兼論印順《勝鬘經講記》對於《勝鬘經》之誤解。

平實導師 述　共六輯　每輯三百餘頁　售價 250 元

34.**楞嚴經講記**—平實導師 述　共 15 輯，每輯三百餘頁　售價 300 元
35.**明心與眼見佛性**—駁慧廣〈蕭氏「眼見佛性」與「明心」之非〉文中謬說

正光老師 著　共 448 頁　售價 300 元

36.**見性與看話頭**　黃正倖老師 著，本書是禪宗參禪的方法論。

內文 375 頁，全書 416 頁，售價 300 元。

37.**達賴真面目**—玩盡天下女人 白正偉老師 等著 中英對照彩色精裝大本 800 元
38.**喇嘛性世界**—揭開假藏傳佛教譚崔瑜伽的面紗　張善思 等人著　200 元
39.**假藏傳佛教的神話**—性、謊言、喇嘛教　正玄教授 編著　200 元
40.**金剛經宗通**　平實導師 述　共九輯　每輯售價 250 元。
41.**末代達賴**—性交教主的悲歌　張善思、呂艾倫、辛燕　編著 售價 250 元
42.**霧峰無霧**—給哥哥的信　辨正釋印順對佛法的無量誤解

游宗明 老師 著　售價 250 元

43.**霧峰無霧**—第二輯—救護佛子向正道　細說釋印順對佛法的各類誤解

游宗明 老師 著　售價 250 元

44.**第七意識與第八意識？**—穿越時空「超意識」

平實導師 述　每冊 300 元

45.**黯淡的達賴**—失去光彩的諾貝爾和平獎

正覺教育基金會　編著　每冊 250 元

46.**童女迦葉考**—論呂凱文〈佛教輪迴思想的論述分析〉之謬。

平實導師 著　定價 180 元

47.**人間佛教**—實證者必定不悖三乘菩提

平實導師　述，定價 400 元

48.**實相經宗通**　平實導師 述　共八輯　每輯 250 元

49.**真心告訴您(一)**—達賴喇嘛在幹什麼？

正覺教育基金會 編著　售價 250 元

50.**中觀金鑑**—詳述應成派中觀的起源與其破法本質

孫正德老師 著　分爲上、中、下三冊，每冊 250 元

51.**藏傳佛教要義**—《狂密與真密》之簡體字版　平實導師 著 上、下冊

僅在大陸流通　每冊 300 元

52.**法華經講義**—平實導師 述　共二十五輯　每輯三百餘頁 售價 300 元

53.**西藏「活佛轉世」制度**—附佛、造神、世俗法

許正豐、張正玄老師 合著　定價 150 元

54.**廣論三部曲**—郭正益老師著　　定價 150 元

55.**真心告訴您(二)**—達賴喇嘛是佛教僧侶嗎？

—補祝達賴喇嘛八十大壽

正覺教育基金會 編著　售價 300 元

56.**次法**—實證佛法前應有的條件

張善思居士 著　分爲上、下二冊，每冊 250 元

57.**涅槃**—解說四種涅槃之實證及內涵　平實導師 著 上、下冊　各 350 元

58.**佛藏經講義**—平實導師 述　共二十一輯 每輯三百餘頁 售價 300 元。

59.**成唯識論**—大唐 玄奘菩薩所著鉅論。重新正確斷句，並以不同字體及標點符號顯示質疑文，令得易讀。全書 288 頁，精裝大本 400 元。

60.**大法鼓經講義**—平實導師 述　共六輯　每輯三百餘頁 售價 300 元。

61.**成唯識論釋**—詳解大唐玄奘菩薩所著《成唯識論》，平實導師 著述。共十輯，每輯內文四百餘頁，12 級字編排，於每講完一輯的分量以後即予出版，2023 年五月底出版第一輯，以後每七到十個月出版一輯，每輯 400 元。

62.**不退轉法輪經講義**—平實導師 述 2024 年 1 月 30 日開始出版　共十輯

每二個月出版一輯，每輯 300 元。

63.**中論正義**—釋龍樹菩薩《中論》頌正理。孫正德老師 著　共上下二冊

下冊於 2024/6/30 出版 每冊 300 元。

64.**誰是 師子身中蟲**—平實導師 述著　2024 年 5 月 30 出版，每冊 110 元。

65.**解深密經講義**—平實導師 述　輯數未定　將於《不退轉法輪經講義》出版後整理出版。

66.**菩薩瓔珞本業經講義**—平實導師 述　約○輯　將於《解深密經講義》出版後整理出版。

67.**假鋒虛焰金剛乘**—揭示顯密正理，兼破索達吉師徒《般若鋒兮金剛焰》

釋正安法師 著　簡體字版　即將出版 售價未定

68.**廣論之平議**—宗喀巴《菩提道次第廣論》之平議　正雄居士 著
約二或三輯 俟正覺電子報連載後結集出版　書價未定
69.**八識規矩頌**詳解　○○居士 註解　出版日期另訂　書價未定
70.**中觀正義**—註解平實導師《中論正義頌》。
○○法師（居士）著　出版日期未定　書價未定
71.**中國佛教史**—依中國佛教正法史實而論。○○老師 著　書價未定。
72.**印度佛教史**—法義與考證。依法義史實評論印順《印度佛教思想史、佛教史地考論》之謬說　正偉老師 著 出版日期未定 書價未定
73.**阿含經講記**—將選錄四阿含中數部重要經典全經講解之，講後整理出版。
平實導師 述　約二輯　每輯300元　出版日期未定
74.**寶積經講記**　平實導師 述 每輯三百餘頁 優惠價300元　出版日期未定
75.**修習止觀坐禪法要講記**　平實導師 述　每輯三百餘頁
將於正覺寺建成後重講、以講記逐輯出版　出版日期未定
76.**無門關**—《無門關》公案拈提　平實導師 著　出版日期未定。
77.**中觀再論**—兼述印順《中觀今論》謬誤之平議。正光老師 著　出版日期未定
78.**輪迴與超度**—佛教超度法會之真義。
○○法師（居士）著　出版日期未定　書價未定
79.**《釋摩訶衍論》平議**—對偽稱龍樹所造《釋摩訶衍論》之平議
○○法師（居士）著　出版日期未定　書價未定
80.**正覺發願文**註解—以真實大願為因 得證菩提
正德老師 著　出版日期未定　書價未定
81.**正覺總持咒**—佛法之總持　正圜老師 著　出版日期未定　書價未定
82.**三自性**—依四食、五蘊、十二因緣、十八界法，說三性三無性。
作者未定　出版日期未定
83.**道品**—從三自性說大小乘三十七道品　作者未定　出版日期未定
84.**大乘緣起觀**—依四聖諦七真如現觀十二緣起 作者未定　出版日期未定
85.**三德**—論解脫德、法身德、般若德。　作者未定　出版日期未定
86.**真假如來藏**—對印順《如來藏之研究》謬說之平議　作者未定　出版日期未定
87.**大乘道次第**　作者未定　出版日期未定　書價未定
88.**四緣**—依如來藏故有四緣。　作者未定　出版日期未定
89.**空之探究**—印順《空之探究》謬誤之平議　作者未定　出版日期未定
90.**十法義**—論阿含經中十法之正義　作者未定　出版日期未定
91.**外道見**—論述外道六十二見　作者未定　出版日期未定

正智出版社有限公司 書籍介紹

禪淨圓融：言淨土諸祖所未曾言，示諸宗祖師所未曾示；禪淨圓融，另闢成佛捷徑，兼顧自力他力，闡釋淨土門之速行易行道，亦同時揭櫫聖教門之速行易行道；令廣大淨土行者得免緩行難證之苦，亦令聖道門行者得以藉著淨土速行道而加快成佛之時劫。乃前無古人之超勝見地，非一般弘揚禪淨法門典籍也，先讀爲快。平實導師著 200元。

宗門正眼——公案拈提第一輯：繼承克勤圜悟大師碧巖錄宗旨之禪門鉅作。先則舉示當代大法師之邪說，消弭當代禪門大師鄉愿之心態，摧破當今禪門「世俗禪」之妄談；次則旁通教法，表顯宗門正理；繼以道之次第，消弭古今狂禪；後藉言語及文字機鋒，直示宗門入處。悲智雙運，禪味十足，數百年來難得一睹之禪門鉅著也。平實導師著 500元（原初版書《禪門摩尼寶聚》，改版後補充爲五百餘頁新書，總計多達二十四萬字，內容更精彩，並改名爲《宗門正眼》，讀者原購初版《禪門摩尼寶聚》皆可寄回本公司免費換新，免附回郵，亦無截止期限）（2007年起，凡購買公案拈提第一輯至第七輯，每購一輯皆贈送本公司精製公案拈提〈超意境〉CD一片，市售價格280元，多購多贈）。

禪—悟前與悟後：本書能建立學人悟道之信心與正確知見，圓滿具足而有次第地詳述禪悟之功夫與禪悟之內容，指陳參禪中細微淆訛之處，能使學人明自眞心、見自本性。若未能悟入，亦能以正確知見辨別古今中外一切大師究係眞悟？或屬錯悟？便有能力揀擇，捨名師而選明師，後時必有悟道之緣。一旦悟道，遲者七次人天往返，便出三界，速者一生取辦。學人欲求開悟者，不可不讀。 平實導師著。上、下冊共500元，單冊250元。

眞實如來藏：如來藏眞實存在，乃宇宙萬有之本體，並非印順法師、達賴喇嘛等人所說之「唯有名相、無此心體」。如來藏是涅槃之本際，是一切有智之人竭盡心智、不斷探索而不能得之生命實相；是古今中外許多大師自以爲悟而當面錯過之生命實相。如來藏即是阿賴耶識，乃是一切有情本自具足、不生不滅之眞實心。當代中外大師於此書出版之前所未能言者，作者於本書中盡情流露、詳細闡釋。眞悟者讀之，必能增益悟境、智慧增上；錯悟者讀之，必能檢討自己之錯誤，免犯大妄語業；未悟者讀之，能知參禪之理路，亦能以之檢查一切名師是否眞悟。此書是一切哲學家、宗教家、學佛者及欲昇華心智之人必讀之鉅著。 平實導師著 售價400元。

宗門法眼——**公案拈提**第二輯：列舉實例，闡釋土城廣欽老和尚之悟處；並直示這位不識字的老和尚妙智橫生之根由，繼而剖析禪宗歷代大德之開悟公案，解析當代密宗高僧卡盧仁波切之錯悟證據，並例舉當代顯宗高僧、大居士之錯悟證據（凡健在者，爲免影響其名聞利養，皆隱其名）。藉辨正當代名師之邪見，向廣大佛子指陳禪悟之正道，彰顯宗門法眼。悲勇兼出，強捋虎鬚；慈智雙運，巧探驪龍；摩尼寶珠在手，直示宗門入處，禪味十足；若非大悟徹底，不能爲之。禪門精奇人物，允宜人手一冊，供作參究及悟後印證之圭臬。本書於2008年4月改版，增寫為大約500頁篇幅，以利學人研讀參究時更易悟入宗門正法，以前所購初版首刷及初版二刷舊書，皆可免費換取新書。平實導師著 500元（2007年起，凡購買公案拈提第一輯至第七輯，每購一輯皆贈送本公司精製公案拈提〈超意境〉CD一片，市售價格280元，多購多贈）。

宗門道眼——**公案拈提**第三輯：繼宗門法眼之後，再以金剛之作略、慈悲之胸懷、犀利之筆觸，舉示寒山、拾得、布袋三大士之悟處，消弭當代錯悟者對於寒山大士……等之誤會及誹謗。亦舉出民初以來與虛雲和尚齊名之蜀郡鹽亭袁煥仙夫子——南懷瑾老師之師，其「悟處」何在？並蒐羅許多眞悟祖師之證悟公案，顯示禪宗歷代祖師之睿智，指陳部分祖師、奧修及當代顯密大師之謬悟，作爲殷鑑，幫助禪子建立及修正參禪之方向及知見。假使讀者閱此書已，一時尚未能悟，亦可一面加功用行，一面以此宗門道眼辨別眞假善知識，避開錯誤之印證及歧路，可免大妄語業之長劫慘痛果報。欲修禪宗之禪者，務請細讀。平實導師著 售價500元（2007年起，凡購買公案拈提第一輯至第七輯，每購一輯皆贈送本公司精製公案拈提〈超意境〉CD一片，市售價格280元，多購多贈）。

楞伽經詳解：本經是禪宗見道者印證所悟眞僞之根本經典，亦是禪宗見道者悟後起修之依據經典；故達摩祖師於印證二祖慧可大師之後，將此經典連同佛缽祖衣一併交付二祖，令其依此經典佛示金言、進入修道位，修學一切種智。由此可知此經對於眞悟之人修學佛道，是非常重要之一部經典。此經能破外道邪說，亦破佛門中錯悟名師之謬說，亦破禪宗部分祖師之狂禪：不讀經典、一向主張「一悟即成究竟佛」之謬執。並開示愚夫所行禪、觀察義禪、攀緣如禪、如來禪等差別，令行者對於三乘禪法差異有所分辨；亦糾正禪宗祖師古來對於如來禪之誤解，嗣後可免以訛傳訛之弊。此經亦是法相唯識宗之根本經典，禪者悟後欲修一切種智而入初地者，必須詳讀。平實導師著，全套共十輯，已全部出版完畢，每輯主文約320頁，每冊約352頁，定價250元。

宗門血脈—公案拈提第四輯：末法怪象—許多修行人自以爲悟，每將無念靈知認作眞實；崇尚二乘法諸師及其徒眾，則將外於如來藏之緣起性空—無因論之無常空、斷滅空、一切法空—錯認爲佛所說之般若空性。這兩種現象已於當今海峽兩岸及美加地區顯密大師之中普遍存在；人人自以爲悟，心高氣壯，便敢寫書解釋祖師證悟之公案，大多出於意識思惟所得，言不及義，錯誤百出，因此誤導廣大佛子同陷大妄語之地獄業中而不能自知。彼等書中所說之悟處，其實處處違背第一義經典之聖言量。彼等諸人不論是否身披袈裟，都非佛法宗門血脈，或雖有禪宗法脈之傳承，亦只徒具形式；猶如螟蛉，非眞血脈，未悟得根本眞實故。禪子欲知佛、祖之眞血脈者，請讀此書，便知分曉。平實導師著，主文452頁，全書464頁，定價500元（2007年起，凡購買公案拈提第一輯至第七輯，每購一輯皆贈送本公司精製公案拈提〈超意境〉CD一片，市售價格280元，多購多贈）。

宗通與說通：古今中外，錯誤之人如麻似粟，每以常見外道所說之靈知心，認作眞心；或妄想虛空之勝性能量爲眞如，或錯認物質四大元素藉冥性（靈知心本體）能成就吾人色身及知覺，或認初禪至四禪中之了知心爲不生不滅之涅槃心。此等皆非通宗者之見地。復有錯悟之人一向主張「宗門與教門不相干」，此即尚未通達宗門之人也。其實宗門與教門互通不二，宗門所證者乃是眞如與佛性，教門所說者乃說宗門證悟之眞如佛性，故教門與宗門不二。本書作者以宗教二門互通之見地，細說「宗通與說通」，從初見道至悟後起修之道、細說分明；並將諸宗諸派在整體佛教中之地位與次第，加以明確之教判，學人讀之即可了知佛法之梗概也。欲擇明師學法之前，允宜先讀。平實導師著，主文共381頁，全書392頁，只售成本價300元。

宗門正道—公案拈提第五輯：修學大乘佛法有二果須證解脫果及大菩提果。二乘人不證大菩提果，唯證解脫果；此果之智慧，名爲聲聞菩提、緣覺菩提。大乘佛子所證二果之菩提果爲佛菩提，故名大菩提果，其慧名爲一切種智函蓋二乘解脫果。然此大乘二果修證，須經由禪宗之宗門證悟方能相應。而宗門證悟極難，自古已然；其所以難者，咎在古今佛教界普遍存在三種邪見：1.以修定認作佛法，2.以無因論之緣起性空—否定涅槃本際如來藏以後之一切法空作爲佛法，3.以常見外道邪見（離語言妄念之靈知性）作爲佛法。如是邪見，或因自身正見未立所致，或因邪師之邪教導所致，或因無始劫來虛妄熏習所致。若不破除此三種邪見，永劫不悟宗門眞義、不入大乘正道，唯能外門廣修菩薩行。平實導師於此書中，有極爲詳細之說明，有志佛子欲摧邪見、入於內門修菩薩行者，當閱此書。主文共496頁，全書512頁。售價500元（2007年起，凡購買公案拈提第一輯至第七輯，每購一輯皆贈送本公司精製公案拈提〈超意境〉CD一片，市售價格280元，多購多贈）。

狂密與真密：密教之修學，皆由有相之觀行法門而入，其最終目標仍不離顯教經典所說第一義諦之修證；若離顯教第一義經典、或違背顯教第一義經典，即非佛教。西藏密教之觀行法，如灌頂、觀想、遷識法、寶瓶氣、大聖歡喜雙身修法、喜金剛、無上瑜伽、大樂光明、樂空雙運等，皆是印度教兩性生生不息思想之轉化，自始至終皆以如何能運用交合淫樂之法達到全身受樂爲其中心思想，純屬欲界五欲的貪愛，不能令人超出欲界輪迴，更不能令人斷除我見；何況大乘之明心與見性，更無論矣！故密宗之法絕非佛法也。而其明光大手印、大圓滿法教，又皆同以常見外道所說離語言妄念之無念靈知心錯認爲佛地之眞如，不能直指不生不滅之眞如。西藏密宗所有法王與徒眾，都尚未開頂門眼，不能辨別眞僞，以依人不依法、依密續不依經典故，不肯將其上師喇嘛所說對照第一義經典，純依密續之藏密祖師所說爲準，因此而誇大其證德與證量，動輒謂彼祖師上師爲究竟佛、爲地上菩薩；如今台海兩岸亦有自謂其師證量高於 釋迦文佛者，然觀其師所述，猶未見道，仍在觀行即佛階段，尚未到禪宗相似即佛、分證即佛階位，竟敢標榜爲究竟佛及地上法王，誑惑初機學人。凡此怪象皆是狂密，不同於眞密之修行者。近年狂密盛行，密宗行者被誤導者極眾，動輒自謂已證佛地眞如，自視爲究竟佛，陷於大妄語業中而不知自省，反謗顯宗眞修實證者之證量粗淺；或如義雲高與釋性圓…等人，於報紙上公然誹謗眞實證道者爲「騙子、無道人、人妖、癩蛤蟆…」等，造下誹謗大乘勝義僧之大惡業；或以外道法中有爲有作之甘露、魔術……等法，誑騙初機學人，狂言彼外道法爲眞佛法。如是怪象，在西藏密宗及附藏密之外道中，不一而足，舉之不盡，學人宜應愼思明辨，以免上當後又犯毀破菩薩戒之重罪。密宗學人若欲遠離邪知邪見者，請閱此書，即能了知密宗之邪謬，從此遠離邪見與邪修，轉入眞正之佛道。

平實導師著 共四輯 每輯約400頁（主文約340頁）每輯售價300元。

宗門正義—公案拈提第六輯：佛教有六大危機，乃是藏密化、世俗化、膚淺化、學術化、宗門密意失傳、悟後進修諸地之次第混淆；其中尤以宗門密意之失傳，爲當代佛教最大之危機。由宗門密意失傳故，易令世尊本懷普被錯解，易令世尊正法被轉易爲外道法，以及加以淺化、世俗化，是故宗門密意之廣泛弘傳與具緣佛弟子，極爲重要。然而欲令宗門密意之廣泛弘傳予具緣之佛弟子者，必須同時配合錯誤知見之解析、普令佛弟子知之，然後輔以公案解析之直示入處，方能令具緣之佛弟子悟入。而此二者，皆須以公案拈提之方式爲之，方易成其功、竟其業，是故平實導師續作宗門正義一書，以利學人。全書500餘頁，售價500元（2007年起，凡購買公案拈提第一輯至第七輯，每購一輯皆贈送本公司精製公案拈提〈超意境〉CD一片，市售價格280元，多購多贈）。

心經密意—心經與解脫道、佛菩提道、祖師公案之關係與密意。二乘菩提所證之解脫道，實依第八識心之斷除煩惱障現行而立解脫之名；大乘菩提所證之佛菩提道，實依親證第八識如來藏之涅槃性、清淨自性、及其中道性而立般若之名；禪宗祖師公案所證之眞心，即是此第八識如來藏；是故三乘佛法所修所證之三乘菩提，皆依此如來藏心而立名也。此第八識心，即是《心經》所說之心也。證得此如來藏已，即能漸入大乘佛菩提道，亦可因證知此心而了知二乘無學所不能知之無餘涅槃本際，是故《心經》之密意，與三乘佛菩提之關係極爲密切、不可分割，三乘佛法皆依此心而立名故。今者平實導師以其所證解脫道之無生智及佛菩提之般若種智，將《心經》與解脫道、佛菩提道、祖師公案之關係與密意，以演講之方式，用淺顯之語句和盤托出，發前人所未言，呈三乘菩提之眞義，令人藉此《心經密意》一舉而窺三乘菩提之堂奧，迥異諸方言不及義之說；欲求眞實佛智者、不可不讀！主文317頁，連同跋文及序文…等共384頁，售價300元。

宗門密意——公案拈提第七輯：佛教之世俗化，將導致學人以信仰作爲學佛，則將以感應及世間法之庇祐，作爲學佛之主要目標，不能了知學佛之主要目標爲親證三乘菩提。大乘菩提則以般若實相智慧爲主要修習目標，以二乘菩提解脫道爲附帶修習之標的；是故學習大乘法者，應以禪宗之證悟爲要務，能親入大乘菩提之實相般若智慧中故，般若實相智慧非二乘聖人所能知故。此書則以台灣世俗化佛教之三大法師，說法似是而非之實例，配合眞悟祖師之公案解析，提示證悟般若之關節，令學人易得悟入。平實導師著，全書五百餘頁，售價500元（2007年起，凡購買公案拈提第一輯至第七輯，每購一輯皆贈送本公司精製公案拈提〈超意境〉CD一片，市售價格280元，多購多贈）。

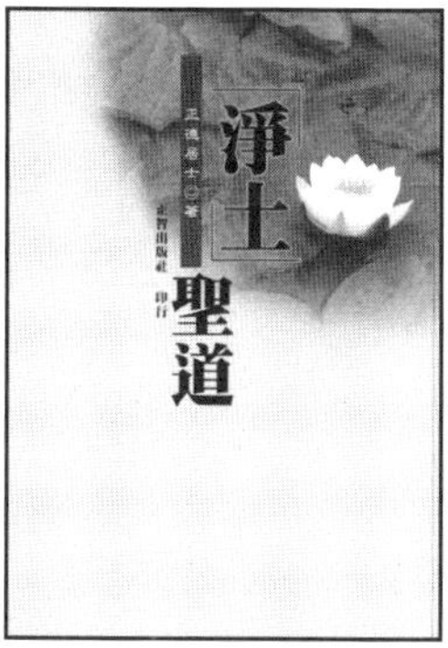

淨土聖道——兼評日本本願念佛：佛法甚深極廣，般若玄微，非諸二乘聖僧所能知之，一切凡夫更無論矣！所謂一切證量皆歸淨土是也！是故大乘法中「聖道之淨土、淨土之聖道」，其義甚深，難可了知；乃至眞悟之人，初心亦難知也。今有正德老師眞實證悟後，復能深探淨土與聖道之緊密關係，憐憫眾生之誤會淨土實義，亦欲利益廣大淨土行人同入聖道，同獲淨土中之聖道門要義，乃振奮心神、書以成文，今得刊行天下。主文279頁，連同序文等共301頁，總有十一萬六千餘字，正德老師著，成本價200元。

起信論講記：詳解大乘起信論**心生滅門**與**心眞如門**之眞實意旨，消除以往大師與學人對起信論所說**心生滅門**之誤解，由是而得了知眞心如來藏之非常非斷中道正理；亦因此一講解，令此論以往隱晦而被誤解之眞實義，得以如實顯示，令大乘佛菩提道之正理得以顯揚光大；初機學者亦可藉此正論所顯示之法義，對大乘法理生起正信，從此得以眞發菩提心，眞入大乘法中修學，世世常修菩薩正行。平實導師演述，共六輯，都已出版，每輯三百餘頁，售價250元。

優婆塞戒經講記：本經詳述在家菩薩修學大乘佛法，應如何受持菩薩戒？對人間善行應如何看待？對三寶應如何護持？應如何正確地修集此世後世證法之福德？應如何修集後世「行菩薩道之資糧」？並詳述第一義諦之正義：五蘊非我非異我、自作自受、異作異受、不作不受……等深妙法義，乃是修學大乘佛法、行菩薩行之在家菩薩所應當了知者。出家菩薩今世或未來世登地已，捨報之後多數將如華嚴經中諸大菩薩，以在家菩薩身而修行菩薩行，故亦應以此經所述正理而修之，配合《楞伽經、解深密經、楞嚴經、華嚴經》等道次第正理，方得漸次成就佛道；故此經是一切大乘行者皆應證知之正法。平實導師講述，每輯三百餘頁，售價各250元；共八輯，已全部出版。

真假活佛—略論附佛外道盧勝彥之邪說：人人身中都有眞活佛，永生不滅而有大神用，但眾生都不了知，所以常被身外的西藏密宗假活佛籠罩欺瞞。本來就眞實存在的眞活佛，才是眞正的密宗無上密！諾那活佛因此而說禪宗是大密宗，但藏密的所有活佛都不知道、也不曾實證自身中的眞活佛。本書詳實宣示眞活佛的道理，舉證盧勝彥的「佛法」不是眞佛法，也顯示盧勝彥是假活佛，直接的闡釋第一義佛法見道的眞實正理。眞佛宗的所有上師與學人們，都應該詳細閱讀，包括盧勝彥個人在內。正犀居士著，優惠價140元。

阿含正義—唯識學探源：廣說四大部《阿含經》諸經中隱說之眞正義理，一一舉示佛陀本懷，令阿含時期初轉法輪根本經典之眞義，如實顯現於佛子眼前。並提示末法大師對於阿含眞義誤解之實例，一一比對之，證實唯識增上慧學確於原始佛法之阿含諸經中已隱覆密意而略說之，證實 世尊確於原始佛法中已曾密意而說第八識如來藏之總相；亦證實 世尊在四阿含中已說此藏識是名色十八界之因、之本—證明如來藏是能生萬法之根本心。佛子可據此修正以往受諸大師（譬如西藏密宗應成派中觀師：印順、昭慧、性廣、大願、達賴、宗喀巴、寂天、月稱、……等人）誤導之邪見，建立正見，轉入正道乃至親證初果而無困難；書中並詳說三果所證的**心解脫**，以及四果**慧解脫**的親證，都是如實可行的具體知見與行門。全書共七輯，已出版完畢。平實導師著，每輯三百餘頁，售價300元。

超意境CD：以平實導師公案拈提書中超越意境之頌詞，加上曲風優美的旋律，錄成令人嚮往的超意境歌曲，其中包括正覺發願文及平實導師親自譜成的黃梅調歌曲一首。詞曲雋永，殊堪翫味，可供學禪者吟詠，有助於見道。內附設計精美的彩色小冊，解說每一首詞的背景本事。每片280元。【每購買公案拈提書籍一冊，即贈送一片。】

菩薩底憂鬱CD 將菩薩情懷及禪宗公案寫成新詞，並製作成超越意境的優美歌曲。1.主題曲〈菩薩底憂鬱〉，描述地後菩薩能離三界生死而迴向繼續生在人間，但因尚未斷盡習氣種子而有極深沈之憂鬱，非三賢位菩薩及二乘聖者所知，此憂鬱在七地滿心位方才斷盡；本曲之詞中所說義理極深，昔來所未曾見；此曲係以優美的情歌風格寫詞及作曲，聞者得以激發嚮往諸地菩薩境界之大心，詞、曲都非常優美，難得一見；其中勝妙義理之解說，已印在附贈之彩色小冊中。2.以各輯公案拈提中直示禪門入處之頌文，作成各種不同曲風之超意境歌曲，值得玩味、參究；聆聽公案拈提之優美歌曲時，請同時閱讀內附之印刷精美說明小冊，可以領會超越三界的證悟境界；未悟者可以因此引發求悟之意向及疑情，眞發菩提心而邁向求悟之途，乃至因此眞實悟入般若，成眞菩薩。3.正覺總持咒新曲，總持佛法大意；總持咒之義理，已加以解說並印在隨附之小冊中。本CD共有十首歌曲，長達63分鐘，附贈二張購書優惠券。每片320元。

禪意無限CD平實導師以公案拈提書中偈頌寫成不同風格曲子，與他人所寫不同風格曲子共同錄製出版，幫助參禪人進入禪門超越意識之境界。盒中附贈彩色印製的精美解說小冊，以供聆聽時閱讀，令參禪人得以發起參禪之疑情，即有機會證悟本來面目，實證大乘菩提般若。本CD共有十首歌曲，長達69分鐘，每盒各附贈二張購書優惠券。每片320元。

我的菩提路第一輯：凡夫及二乘聖人不能實證的佛菩提證悟，末法時代的今天仍然有人能得實證，由正覺同修會釋悟圓、釋善藏法師等二十餘位實證如來藏者所寫的見道報告，已爲當代學人見證宗門正法之絲縷不絕，證明大乘義學的法脈仍然存在，爲末法時代求悟般若之學人照耀出光明的坦途。由二十餘位大乘見道者所繕，敘述各種不同的學法、見道因緣與過程，參禪求悟者必讀。全書三百餘頁，售價300元。

我的菩提路第二輯：由郭正益老師等人合著，書中詳述彼等諸人歷經各處道場學法，一一修學而加以檢擇之不同過程以後，因閱讀正覺同修會、正智出版社書籍而發起抉擇分，轉入正覺同修會中修學；乃至學法及見道之過程，都一一詳述之。**本書已改版印製重新流通**，讀者原購的初版書，不論是第一刷或第二、三、四刷，都可以寄回換新，免附郵費。

我的菩提路第三輯：由王美伶老師等人合著。自從正覺同修會成立以來，每年夏初、冬初都舉辦精進禪三共修，藉以助益會中同修們得以證悟明心發起般若實相智慧；凡已實證而被平實導師印證者，皆書具見道報告用以證明佛法之眞實可證而非玄學，證明佛法並非純屬思想、理論而無實質，是故每年都能有人證明正覺同修會的「實證佛教」主張並非虛語。特別是眼見佛性一法，自古以來中國禪宗祖師實證者極寡，較之明心開悟的證境更難令人信受；至2017年初，正覺同修會中的證悟明心者已近五百人，然而其中眼見佛性者至今唯十餘人爾，可謂難能可貴，是故明心後欲冀眼見佛性者實屬不易。黃正倖老師是懸絕七年無人見性後的第一人，她於2009年的見性報告刊於本書的第二輯中，爲大眾證明佛性確實可以眼見；其後七年之中求見性者都屬解悟佛性而無人眼見，幸而又經七年後的2016冬初，以及2017夏初的禪三，復有三人眼見佛性，希冀鼓舞四眾佛子求見佛性之大心，今則具載一則於書末，顯示求見佛性之事實經歷，供養現代佛教界欲得見性之四眾弟子。全書四百頁，售價300元，已於2017年6月30日發行。

我的菩提路第四輯：由陳晏平等人著。中國禪宗祖師往往有所謂「見性」之言，所言多屬看見如來藏具有能令人發起成佛之自性，並非《大般涅槃經》中 如來所說之眼見佛性。眼見佛性者，於親見佛性之時，即能於山河大地眼見自己佛性，亦能於他人身上眼見自己佛性及對方之佛性，如是境界無法爲尚未實證者解釋；勉強說之，縱使眞實明心證悟之人聞之，亦只能以自身明心之境界想像之，但不論如何想像多屬非量，能有正確之比量者亦是稀有，故說眼見佛性極爲困難。眼見佛性之人若所見極分明時，在所見佛性之境界下所眼見之山河大地、自己五蘊身心皆是虛幻，自有異於明心者之解脫功德受用，此後永不思證二乘涅槃，必定邁向成佛之道而進入第十住位中，已超第一阿僧祇劫三分有一，可謂之爲超劫精進也。今又有明心之後眼見佛性之人出於人間，將其明心及後來見性之報告，連同其餘證悟明心者之精彩報告一同收錄於此書中，供養眞求佛法實證之四眾佛子。全書380頁，售價300元，已於2018年6月30日發行。

我的菩提路第五輯：林慈慧老師等人著，本輯中所舉學人從相似正法中來到正覺同修會的過程，各人都有不同，發生的因緣亦是各有差別，然而都會指向同一個目標——證實生命實相的源底，確證自己生從何來、死往何去的事實，所以最後都證明佛法眞實而可親證，絕非玄學；本書將彼等諸人的始修及末後證悟之實例，羅列出來以供學人參考。本期亦有一位會裡的老師，是從1995年即開始追隨平實導師修學，1997年明心後持續進修不斷，直到2017年眼見佛性之實例，足可證明《大般涅槃經》中世尊開示眼見佛性之法正眞無訛，第十住位的實證在末法時代的今天仍有可能，如今一併具載於書中以供學人參考，並供養現代佛教界欲得見性之四眾弟子。全書四百頁，售價300元，已於2019年12月31日發行。

我的菩提路第六輯：劉惠莉老師等人著，本輯中舉示劉老師明心多年以後的眼見佛性實錄，供末法時代學人了知明心之異於見性本質，足可證明《大般涅槃經》中世尊開示眼見佛性之法正眞無訛。亦列舉多篇學人從各道場來到正覺學法之不同過程，以及如何發覺邪見之異於正法的所在，最後終能在正覺禪三中悟入的實況，以證明佛教正法仍在末法時代的人間繼續弘揚的事實，鼓舞一切眞實學法的菩薩大眾思之：我等諸人亦可有因緣證悟，絕非空想白思。約四百頁，售價300元，已於2020年6月30日發行。

我的菩提路第七輯：余正偉老師等人著，本輯中舉示余老師明心二十餘年以後的眼見佛性實錄，供末法時代學人了知明心異於見性之本質，並且舉示其見性後與平實導師互相討論眼見佛性之諸多疑訛處；除了證明《大般涅槃經》中 世尊開示眼見佛性之法正眞無訛以外，亦得一解明心後尚未見性者之所未知處，甚爲精彩。此外亦列舉多篇學人從各不同宗教進入正覺學法之不同過程，以及發覺諸方道場邪見之內容與過程，最終得於正覺精進禪三中悟入的實況，足供末法精進學人借鑑，以彼鑑己而生信心，得以投入了義正法中修學及實證。凡此，皆足以證明不唯明心所證之第七住位般若智慧及解脫功德仍可實證，乃至第十住位的實證與當場發起如幻觀之實證，於末法時代的今天皆仍有可能。本書約四百頁，售價300元。

明心與眼見佛性：本書細述明心與眼見佛性之異同，同時顯示了中國禪宗破初參明心與重關眼見佛性二關之間的關聯；書中又藉法義辨正而旁述其他許多勝妙法義，讀後必能遠離佛門長久以來積非成是的錯誤知見，令讀者在佛法的實證上有極大助益。也藉慧廣法師的謬論來教導佛門學人回歸正知正見，遠離古今禪門錯悟者所墮的意識境界，非唯有助於斷我見，也對未來的開悟明心實證第八識如來藏有所助益，是故學禪者都應細讀之。游正光老師著，共 448 頁售價 300元。

見性與看話頭：黃正倖老師的《見性與看話頭》於《正覺電子報》連載完畢，今集結出版。書中詳說禪宗看話頭的詳細方法，並細說看話頭與眼見佛性的關係，以及眼見佛性者求見佛性前必須具備的條件。本書是禪宗實修者追求明心開悟時參禪的方法書，也是求見佛性者作功夫時必讀的方法書，內容兼顧眼見佛性的理論與實修之方法，是依實修之體驗配合理論而詳述，條理分明而且極爲詳實、周全、深入。本書內文375頁，全書416頁，售價300元。

鈍鳥與靈龜：鈍鳥及靈龜二物，被宗門證悟者說爲二種人：前者是精修禪定而無智慧者，也是以定爲禪的愚癡禪人；後者是或有禪定、或無禪定的宗門證悟者，凡已證悟者皆是靈龜。但後者被人虛造事實，用以嘲笑大慧宗杲禪師，說他雖是靈龜，卻不免被天童禪師預記「患背」痛苦而亡：「鈍鳥離巢易，靈龜脫殼難。」藉以貶低大慧宗杲的證量。同時將天童禪師實證如來藏的證量，曲解爲意識境界的離念靈知。自從大慧禪師入滅以後，錯悟凡夫對他的不實毀謗就一直存在著，不曾止息，並且捏造的假事實也隨著年月的增加而越來越多，終至編成「鈍鳥與靈龜」的假公案、假故事。本書是考證大慧與天童之間的不朽情誼，顯現這件假公案的虛妄不實；更見大慧宗杲面對惡勢力時的正直不阿，亦顯示大慧對天童禪師的至情深義，將使後人對大慧宗杲的誣謗至此而止，不再有人誤犯毀謗賢聖的惡業。書中亦舉證宗門的所悟確以第八識如來藏爲標的，詳讀之後必可改正以前被錯悟大師誤導的參禪知見，日後必定有助於實證禪宗的開悟境界，得階大乘眞見道位中，即是實證般若之賢聖。全書459頁，售價350元。

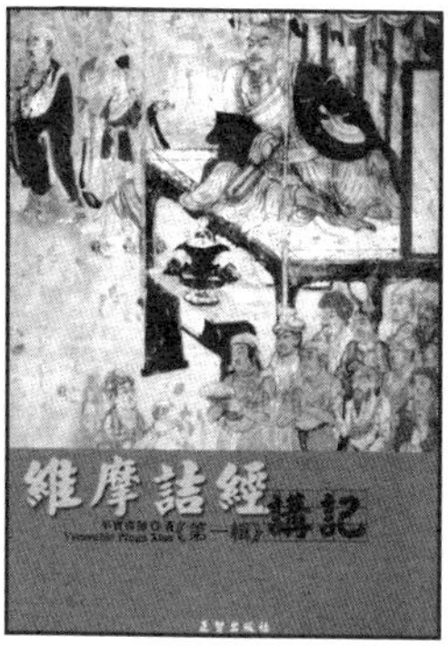

維摩詰經講記：本經係 世尊在世時，由等覺菩薩維摩詰居士藉疾病而演說之大乘菩提無上妙義，所說函蓋甚廣，然極簡略，是故今時諸方大師與學人讀之悉皆錯解，何況能知其中隱含之深妙正義，是故普遍無法爲人解說；若強爲人說，則成依文解義而有諸多過失。今由平實導師公開宣講之後，詳實解釋其中密意，令維摩詰菩薩所說大乘不可思議解脫之深妙正法得以正確宣流於人間，利益當代學人及與諸方大師。書中詳實演述大乘佛法深妙不共二乘之智慧境界，顯示諸法之中絕待之實相境界，建立大乘菩薩妙道於永遠不敗不壞之地，以此成就護法偉功，欲冀永利娑婆人天。已經宣講圓滿整理成書流通，以利諸方大師及諸學人。全書共六輯，每輯三百餘頁，售價各250元。

眞假外道：本書具體舉證佛門中的常見外道知見實例，並加以教證及理證上的辨正，幫助讀者輕鬆而快速的了知常見外道的錯誤知見，進而遠離佛門內外的常見外道知見，因此即能改正修學方向而快速實證佛法。游正光老師著。成本價200元。

勝鬘經講記：如來藏爲三乘菩提之所依，若離如來藏心體及其含藏之一切種子，即無三界有情及一切世間法，亦無二乘菩提緣起性空之出世間法；本經詳說無始無明、一念無明皆依如來藏而有之正理，藉著詳解煩惱障與所知障間之關係，令學人深入了知二乘菩提與佛菩提相異之妙理；聞後即可了知佛菩提之特勝處及三乘修道之方向與原理，邁向攝受正法而速成佛道的境界中。平實導師講述，共六輯，每輯三百餘頁，售價各250元。

楞嚴經講記：楞嚴經係密教部之重要經典，亦是顯教中普受重視之經典；經中宣說明心與見性之內涵極爲詳細，將一切法都會歸如來藏及佛性—妙眞如性；亦闡釋五陰區宇及五陰盡的境界，作諸地菩薩自我檢驗證量之依據，旁及佛菩提道修學過程中之種種魔境，以及外道誤會涅槃之狀況，亦兼述明三界世間之起源。然因言句深澀難解，法義亦復深妙寬廣，學人讀之普難通達，是故讀者大多誤會，不能如實理解佛所說之明心與見性內涵，亦因是故多有悟錯之人引爲開悟之證言，成就大妄語罪。今由平實導師詳細講解之後，整理成文，以易讀易懂之語體文刊行天下，以利學人。全書十五輯，全部出版完畢。每輯三百餘頁，售價每輯300元。

金剛經宗通：三界唯心，萬法唯識，是成佛之修證內容，是諸地菩薩之所修；般若則是成佛之道（實證三界唯心、萬法唯識）的入門，若未證悟實相般若，即無成佛之可能，必將永在外門廣行菩薩六度，永在凡夫位中。然而實相般若的發起，全賴實證萬法的眞相；若欲證知萬法的眞相，則必須探究萬法之所從來，則須實證自心如來—金剛心如來藏，然後現觀這個金剛心的金剛性、眞實性、如如性、清淨性、涅槃性、能生萬法的自性性、本住性，名爲證眞如；進而現觀三界六道唯是此金剛心所成，人間萬法須藉八識心王和合運作方能現起。如是實證《華嚴經》的「三界唯心、萬法唯識」以後，由此等現觀而發起實相般若智慧，繼續進修第十住位的如幻觀、第十行位的陽焰觀、第十迴向位的如夢觀，再生起增上意樂而勇發十無盡願，方能滿足三賢位的實證，轉入初地；自知成佛之道而無偏倚，從此按部就班、次第進修乃至成佛。第八識自心如來是般若智慧之所依，般若智慧的修證則要從實證金剛心自心如來開始；《金剛經》則是解說自心如來之經典，是一切三賢位菩薩所應進修之實相般若經典。這一套書，是將平實導師宣講的《金剛經宗通》內容，整理成文字而流通之；書中所說義理，迴異古今諸家依文解義之說，指出大乘見道方向與理路，有益於禪宗學人求開悟見道，及轉入內門廣修六度萬行，已於2013年9月出版完畢，總共9輯，每輯約三百餘頁，售價各250元。

霧峰無霧—給哥哥的信：本書作者藉兄弟之間信件往來論義，略述佛法大義；並以多篇短文辨義，舉出釋印順對佛法的無量誤解證據，並一一給予簡單而清晰的辨正，令人一讀即知。久讀、多讀之後即能認清楚釋印順的六識論見解，與眞實佛法之牴觸是多麼嚴重；於是在久讀、多讀之後，於不知不覺之間提升了對佛法的極深入理解，正知正見就在不知不覺間建立起來了。當三乘佛法的正知見建立起來之後，對於三乘菩提的見道條件便將隨之具足，於是聲聞解脫道的見道也就水到渠成；接著大乘見道的因緣也將次第成熟，未來自然也會有親見大乘菩提之道的因緣，悟入大乘實相般若也將自然成功，自能通達般若系列諸經而成實義菩薩。作者居住於南投縣霧峰鄉，自喻見道之後不復再見霧峰之霧，故鄉原野美景一一明見，於是立此書名爲《霧峰無霧》；讀者若欲撥霧見月，可以此書爲緣。游宗明 老師著，已於2015年出版，售價250元。

霧峰無霧—第二輯—**救護佛子向正道**：本書作者藉釋印順著作中之各種錯謬法義提出辨正，以詳實的文義一一提出理論上及實證上之解析，列舉釋印順對佛法的無量誤解證據，藉此教導佛門大師與學人釐清佛法義理，遠離岐途轉入正道，然後知所進修，久之便能見道明心而入大乘勝義僧數。被釋印順誤導的大師與學人極多，很難救轉，是故作者大發悲心深入解說其錯謬之所在，佐以各種義理辨正而令讀者在不知不覺之間轉歸正道。如是久讀之後欲得斷身見、證初果，即不為難事；乃至久之亦得大乘見道而得證眞如，脫離空有二邊而住中道，實相般若智慧生起，於佛法不再茫然，漸漸亦知悟後進修之道。屆此之時，對於大乘般若等深妙法之迷雲暗霧亦將一掃而空，生命及宇宙萬物之故鄉原野美景一一明見，是故本書仍名《霧峰無霧》，為第二輯；讀者若欲撥雲見日、離霧見月，可以此書為緣。游宗明　老師著，已於2019年出版，售價250元。

假藏傳佛教的神話—**性**、**謊言**、**喇嘛教**：本書編著者是由一首名為「阿姊鼓」的歌曲為緣起，展開了序幕，揭開假藏傳佛教—喇嘛教—的神祕面紗。其重點是蒐集、摘錄網路上質疑「喇嘛教」的帖子，以揭穿「假藏傳佛教的神話」為主題，串聯成書，並附加彩色插圖以及說明，讓讀者們瞭解西藏密宗及相關人事如何被操作為「神話」的過程，以及神話背後的眞相。作者：張正玄教授。售價200元。

達賴眞面目—**玩盡天下女人**：假使您不想戴綠帽子，請記得詳細閱讀此書；假使您不想讓好朋友戴綠帽子，請您將此書介紹給您的好朋友。假使您想保護家中的女性，也想要保護好朋友的女眷，請記得將此書送給家中的女性和好友的女眷都來閱讀。本書為印刷精美的大本彩色中英對照精裝本，為您揭開達賴喇嘛的眞面目，內容精彩不容錯過，為利益社會大眾，特別以優惠價格嘉惠所有讀者。編著者：白志偉等。大開版雪銅紙彩色精裝本。售價800元。

作者：張善思、呂艾倫。售價200元。

喇嘛性世界—揭開假藏傳佛教譚崔瑜伽的面紗：這個世界中的喇嘛，號稱來自世外桃源的香格里拉，穿著或紅或黃的喇嘛長袍，散布於我們的身邊傳教灌頂，吸引了無數的人嚮往學習；這些喇嘛虔誠地爲大眾祈福，手中拿著寶杵（金剛）與寶鈴（蓮花），口中唸著咒語：「唵．嘛呢．叭咪．吽……」，咒語的意思是說：「我至誠歸命金剛杵上的寶珠伸向蓮花寶穴之中」！「喇嘛性世界」是什麼樣的「世界」呢？本書將爲您呈現喇嘛世界的面貌。當您發現眞相以後，您將會唸：「噢！喇嘛．性．世界，譚崔性交嘛！」

末代達賴—性交教主的悲歌：簡介從藏傳僞佛教（喇嘛教）的修行核心—性力派男女雙修，探討達賴喇嘛及藏傳僞佛教的修行內涵。書中引用外國知名學者著作、世界各地新聞報導，包含：歷代達賴喇嘛的祕史、達賴六世修雙身法的事蹟，以及《時輪續》中的性交灌頂儀式……等；達賴喇嘛書中開示的雙修法、達賴喇嘛的黑暗政治手段；達賴喇嘛所領導的寺院爆發喇嘛性侵兒童；新聞報導《西藏生死書》作者索甲仁波切性侵女信徒、澳洲喇嘛秋達公開道歉、美國最大假藏傳佛教組織領導人邱陽創巴仁波切的性氾濫；等等事件背後眞相的揭露。作者：張善思、呂艾倫、辛燕。售價250元。

黯淡的達賴—失去光彩的諾貝爾和平獎：本書舉出很多證據與論述，詳述達賴喇嘛不爲世人所知的一面，顯示達賴喇嘛並不是眞正的和平使者，而是假借諾貝爾和平獎的光環來欺騙世人；透過本書的說明與舉證，讀者可以更清楚的瞭解，達賴喇嘛是結合暴力、黑暗、淫欲於喇嘛教裡的集團首領，其政治行爲與宗教主張，早已讓諾貝爾和平獎的光環染污了。本書由財團法人正覺教育基金會寫作、編輯，由正覺出版社印行，每冊250元。

第七意識與第八意識？——穿越時空「超意識」：「三界唯心，萬法唯識」是佛教中應該實證的聖教，也是《華嚴經》中明載而可以實證的法界實相。唯心者，三界一切境界、一切諸法唯是一心所成就，即是每一個有情的第八識如來藏，不是意識心。唯識者，即是人類各各都具足的八識心王——眼識、耳鼻舌身意識、意根、阿賴耶識，第八阿賴耶識又名如來藏，人類五陰相應的萬法，莫不由八識心王共同運作而成就，故說萬法唯識。依聖教量及現量、比量，都可以證明意識是二法因緣生，是由第八識藉意根與法塵二法為因緣而出生，又是夜夜斷滅不存之生滅心，即無可能反過來出生第七識意根、第八識如來藏，當知不可能從生滅性的意識心中，細分出恆審思量的第七識意根，更無可能細分出恆而不審的第八識如來藏。本書是將演講內容整理成文字，細說如是內容，並已在〈正覺電子報〉連載完畢，今彙集成書以廣流通，欲幫助佛門有緣人斷除意識我見，跳脫於識陰之外而取證聲聞初果；嗣後修學禪宗時即得不墮外道神我之中，得以求證第八識金剛心而發起般若實智。平實導師 述，每冊300元。

童女迦葉考——論呂凱文〈佛教輪迴思想的論述分析〉之謬：童女迦葉是佛世率領五百大比丘遊行於人間的歷史事實，是以童貞行而依止菩薩戒弘化於人間的大菩薩，不依別解脫戒（聲聞戒）來弘化於人間。這是大乘佛教與聲聞佛教同時存在於佛世的歷史明證，證明大乘佛教不是從聲聞法中分裂出來的部派佛教的產物，卻是聲聞佛教分裂出來的部派佛教聲聞凡夫僧所不樂見的史實；於是古今聲聞法中的凡夫都欲加以扭曲而作詭說，更是末法時代高聲大呼「大乘非佛說」的六識論聲聞凡夫極力想要扭曲的佛教史實之一，於是想方設法扭曲迦葉菩薩為聲聞僧，以及扭曲迦葉童女為比丘僧等荒謬不實之論著便陸續出現，古時聲聞僧寫作的《分別功德論》是最具體之事例，現代之代表作則是呂凱文先生的〈佛教輪迴思想的論述分析〉論文。鑑於如是假藉學術考證以籠罩大眾之不實謬論，未來仍將繼續造作及流竄於佛教界，繼續扼殺大乘佛教學人法身慧命，必須舉證辨正之，遂成此書。平實導師 著，每冊180元。

人間佛教——實證者必定不悖三乘菩提：「大乘非佛說」的講法似乎流傳已久，卻只是日本人企圖擺脫中國正統佛教的影響，而在明治維新時期才開始提出來的說法；台灣佛教、大陸佛教的淺學無智之人，由於未曾實證佛法而迷信日本人錯誤的學術考證，錯認爲這些別有用心的日本佛學考證的講法爲天竺佛教的眞實歷史；甚至還有更激進的反對佛教者提出「**釋迦牟尼佛並非眞實存在，只是後人捏造的假歷史人物**」，竟然也有少數佛教徒願意跟著「學術」的假光環而信受不疑，亦導致部分台灣佛教界人士，造作了反對中國大乘佛教而推崇南洋小乘佛教的行爲，使台灣佛教的信仰者難以檢擇，亦導致一般大陸人士開始轉入基督教的盲目迷信中。在這些佛教及外教人士之中，也就有一分人根據此邪說而大聲主張「大乘非佛說」的謬論，這些人以「人間佛教」的名義來抵制中國正統佛教，公然宣稱中國的大乘佛教是由聲聞部派佛教的凡夫僧所創造出來的。這樣的說法流傳於台灣及大陸佛教界凡夫僧之中已久，卻非眞正的佛教歷史中曾經發生過的事，只是繼承六識論的聲聞法中凡夫僧，以及別有居心的日本佛教界，依自己的意識境界立場，純憑臆想而編造出來的妄想說法，卻已經影響許多無智之凡夫僧俗信受不移。本書則是從佛教的經藏法義實質及實證的現量內涵本質立論，證明大乘佛法本是佛說，是從《阿含正義》尚未說過的不同面向來討論「人間佛教」的議題，證明「大乘眞佛說」。閱讀本書可以斷除六識論邪見，迴入三乘菩提正道發起實證的因緣；也能斷除禪宗學人學禪時普遍存在之錯誤知見，對於建立參禪時的正知見有很深的著墨。平實導師 述，內文488頁，全書528頁，定價400元。

實相經宗通：學佛之目的在於實證一切法界背後之實相，禪宗稱之爲本來面目或本地風光，佛菩提道中稱之爲實相法界；此實相法界即是金剛藏，又名佛法之祕密藏，即是能生有情五陰、十八界及宇宙萬有（山河大地、諸天、三惡道世間）的第八識如來藏，又名阿賴耶識心，即是禪宗祖師所說的眞如心，此心即是三界萬有背後的實相。證得此第八識心時，自能瞭解般若諸經中隱說的種種密意，即得發起實相般若——實相智慧。每見學佛人修學佛法二十年後仍對實相般若茫然無知，亦不知如何入門，茫無所趣；更因不知三乘菩提的互異互同，是故越是久學者對佛法越覺茫然，都肇因於尚未瞭解佛法的全貌，亦未瞭解佛法的修證內容即是第八識心所致。本書對於修學佛法者所應實證的實相境界提出明確解析，並提示趣入佛菩提道的入手處，有心親證實相般若的佛法實修者，宜詳讀之，於佛菩提道之實證即有下手處。平實導師述著，共八輯，已於2016年出版完畢，每輯成本價250元。

真心告訴您(一)——達賴喇嘛在幹什麼？ 這是一本報導篇章的選集，更是「破邪顯正」的暮鼓晨鐘。「破邪」是戳破假象，說明達賴喇嘛及其所率領的密宗四大派法王、喇嘛們，弘傳的佛法是仿冒的佛法；他們是假藏傳佛教，是坦特羅(譚崔性交)外道法和藏地崇奉鬼神的苯教混合成的「喇嘛教」，推廣的是以所謂「無上瑜伽」的男女雙身法冒充佛法的假佛教，詐財騙色誤導眾生，常常造成信徒家庭破碎、家中兒少失怙的嚴重後果。「顯正」是揭櫫眞相，指出眞正的藏傳佛教只有一個，就是覺囊巴，傳的是 釋迦牟尼佛演繹的第八識如來藏妙法，稱爲他空見大中觀。正覺教育基金會即以此古今輝映的如來藏正法正知見，在眞心新聞網中逐次報導出來，將箇中原委「眞心告訴您」，如今結集成書，與想要知道密宗眞相的您分享。售價250元。

中觀金鑑——詳述應成派中觀的起源與其破法本質： 學佛人往往迷於中觀學派之不同學說，被應成派與自續派所迷惑；修學般若中觀二十年後自以爲實證般若中觀了，卻仍不曾入門，甫聞實證般若中觀者之所說，則茫無所知，迷惑不解；隨後信心盡失，不知如何實證佛法；凡此，皆因惑於這二派中觀學說所致。自續派中觀所說同於常見，以意識境界立爲第八識如來藏之境界，應成派所說則同於斷見，但又同立意識爲常住法，故亦具足斷常二見。今者孫正德老師有鑑於此，乃將起源於密宗的應成派中觀學說，追本溯源，詳考其來源之外，亦一一舉證其立論內容，詳加辨正，令密宗雙身法祖師以識陰境界而造之應成派中觀學說本質，詳細呈現於學人眼前，令其維護雙身法之目的無所遁形。若欲遠離密宗此二大派中觀謬說，欲於三乘菩提有所進道者，允宜具足閱讀並細加思惟，反覆讀之以後將可捨棄邪道返歸正道，則於般若之實證即有可能，證後自能現觀如來藏之中道境界而成就中觀。本書分上、中、下三冊，每冊250元，已全部出版完畢。

法華經講義：此書為平實導師始從2009/7/21演述至2014/1/14之講經錄音整理所成。世尊一代時教，總分五時三教，即是華嚴時、聲聞緣覺教、般若教、種智唯識教、法華時；依此五時三教區分為藏、通、別、圓四教。本經是最後一時的圓教經典，圓滿收攝一切法教於本經中，是故最後的圓教聖訓中，特地指出無有三乘菩提，其實唯有一佛乘；皆因眾生愚迷故，方便區分為三乘菩提以助眾生證道。世尊於此經中特地說明如來示現於人間的唯一大事因緣，便是為有緣眾生「開、示、悟、入」諸佛的所知所見——第八識如來藏妙真如心，並於諸品中隱說「妙法蓮花」如來藏心的密意。然因此經所說甚深難解，真義隱晦，古來難得有人能窺堂奧；平實導師以知如是密意故，特為末法佛門四眾演述《妙法蓮華經》中各品蘊含之密意，使古來未曾被古德註解出來的「此經」密意，如實顯示於當代學人眼前。乃至〈藥王菩薩本事品〉、〈妙音菩薩品〉、〈觀世音菩薩普門品〉、〈普賢菩薩勸發品〉中的微細密意，亦皆一併詳述之，可謂開前人所未曾言之密意，示前人所未見之妙法。最後乃至以〈法華大義〉而總其成，全經妙旨貫通始終，而依佛旨圓攝於一心如來藏妙心，厥為曠古未有之大說也。平實導師述，共有25輯，已於2019/05/31出版完畢。每輯300元。

西藏「活佛轉世」制度——附佛、造神、世俗法：歷來關於喇嘛教活佛轉世的研究，多針對歷史及文化兩部分，於其所以成立的理論基礎，較少系統化的探討。尤其是此制度是否依據「佛法」而施設？是否合乎佛法真實義？現有的文獻大多含糊其詞，或人云亦云，不曾有明確的闡釋與如實的見解。因此本文先從活佛轉世的由來，探索此制度的起源、背景與功能，並進而從活佛的尋訪與認證之過程，發掘活佛轉世的特徵，以確認「活佛轉世」在佛法中應具足何種果德。定價150元。

真心告訴您（二）——達賴喇嘛是佛教僧侶嗎？補祝達賴喇嘛八十大壽：這是一本針對當今達賴喇嘛所領導的喇嘛教，冒用佛教名相、於師徒間或師兄姊間，實修男女邪淫，而從佛法三乘菩提的現量與聖教量，揭發其謊言與邪術，證明達賴及其喇嘛教是仿冒佛教的外道，是「假藏傳佛教」。藏密四大派教義雖有「八識論」與「六識論」的表面差異，然其實修之內容，皆共許「無上瑜伽」四部灌頂爲究竟「成佛」之法門，也就是共以男女雙修之邪淫法爲「即身成佛」之密要，雖美其名曰「欲貪爲道」之「金剛乘」，並誇稱其成就超越於（應身佛）釋迦牟尼佛所傳之顯教般若乘之上；然詳考其理論，則或以意識離念時之粗細心爲第八識如來藏，或以中脈裡的明點爲第八識如來藏，或如宗喀巴與達賴堅決主張第六意識爲常恆不變之眞心者，分別墮於外道之常見與斷見中；全然違背 佛說能生五蘊之如來藏的實質。售價300元。

涅槃——解說四種涅槃之實證及內涵：眞正學佛之人，首要即是見道，由見道故方有涅槃之實證，證涅槃者方能出生死，但涅槃有四種：二乘聖者的有餘涅槃、無餘涅槃，以及大乘聖者的本來自性清淨涅槃、佛地的無住處涅槃。大乘聖者實證本來自性清淨涅槃，入地前再取證二乘涅槃，然後起惑潤生捨離二乘涅槃，繼續進修而在七地心前斷盡三界愛之習氣種子，依七地無生法忍之具足而證得念念入滅盡定；八地後進斷異熟生死，直至妙覺地下生人間成佛，具足四種涅槃，方是眞正成佛。此理古來少人言，以致誤會涅槃正理者比比皆是，今於此書中廣說四種涅槃、如何實證之理、實證前應有之條件，實屬本世紀佛教界極重要之著作，令人對涅槃有正確無訛之認識，然後可以依之實行而得實證。本書共有上下二冊，每冊各四百餘頁，對涅槃詳加解說，每冊各350元。

佛藏經講義：本經說明爲何佛菩提難以實證之原因，都因往昔無數阿僧祇劫前的邪見，引生此世求證時之業障而難以實證。即以諸法實相詳細解說，繼之以念佛品、念法品、念僧品，說明諸佛與法之實質；然後以淨戒品之說明，期待佛弟子四眾堅持清淨戒而轉化心性，並以往古品的實例說明歷代學佛人在實證上的業障由來，教導四眾務必滅除邪見轉入正見中，不再造作謗法及謗賢聖之大惡業，以免未來世尋求實證之時被業障所障；然後以了戒品的說明和囑累品的付囑，期望末法時代的佛門四眾弟子皆能清淨知見而得以實證。平實導師於此經中有極深入的解說，總共21輯，已於2022/11/30出版完畢，每輯三百餘頁，售價300元。

大法鼓經講義：本經解說佛法的總成：法、非法。由開解法、非法二義，說明了義佛法與世間戲論法的差異，指出佛法實證之標的即是法——第八識如來藏；並顯示實證後的智慧，如實擊大法鼓、演深妙法，演說如來祕密教法，非二乘定性及諸凡夫所能得聞，唯有具足菩薩性者方能得聞。正聞之後即得依於　世尊大願而拔除邪見，入於正法而得實證；深解不了義經之方便說，亦能實解了義經所說之眞實義，得以證法——如來藏，而得發起根本無分別智，乃至進修而發起後得無分別智；並堅持布施及受持清淨戒而轉化心性，得以現觀眞我眞法如來藏之各種層面。此為第一義諦聖教，並授記末法最後餘八十年時，一切世間樂見離車童子以七地證量而示現為凡夫身，將繼續護持此經所說正法。平實導師於此經中有極深入的解說，總共六輯，已於2023/11/30 出版完畢，每輯三百餘頁，售價300元。

成唯識論釋：本論係大唐玄奘菩薩揉合當時天竺十大論師的說法加以辨正而著成，攝盡佛門證悟菩薩及部派佛教聲聞凡夫論師對佛法的論述，並函蓋當時天竺諸大外道對生命實相的錯誤論述加以辨正，是由玄奘大師依據無生法忍證量加以評論確定而成為此論。平實導師弘法初期即已依於證量略講過一次，歷時大約四年，當時正覺同修會規模尚小，聞法成員亦多尚未證悟，是故並未整理成書；如今正覺同修會中的證悟同修已超過六百人，鑑於此論在護持正法、實證佛法及悟後進修上的重要性，已於2022年初重講，並已經預先註釋完畢編輯成書，名為《成唯識論釋》，總共十輯，每輯目次41頁、序文7頁、每輯內文多達四百餘頁，並將原本13級字縮小為12級字編排，以增加其內容；於增上班宣講時的內容將會更詳細於書中所說，涉及佛法密意的詳細內容只於增上班中宣講，於書中皆依佛誡隱覆密意而說，然已足夠所有學人藉此一窺佛法堂奧而進入正道、免入岐途。重新判教後編成的〈目次〉已經詳盡判定論中諸段句義，用供學人參考；是故讀者閱完此論之釋，即可深解成佛之道的正確內涵。本書總共十輯，預定每一輯內容講述完畢時即予出版，第一輯於2023年五月底出版，然後每七至十個月出版下一輯，每輯定價400元。

不退轉法輪經講義：世尊弘法有五時三教之別，分爲藏、通、別、圓四教之理，本經是大乘般若期前的通教經典，所說之大乘般若正理與所證解脫果，通於二乘解脫道，佛法智慧則通大乘般若，皆屬大乘般若與解脫甚深之理，故其所證解脫果位通於二乘法教；而其中所說第八識無分別法之正理，即是世尊降生人間的唯一大事因緣。如是第八識能仁而且寂靜，恆順眾生於生死之中從無乖違，識體中所藏之本來無漏性的有爲法以及眞如涅槃境界，皆能助益學人最後成就佛道；此謂釋迦意爲能仁，牟尼意爲寂靜，此第八識即名釋迦牟尼，釋迦牟尼即是能仁寂靜的第八識眞如；若有人聽聞如是第八識常住、如來不滅之正理，信受奉行之人皆有大乘實證之因緣，永得不退於成佛之道，是故聽聞釋迦牟尼名號而解其義者，皆得不退轉於無上正等正覺，未來世中必有實證之因緣。如是深妙經典，已由平實導師詳述圓滿並整理成書，於2024/01/30開始每二個月發行一輯，總共十輯，每輯300元。

中論正義：本書是依龍樹菩薩之《中論》詳解而成，《中論》是依第八識眞如心常處中道的自性而作論議，亦是依此眞如心與所生諸法之間的非一非異、非俱非不俱等中道自性而作論議；然而自從　佛入滅後四百餘年的部派佛教開始廣弘之時起，本論已被部派佛教諸聲聞凡夫僧以意識的臆想思惟而作思想層面之解釋，此後的中論宗都以如是錯誤的解釋廣傳天下，積非成是以後便成爲現在佛教界的應成派中觀與自續派中觀的六識論思想，成爲邪見而荼毒廣大學人，幾至全面荼毒之局面。今作者孫正德老師以其所證第八識眞如的中道性現觀，欲救末法大師與學人所墮之意識境界中道邪觀，造作此部《中論正義》，詳解《中論》之正理，欲令廣大學人皆得轉入正見中修學，而後可有實證之機緣成爲實義菩薩，眞可謂悲心深重也。本書分爲上下兩冊，下冊將於上冊出版後兩個月再行出版，每冊售價300元。

誰是師子身中蟲：本書是平實導師歷年來於會員大會中，闡述佛教界的師子身中蟲的開示文，今已全部整理成文字並結集成書，昭告佛教界所有大師與學人，欲普令佛教界所有人都能遠離師子身中蟲，使正法得以廣傳而助益更多佛弟子四眾得以遠離師子身中蟲等人所說之邪見，迴心於　如來所說的八識論大乘法教，則大眾實證第八識眞如，實相般若智慧的生起即有可望，亦令天界大得利益。今已出版，每冊110元。

解深密經講義：本經是所有尋求大乘見道及悟後欲入地者所應詳習串習的三經之一，即是《楞伽經》、《解深密經》、《楞嚴經》三經中的一經，亦可作爲見道眞假的自我印證依據。此經是　世尊晚年第三轉法輪時，宣說地上菩薩所應熏修之無生法忍唯識正義經典；經中總說眞見道位所見的智慧總相，兼及相見道位所應熏修的七眞如等法，以及入地應修之十地眞如等義理，乃是大乘一切種智增上慧學，以阿陀那識—如來藏—阿賴耶識爲成佛之道的主體。禪宗之證悟者，若欲修證初地無生法忍乃至八地無生法忍者，必須修學《楞伽經、解深密經、楞嚴經》所說之八識心王一切種智。此三經所說正法，方是眞正成佛之道；印順法師否定第八識如來藏之後所說萬法緣起性空之法，墮於六識論中而著作的《成佛之道》，乃宗本於密宗宗喀巴六識論邪思而寫成的邪見，是以誤會後之二乘解脫道取代大乘眞正成佛之道，承襲自古天竺部派佛教聲聞凡夫論師的邪見，尚且不符二乘解脫道正理，亦已墮於斷滅見及常見中，所說全屬臆想所得的外道見，不符本經中佛所說的正義。平實導師曾於本會郭故理事長往生時，於喪宅中從**首七**開始宣講此經，於每一七起各宣講三小時，至**十七**而快速略講圓滿，作爲郭老之往生後的佛事功德，迴向郭老早證八地、速返娑婆住持正法。茲爲今時後世學人故，已經開始重講《解深密經》，以淺顯之語句講畢後，將會整理成文並梓行流通，用供證悟者進道；亦令諸方未悟者，據此經中佛語正義修正邪見，依之速能入道。平實導師述著，全書輯數未定，每輯三百餘頁，預定於《不退轉法輪經講義》發行圓滿之後逐輯陸續出版。

菩薩瓔珞本業經講義：本經是律部經典，依之修行可免誤犯大妄語業。成佛之道總共有五十二階位，前十階位為十信位，是對佛法僧三寶修學正確的信心，如實理解三寶的實質都是依第八識如來藏而成就的；然後轉入四十二個位階修學，才是正式修學佛道，即是十住、十行、十迴向、十地、等覺、妙覺，分別名為習種性、性種性、道種性、聖種性、等覺性、妙覺性，所應修習完成的是銅寶瓔珞、銀寶瓔珞、金寶瓔珞、琉璃寶瓔珞、摩尼寶瓔珞、水精瓔珞，依於如是所應修學的內容及階位而實修，方是真正的成佛之道。此經中亦對大乘菩提的見道提出了判位，名為「第六般若波羅蜜正觀現在前」，說明正觀現時應該如何方能成為真見道菩薩，否則皆必退轉。平實導師述著，全書輯數未定，每輯三百餘頁，預定於《解深密經講義》出版發行圓滿之後逐輯陸續出版。

修習止觀坐禪法要講記：修學四禪八定之人，往往錯會禪定之修學知見，欲以無止盡之坐禪而證禪定境界，卻不知修除性障之行門才是修證四禪八定不可或缺之要素，故智者大師云「性障初禪」；性障不除，初禪永不現前，云何修證二禪等？又：行者學定，若唯知數息，而不解六妙門之方便善巧者，欲求一心入定，未到地定極難可得，智者大師名之為「事障未來」：障礙未到地定之修證。又禪定之修證，不可違背二乘菩提及第一義法，否則縱使具足四禪八定，亦不能實證涅槃而出三界。此諸知見，智者大師於《修習止觀坐禪法要》中皆有闡釋。作者平實導師以其第一義之見地及禪定之實證證量，曾加以詳細解析。將俟正覺寺竣工啓用後重講，不限制聽講者資格；講後將以語體文整理出版。欲修習世間定及增上定之學者，宜細讀之。平實導師述著。

阿含經講記——小乘解脫道之修證：數百年來，南傳佛法所說證果之不實，所說解脫道之虛妄，所弘解脫道法義之世俗化，皆已少人知之；阿含解脫道從南洋傳入台灣與大陸之後，所說法義虛謬之事，亦復少人知之；今時台灣全島印順系統之法師居士，多不知南傳佛法數百年來所說解脫道之義理已然偏斜、已然世俗化、已非眞正之二乘解脫正道，猶極力推崇與弘揚。彼等南傳佛法近代所謂之證果者皆非眞實證果者，譬如阿迦曼、葛印卡、帕奧禪師、一行禪師……等人，悉皆未斷我見故。近年更有台灣南部大願法師，高抬南傳佛法之二乘修證行門爲「捷徑究竟解脫之道」者，然而南傳佛法縱使眞修實證，得成阿羅漢，至高唯是二乘菩提解脫之道，絕非究竟解脫，無餘涅槃中之實際尚未得證故，法界之實相尚未了知故，習氣種子待除故，一切種智未實證故，焉得謂爲「究竟解脫」？即使南傳佛法近代眞有實證之阿羅漢，尚且不及三賢位中之七住明心菩薩本來自性清淨涅槃智慧境界，則不能知此賢位菩薩所證之無餘涅槃實際，仍非大乘佛法中之見道者，何況彼等普未實證聲聞果乃至未斷我見之人？謬充證果已屬逾越，更何況是誤會二乘菩提之後，以未斷我見之凡夫知見所說之二乘菩提解脫偏斜法道，焉可高抬爲「究竟解脫」？而且自稱「捷徑之道」？又妄言解脫之道即是成佛之道，完全否定般若實智、否定三乘菩提所依之如來藏心體，此理大大不通也！平實導師爲令修學二乘菩提欲證解脫果者，普得迴入二乘菩提正見、正道中，是故選錄四阿含諸經中，對於二乘解脫道法義有具足圓滿說明之經典，預定未來十年內將會加以詳細講解，令學佛人得以了知二乘解脫道之修證理路與行門，庶免被人誤導之後，未證言證，梵行未立，干犯道禁自稱阿羅漢或成佛，成大妄語，欲升反墮。本書首重斷除我見，以助行者斷除我見而實證初果爲著眼之目標，若能根據此書內容，配合平實導師所著《識蘊眞義》《阿含正義》內涵而作實地觀行，實證初果非爲難事，行者可以藉此三書自行確認聲聞初果爲實際可得現觀成就之事。此書中除依二乘經典所說加以宣示外，亦依斷除我見等之證量，及大乘法中道種智之證量，對於意識心之體性加以細述，令諸二乘學人必定得斷我見、常見，免除三縛結之繫縛。次則宣示斷除我見之理，欲令升進而得薄貪瞋癡，乃至斷五下分結…等。平實導師將擇期講述，然後整理成書。共二冊，每冊三百餘頁。每輯300元。

總經銷：聯合發行股份有限公司

231 新北市新店區寶橋路 235 巷 6 弄 6 號 4F

Tel.02－2917-8022（代表號） Fax.02－2915-6275（代表號）

零售：1.**全台連鎖經銷書局：**

三民書局、誠品書局、何嘉仁書店

敦煌書店、紀伊國屋、金石堂書局、建宏書局

諾貝爾圖書城、墊腳石圖書文化廣場

2.**台北市：**佛化人生 **大安區**羅斯福路 3 段 325 號 6 樓之 4　台電大樓對面

3.**新北市：**春大地書店 **蘆洲區**中正路 117 號

4.**桃園市：**御書堂 **龍潭區**中正路 123 號

5.**新竹市：**大學書局 **東區**建功路 10 號

6.**台中市：**瑞成書局 **東區**雙十路 1 段 4 之 33 號

佛教詠春書局 **南屯區**永春東路 884 號

文春書店 **霧峰區**中正路 1087 號

7.**彰化市：**心泉佛教文化中心 南瑤路 286 號

8.**高雄市：**政大書城 **前鎮區**中華五路 789 號 2 樓（高雄夢時代店）

明儀書局 三民區明福街 2 號

青年書局 **苓雅區**青年一路 141 號

9.**台東市：**東普佛教文物流通處 博愛路 282 號

10.**其餘鄉鎮市經銷書局：**請電詢總經銷**聯合**公司。

11.**大陸地區請洽：**

香港：樂文書店

銅鑼灣店 :香港銅鑼灣駱克道 506 號 2 樓

電話 : (852) 2881 1150　email: luckwinbs@gmail.com

廈門：廈門外圖臺灣書店有限公司

地址：廈門市思明區湖濱南路809 號 廈門外圖書城3 樓 郵編：361004

電話：0592-5061658（臺灣地區請撥打 86-592-5061658）

E-mail：JKB118＠188.COM

12.**美國：世界日報圖書部：**紐約圖書部　電話 7187468889#6262

洛杉磯圖書部　電話 3232616972#202

13.**國內外地區網路購書：**

正智出版社 書香園地　http://books.enlighten.org.tw/

（書籍簡介、經銷書局可直接聯結下列網路書局購書）

三民 網路書局　http://www.sanmin.com.tw

誠品 網路書局　http://www.eslitebooks.com

博客來 網路書局　http://www.books.com.tw
金石堂 網路書局　http://www.kingstone.com.tw
聯合 網路書局　http:// www.nh.com.tw

附註：1.請儘量向各經銷書局購買：郵政劃撥需要八天才能寄到（本公司在您劃撥後第四天才能接到劃撥單，次日寄出後第二天您才能收到書籍，此六天中可能會遇到週休二日，是故共需八天才能收到書籍）若想要早日收到書籍者，請劃撥完畢後，將劃撥收據貼在紙上，旁邊寫上您的姓名、住址、郵區、電話、買書詳細內容，直接傳眞到本公司 02-28344822，並來電 02-28316727、28327495 確認是否已收到您的傳眞，即可提前收到書籍。 2.因台灣每月皆有五十餘種宗教類書籍上架，書局書架空間有限，故唯有新書方有機會上架，通常每次只能有一本新書上架；本公司出版新書，大多上架不久便已售出，若書局未再叫貨補充者，書架上即無新書陳列，則請直接向書局櫃台訂購。 3.若書局不便代購時，可於晚上共修時間向正覺同修會各共修處請購（共修時間及地點，詳閱**共修現況表**。每年例行年假期間請勿前往請書，年假期間請見共修現況表）。 4.郵購：郵政劃撥帳號 19068241。 5.正覺同修會會員購書都以八折計價（戶籍台北市者爲一般會員，外縣市爲護持會員）都可獲得優待，欲一次購買全部書籍者，可以考慮入會，節省書費。入會費一千元（第一年初加入時才需要繳），年費二千元。**6.尚未出版之書籍，請勿預先郵寄書款與本公司，謝謝您！** 7.若欲一次購齊本公司書籍，或同時取得正覺同修會贈閱之全部書籍者，請於正覺同修會共修時間，親到各共修處請購及索取；**台北市讀者**請洽：103 台北市承德路三段 267 號 10 樓（捷運淡水線 圓山站旁）請書時間：週一至週五爲 18.00~21.00，第一、三、五週週六爲 10.00~21.00，雙週之週六爲 10.00~18.00 請購處專線電話：25957295-分機 14（於請書時間方有人接聽）。

敬告大陸讀者：

大陸讀者購書、索書捷徑（尚未在大陸出版的書籍，以下二個途徑都可以購得，電子書另包括結緣書籍）：

1.廈門外國圖書公司：廈門市思明區湖濱南路 809 號 廈門外圖書城 3F
郵編：361004　電話：0592-5061658　網址：http://www.xibc.com.cn/

2.電子書：正智出版社有限公司及正覺同修會在台灣印行的各種局版書、結緣書，已有『**正覺電子書**』陸續上線中，提供讀者於手機、平板電腦上購書、下載、閱讀正智出版社、正覺同修會及正覺教育基金會所出版之電子書，詳細訊息敬請參閱『正覺電子書』專頁：http://books.enlighten.org.tw/ebook

關於平實導師的書訊，請上網查閱：

成佛之道　http://www.a202.idv.tw

正智出版社 書香園地　http://books.enlighten.org.tw/

中國網採訪佛教正覺同修會、正覺教育基金會訊息：

http://foundation.enlighten.org.tw/newsflash/20150817_1

http://video.enlighten.org.tw/zh-CN/visit_category/visit10

★ 正智出版社有限公司售書之稅後盈餘，全部捐助財團法人正覺寺籌備處、佛教正覺同修會、正覺教育基金會，供作弘法及購建道場之用；懇請諸方大德支持，功德無量。

★ 聲　明 ★

本社於 2015/01/01 開始調整本目錄中部分書籍之售價，以因應各項成本的持續增加。

＊ 喇嘛教修外道雙身法、墮識陰境界，非佛教 ＊

＊ 弘揚如來藏他空見的覺囊派才是真正藏傳佛教 ＊

售後服務—換書啓事(免附回郵)　2017/12/05

《楞伽經詳解》第三輯初版免費調換新書啓事：茲因 平實導師弘法早期尚未回復往世全部證量，有些法義接受他人的說法，寫書當時並未察覺而有二處（同一種法義）跟著誤說，如今發現已將之修正。茲爲顧及讀者權益，已開始免費調換新書；敬請所有讀者將以前所購第三輯（不論第幾刷），攜回或寄回本公司免費換新；郵寄者之回郵由本公司負擔，不需寄來郵票。因此而造成讀者閱讀、以及換書的不便，在此向所有讀者致上萬分的歉意，祈請讀者大眾見諒！

《楞嚴經講記》第 14 輯初版首刷本免費調換新書啓事：本講記第 14 輯出版前因 平實導師諸事繁忙，未將之重新閱讀而只改正校對時發現的錯別字，故未能發覺十年前所說法義有部分錯誤，於第 15 輯付印前重閱時才發覺第 14 輯中有部分錯誤尚未改正。今已重新審閱修改並已重印完成，煩請所有讀者將以前所購第 14 輯初版首刷本，寄回本公司免費換新（初版二刷本無錯誤），本公司將於寄回新書時同時附上您寄書來換新時的郵資，並在此向所有讀者致上最誠懇的歉意。

《心經密意》初版書免費調換二版新書啓事：本書係演講錄音整理成書，講時因時間所限，省略部分段落未講。後於再版時補寫增加 13 頁，維持原價流通之。茲爲顧及初版讀者權益，自 2003/9/30 開始免費調換新書，原有初版一刷、二刷書籍，皆可寄來本公司換書。

《宗門法眼》已經增寫改版爲 464 頁新書，2008 年 6 月中旬出版。讀者原有初版之第一刷、第二刷書本，都可以寄回本公司免費調換改版新書。改版後之公案及錯悟事例維持不變，但將內容加以增說，較改版前更具有廣度與深度，將更能助益讀者參究實相。

換書者**免附回郵**，亦無截止期限；舊書請寄：111 台北郵政 73-151 號信箱 或 103 台北市承德路三段 267 號 10 樓 正智出版社有限公司。舊書若有塗鴨、殘缺、破損者，仍可換取新書；但缺頁之舊書至少應仍有五分之三頁數，方可換書。所有讀者不必顧念本公司是否有盈餘之問題，都請踴躍寄來換書；本公司成立之目的不是營利，只要能眞實利益學人，即已達到成立及運作之目的。若以郵寄方式換書者，免附回郵；並於寄回新書時，由本公司附上您寄來書籍時耗用的郵資。造成您不便之處，再次致上萬分的歉意。

正智出版社有限公司 啓

免費換書公告

2023/07/15

《法華經講義》第十三輯初版免費調換新書啓事：本書因謄稿、印製等相關人員作業疏失，導致該書中的經文及內文用字將「**親近**」誤植成「清淨」。茲爲顧及讀者權益，自2017/8/30開始免費調換新書；敬請所有讀者將以前所購第十三輯初版首刷及二刷本，攜回或寄回本公司免費換新。

錯誤更正說明如下：

一、第256頁第10行~第14行：【就是先要具備「**法親近處**」、「**眾生親近處**」；法**親近**處就是在實相之法有所實證，如果在實相法上有所實證，他在二乘菩提中自然也能有所實證，以這個作爲第一個**親近**處——第一個基礎。然後還要有第二個基礎，就是瞭解應該如何善待眾生；對於眾生不要有排斥或者是貪取之心，平等觀待而攝受、親近一切有情。以這兩個**親近**處作爲基礎，來實行其他三個安樂行法。】。

二、第268頁第13行：【具足了那兩個「**親近處**」，使你能夠在末法時代，如實而圓滿的演述《法華經》時，那麼你作這個夢，它就是如理作意的，完全符合邏輯去完成這個過程，就表示你那個晚上，在那短短的一場夢中，已經度了不少眾生了。

《大法鼓經講義》第一輯初版免費調換二版新書啓事：本書因校對相關人員作業疏失錯失別字，導致該書中的內文255頁倒數5行有二字錯植而無發現，乃「『**智慧**』的滅除不容易」應更正爲「『**煩惱**』的滅除不容易」。茲爲顧及讀者權益，自2023/4/1開始免費調換新書，或請自行更正其中的錯誤之處；敬請所有讀者將以前所購第一輯初版首刷及二刷本，攜回或寄回本公司免費換新。

《涅槃》下冊初版一刷至六刷**免費調換新書啓事**：本書因法義上有少處疏失而重新印製，乃第20頁倒數6行的「法智忍、法智」更正爲「**法智、類智**」，同頁倒數4行的「類智忍、類智」更正爲「**法智忍、類智忍**」；並將書中引文重新標點後重印。敬請讀者攜回或寄回本公司免費換新。

換書者免附回郵，郵寄者之回郵由本公司負擔，不需寄來郵票，亦無截止期限；同時對因此而造成讀者閱讀、以及換書的困擾及不便，在此向所有讀者致上最誠懇的歉意，祈請讀者大眾見諒！

正智出版社有限公司 敬啓

國家圖書館出版品預行編目(CIP) 資料

不退轉法輪經講義. 第七輯 / 平實導師述著.-- 初版. --
臺北市:正智出版社有限公司, 2025.01　　面;　公分
ISBN 978-626-97355-8-7(平裝)
ISBN 978-626-98256-2-2(平裝)
ISBN 978-626-98256-5-3(平裝)
ISBN 978-626-7517-00-0(平裝)
ISBN 978-626-7517-04-8(平裝)
ISBN 978-626-7517-06-2(平裝)
ISBN 978-626-7517-09-3(平裝)

1.CST:經集部

221.733　　113019922

不退轉法輪經講義

——第七輯

著　述　者：平實導師
音文轉換：劉惠莉　鄭瑞卿　劉夢瓚
校　　對：章乃鈞　孫淑貞　陳介源　王美伶　張善思
出　版　者：**正智出版社**有限公司
電話：〇二 28327495　28316727（白天）
傳眞：〇二 28344822
111 台北郵政 73-151 號信箱
郵政劃撥帳號：一九〇六八二四一
正覺講堂：總機〇二 25957295（**夜間**）
總　經　銷：聯合發行股份有限公司
231 新北市新店區寶橋路 235 巷 6 弄 6 號 4 樓
電話：〇二 29178022（代表號）
傳眞：〇二 29156275
初版首刷：二〇二五年元月三十日　二千冊
定　　價：三〇〇元